Südafrika

Thomas Knemeyer / Sandra Claassen

Neu: Exklusive Reisetipps auf www.merian.de!

- **Gratis mehr Informationen:**
  Entdecken Sie den Premium-Bereich von www.merian.de

- **Topaktuelle Zusatznutzen:**
  Reiseberichte, Shopping, Tipps und Informationen

- **Neue Reiseziele entdecken:**
  über 5000 Destinationen weltweit

- **Einfach auf www.merian.de**
  Ihren persönlichen Zugangscode eingeben: **20060038**

Inhalt

4 **Südafrika stellt sich vor**
Interessantes rund um Ihr Reiseziel

12 **Gewusst wo ...**
Die besten Tipps und Adressen des Landes

14 **Übernachten**
Luxuriöse Lodges und einfache Rundhütten

18 **MERIAN-Spezial**
Game Lodges, exklusiv und urig

20 **Essen und Trinken**
Kulinarisches aus der ganzen Welt

24 **MERIAN-Spezial**
Südafrikas erfolgreiche Weingüter

26 **Einkaufen**
Kunsthandwerk und Edelsteine

30 **Feste und Events**
Sport und Kultur für jeden Geschmack

34 **Sport und Strände**
Sport wird groß geschrieben

38 **Familientipps – Hits für Kids**
Badespaß und Tierbeobachtung

40 **MERIAN-Spezial**
Züge – Luxus und Abenteuer

42 **Unterwegs in Südafrika**
Kompakte Beschreibungen aller wichtigen Orte und Sehenswürdigkeiten mit vielen Freizeit- und Kulturtipps

44 **Kapstadt und Umgebung**
Kein Geheimtipp mehr: das Kap

60 **MERIAN-Spezial**
Südafrika heute – Friede und Armut

72 **Die Garden Route**
Einer der Höhepunkte einer Südafrikareise

86 **Die Provinz Gauteng**
Edelmetalle prägen die Geschichte Gautengs

MERIAN-TopTen
Höhepunkte in Südafrika, die Sie unbedingt sehen sollten
⬅ Klappe vorne

MERIAN-Tipps
Tipps und Empfehlungen für Kenner und Individualisten
Klappe hinten ➡

Erläuterung der Symbole

- 👪 *Für Familien mit Kindern besonders geeignet*
- ♿ *Diese Unterkünfte haben behindertengerechte Zimmer*
- CREDIT *Alle Kreditkarten werden akzeptiert*
- ✉ *Keine Kreditkarten werden akzeptiert*

Preise für zwei Personen im Doppelzimmer ohne Frühstück:

- ●●●● *ab 2500 Rand*   ●● *ab 450 Rand*
- ●●● *ab 1200 Rand*   ● *bis 450 Rand*

Preise für ein Menü ohne Getränke:

- ●●●● *ab 200 Rand*   ●● *ab 80 Rand*
- ●●● *ab 120 Rand*   ● *bis 80 Rand*

- 104 **MERIAN-Spezial**
  Tierparadiese Nationalparks
- 108 **Die Provinz KwaZulu-Natal**
  Von grandiosen Bergen und breiten Stränden
- 124 **Der einsame Norden**
  Üppige Blütenpracht und Wüstenlöwen
- 136 **MERIAN-Spezial**
  Wilde Tiere und Blumenteppiche

- 138 **Routen und Touren**
  Die schönsten Tages- und Mehrtagesausflüge

- 140 **Die Weinroute**
  Weinkeller und vorzügliche Restaurants
- 143 **Das Zululand**
  Ausflüge im tropischen Tierparadies
- 145 **Greater Limpopo Park und Mpumalanga**
  Top-Attraktion Südafrikas

- 148 **Die Westküste**
  Malerische Orte und prächtige Wildblumen
- 150 **Die Kalahari-Route**
  Ruhe und Weite, Gnus und Löwen

- 152 **Wissenswertes über Südafrika**
  Praktische Hinweise und Hintergrundinformationen

- 154 **Geschichte**
  Jahreszahlen und Fakten im Überblick
- 156 **Sprachführer**
  Nie wieder sprachlos
- 158 **Essdolmetscher**
  Die wichtigsten kulinarischen Begriffe
- 160 **Südafrika von A–Z**
  Nützliche Adressen und Reiseservice

- 169 Kartenatlas
- 182 Kartenregister
- 186 Orts- und Sachregister
- 192 Impressum

 Karten und Pläne

Südafrika .... Umschlagkarte vorne
Kapstadt .... Umschlagkarte hinten
Johannesburg 89
Gauteng 93
Tshwane (Pretoria) 99
Durban 111
Kimberley 127
Die Weinroute 141
Kartenatlas 169–181

Die Buchstaben-Zahlen-Kombinationen im Text verweisen auf die Planquadrate der Karten, z. B.

⇢ S. 172, B 6 Kartenatlas
⇢ S. 99, b 2 Detailkarte innen
⇢ Umschlagkarte hinten, e 5

Südafrika stellt sich vor

Die bizarren Köcherbäume wachsen im nordwestlichen Kapgebiet. Meist stehen die Bäume einzeln, so wie hier als »Wald« im Naturreservat bei Kenhard sind sie selten zu sehen.

Sonne von Oktober bis April, blühende Gärten, Wüsten und Savannen. Einsame Strände, wildes Meer, liebliche Weinregionen und hohe Berge. Herzlich willkommen in Südafrika!

Südafrika stellt sich vor

Gärten, Wüsten und Savannen. Wilde Tiere und überwältigende Blütenpracht. Lange, einsame Strände, liebliche Weinregionen und schroffe Berglandschaften. Willkommen in Südafrika!

Erst zwölf Jahre sind vergangen, seit das reichste und fortschrittlichste Land Afrikas unter Führung von Altpräsident **Nelson Mandela** Freiheit und Demokratie erlangte. Die Jahrhunderte der Unterdrückung und der **Apartheid** – wie das in der Verfassung verankerte, von 1948 bis 1994 gültige System der Rassentrennung genannt wurde – wurden überraschend leicht verdrängt. Das »Wunder am Kap« ist mittlerweile zwar dem ernüchternden Alltag gewichen. Trotz vieler sozialer Fortschritte bestimmen Arbeitslosigkeit, Armut und Aids das Leben von Millionen Menschen. Wenn Mandelas Nachfolger **Thabo Mbeki** und seine Partei, der **Afrikanische Nationalkongress (ANC)**, dennoch unangefochten regieren, dann deshalb, weil die Bevölkerung, ob schwarz oder weiß, generell an eine bessere Zukunft glaubt. Südafrika ist ein Land im Aufwind.

Schwere Aufgaben

Südafrika ist Erste Welt und Dritte Welt. Die 45 Millionen Einwohner, darunter Millionen legale und illegale Gastarbeiter aus den angrenzenden, weitaus ärmeren Ländern, repräsentieren eine verblüffende Mischung von liberaler Modernität und Rückständigkeit, von grundlegend verschiedenen Sitten, Religionen und Sprachen. Neben dem Herzchirurgen praktiziert die spirituelle Heilerin und der Medizinmann. Homosexuelle Paare dürfen legal Kinder adoptieren, abergläubische Dorfbewohner ermorden Jahr für Jahr vermeintliche »Hexen«. Hinter Satellitenschüsseln findet man einen traditionellen Kraal mit Kühen. E-Mail und Handy kontrastieren mit uralten ländlichen Gebräuchen, Luxusvillen mit Blechhütten, funkelnde Nobelkarossen mit rostenden Sammeltaxen.

Wie die Menschen, so die Natur. Viele Besucher kommen wieder, weil das Land an der Südspitze Afrikas, zwischen Atlantik und Indischem Ozean, enorm viel anzubieten hat. Man kann die Aussicht vom Kapstädter Tafelberg und der Kapspitze genießen, die **Garden Route** entlangfahren und bei der Lagunenstadt Knysna (Afrikas Alpen, mit Gipfeln bis zu 3 500 m) wandern; in – neuerdings grenzüberschreitenden – Naturparks wie dem Greater Limpopo Transfrontier Park (bisher: Kruger National Park), dem Hluhluwe-Umfolozi Park, dem Addo Elephant Park oder dem Pilanesberg National Park auf Safari gehen und die »Big Five« (Elefanten, Nashörner, Löwen, Leoparden und Flusspferde) erspähen; oder einfach in der Halbwüste Karoo, der menschenleeren Kalahari oder an langen Stränden totale Entspannung von der Hast und den Staus Europas finden. Erst dann erahnt man Südafrika!

Lange wurde südafrikanischen Kindern in der Schule beigebracht, die Geschichte ihrer Heimat sei kaum 400 Jahre alt. Die weißen Herrscher räumten zwar ein, dass die Wiege der Menschheit vor Jahrmillionen im südlichen Afrika stand (in den **Sterkfontein-Höhlen** werden nach wie vor neue Funde gemacht) und dass die kleinwüchsigen Wildbeuter, die San, seit 10 000 Jahren das südwestliche Afrika besiedeln und sich entlang der Kapküste seit Christi Geburt nach und nach mit Bantu-Völkern aus dem Norden vermischten. So entstand ein Vieh züchtendes Volk, die so genannten Khoikhoi, die von den europäischen Siedlern abschätzig »Hottentotten« genannt wurden. So viel wurde offiziell gerade noch zugegeben.

Aber man verschwieg absichtlich die schwarze Kulturgeschichte der Eisenzeit, um den falschen Mythos vom »menschenleeren Land« im 17. Jahrhundert aufrechtzuerhalten. Die Wahrheit war, dass man bereits 1933 bei Mapungubwe, nahe der Grenze zu Simbabwe und Botswana, Überreste einer knapp 1 000 Jahre alten Siedlung gefunden hatte. Neben Werkzeugen und Gräbern entdeckte man damals auch ein wunderschönes, perfekt erhaltenes Nashorn aus purem Gold –

Auf den Spuren der Ureinwohner

und versteckte es sofort in einem Staatsarchiv, nur für Experten zugänglich. Auch bei Thulamela, im Norden des Greater Limpopo Transfrontier Park bei Punda Maria, und anderen Orten wurden wichtige Funde gemacht. Heute steht endlich die historische Wahrheit auch in den Schulbüchern: dass etwa die Nguni, aus denen später **Zulus** und **Xhosas**, die beiden wichtigsten Stämme Südafrikas, hervorgingen, bereits um 1300 n. Chr. die Küste der heutigen Provinz KwaZulu-Natal erreichten und in Dorfgemeinschaften Ackerbau und Viehzucht betrieben, unter Verwendung von Eisen und Ton.

Das Erbe der Vergangenheit wird sich erst nach und nach überwinden lassen. Für manche Südafrikaner verläuft dieser Prozess zu langsam. Sie hören ungern, dass die Entwicklung Südafrikas eine entscheidende Wende nahm, als Kapitän **Jan van Riebeeck** am 6. April 1652 den Anker seines Schiffes Dromedaris in die Tafelbucht rasseln ließ. Der Holländer sollte zwar nur eine Versorgungsstation einrichten, damit sich die Schiffe der Niederländisch-Ostindischen Handelsgesellschaft auf ihrem Weg nach Asien mit Gemüse und Trinkwasser eindecken konnten. Er war auch keineswegs der Erste, der das Festland betrat. Aber van Riebeeck war der Erste, der blieb.

1488 hatte als erster Seefahrer der Portugiese **Bartholomeu Diaz** die Kapspitze, an der sich der kalte Atlantik und der warme Indische Ozean

Die europäischen Entdecker

treffen, umrundet. Diaz ersann den schönen Namen »Cabo da Boa Esperança« – **Kap der Guten Hoffnung**. Noch einen weiteren Namen gab Diaz dem Ort: »**Kap der Stürme**«. Zu Recht, denn hier weht beständig ein kräftiges Lüftchen.

Fast hundert Jahre später, an einem klaren Wintertag im Juni 1580, traf der Brite Sir Francis Drake in der Bucht vor dem Tafelberg ein. Er machte eine Eintragung in sein Logbuch, der jeder Kapstädter seither ohne Umschweife beipflichten würde:

Der Niederländer Jan van Riebeeck brachte seine Sprache mit ans Kap, aus ihr entwickelte sich die Landessprache Afrikaans.

Südafrika stellt sich vor

Rotschnabeltokos – ihre Leibspeise sind Termiten – halten sich gerne bei menschlichen Siedlungen auf. Sie können recht zutraulich werden.

Dass das touristische Potenzial dafür existiert, steht außer Frage. Fast 3 000 km Küste mit einsamen Stränden, die keinen Vergleich irgendwo in der Welt scheuen müssen. 29 staatliche Wild- und Naturparks mit preiswerten, schön gelegenen und bequemen Übernachtungscamps; dazu eine Vielzahl von Privatparks, die allerdings erheblich teurer sind. Ein Dutzend sehenswerte Städte mit Einkaufszentren, in denen es alles zu erstehen gibt. Ein tadelloses Straßennetz mit 60 000 km Teerstraßen – auf Schlaglöcher trifft man seltener als in den USA! Erstklassige **Hotels** und **Restaurants**; viele Sehenswürdigkeiten und **Museen**. Und vor allem: 250 Sonnentage im Jahr.

Flora und Fauna präsentieren sich in den neun Provinzen in überwältigender Vielfalt, obwohl das Land insgesamt eher niederschlagsarm ist: Durchschnittlich fallen nur 464 mm Regen. **Kapstadt** ist die grünste Stadt Südafrikas. Kein Blumenliebhaber sollte einen Besuch in dem botanischen Garten Kirstenbosch am Südosthang des Tafelberg-Massivs verpassen: Nur hier findet man über 250 verschiedene Arten der berühmten Nationalblume Protea. Außerdem hat **Kirstenbosch** ein hervorragendes gläsernes Tropenhaus zu bieten, das die diversen Ökosysteme im südlichen Afrika beleuchtet.

»Dieses Kap ist eine wahrhaft stattliche Sache und das schönste Kap, das wir in dem gesamten Erdumfang je sahen.« Holländer, Franzosen, Briten und Deutsche: So wie im übrigen Afrika haben Europäer den Verlauf von drei Jahrhunderten Geschichte in Südafrika bestimmt. Sie haben das

Urlauberparadies mit Strand und Naturparks

Land urbar gemacht und, wie jemand einmal formulierte, die beste Infrastruktur »südlich von Mailand« aufgebaut. Aber das ging nur mit Hilfe der Bevölkerungsmehrheit. Diese Einsicht und die Abwendung von der Apartheid sind es, die Südafrika die Chance für einen Neuanfang gegeben haben.

Auch das 1 500 km entfernte **Pretoria** (das nun in **Tshwane** umbenannt worden ist), Regierungssitz während der zweiten Jahreshälfte, versinkt im Frühling (Oktober) unter blauen und violetten Jakaranda-Blüten. **KwaZulu-Natal** ist ein tropisches Paradies, durchaus vergleichbar mit Hawaii, wenn der El-Niño-Wettereffekt nicht gerade eine verheerende Dürre ausgelöst hat: Zwischen Zuckerrohrfeldern und Palmenstränden, Bananen-, Ananas- und Mangofeldern fährt man an zahlreichen Kraals mit den typischen runden Zulu-Hütten vorbei. **Mpumalanga** durchziehen so weit das Auge reicht hügelige Waldungen, die von vorausdenkenden Menschen bereits im 19. Jahrhundert angepflanzt wurden. In den Ebenen des Freistaates beherrschen riesige Getreidefelder das Landschaftsbild. In der Halbwüste Karoo und im **Namaqualand** (beides in den riesigen Kapprovinzen, die die Hälfte des Landes ausmachen) fallen hingegen selbst in guten Regenjahren weniger als 100 mm Niederschlag.

In diesen heißen, dünn bevölkerten Gebieten sieht man zwar nur Schafe, Ziegen und vereinzelt Strauße, doch ist eine Autofahrt (Klimaanlage

Tropische Blüten und Wüsten

absolut unerlässlich!) schon deshalb lohnend, weil man sich schnell von einem wunderbaren Gefühl endloser Weite und Freiheit berührt fühlt, weit entfernt von der Enge des europäischen Alltags. »Du musst anhalten, dich neben deinen Wagen setzen und dir die Ruhe anhören«, empfiehlt ein Lokaljournalist, der öfter in die Karoo fährt, »alles andere wird dann unwichtig.« Und wer es bis hinauf in das »Nordkap« schafft, der erlebt die Südausläufer der Kalahari-Wüste: eine dornige Savanne, die aber für den, der Augen und Ohren hat, voller Leben ist und unvergessliche Sonnenuntergänge in der Erinnerung zurücklässt.

Autofahrer aufgepasst! Erstens herrscht Linksverkehr und zweitens fahren viele Südafrikaner ohne einen gültigen Führerschein. Besonders die oft verkehrsuntauglichen Sammeltaxis stellen ein großes Sicherheitsrisiko dar. Auf Südafrikas Straßen kommen Jahr für Jahr 10000 Menschen ums Leben. Kein Tag vergeht, ohne dass in den Nachrichten horrende Unfälle gemeldet werden, bei denen oft ein Dutzend Menschen gleichzeitig umkommen. Im Zweifel sollte gelten: den Rasern die Vorfahrt überlassen und nicht auf »sein Recht« pochen!

Zweifellos sind die Vielfalt Südafrikas, seine herzliche Gastfreundschaft und seine Schönheit jahrelang zu wenig beachtet worden: früher wegen der Politik, heute leider wegen der hohen Kriminalität, die – vor allem in Johannesburg, Kapstadt und Durban – der Regierung viele Sorgen bereitet (wobei Touristen nur in den seltensten Fällen betroffen sind). Das Land hat viel nachzuholen, auch auf touristischem Gebiet. Verwöhnte Besucher werden manche Mängel vorfinden. Nicht überall entsprechen die Hotels europäischem Standard, die Kapazitäten sind noch begrenzt, Preis und Leistung stimmen bisweilen nicht überein. Südafrikaner sind selbst oft zu höflich und geduldig: Es herrscht eine »ag shame« Mentalität vor, die Kritik verbietet. (Dieses afrikaanse Allzweckwort, phonetisch: ach schäim, werden Sie oft hören: Der Sprecher

Der Halfmens (»Halbmensch«), eine Sukkulentenart, wird wegen seines Aussehens auch »Elefantenrüssel« genannt. Er wächst im trockenen Norden des Landes.

bedauert oder bewundert etwas, bringt aber immer Verständnis auf, z. B. ein süßes Baby – ag shame! Eine Bettlerin – ag shame! Ein verschossener Elfmeter – ag shame!)

Aber Südafrika ist im Kommen. Hervorragend organisierte Veranstaltungen wie der »Weltgipfel für nachhaltige Entwicklung« im September 2002 und andere UN-Gipfeltreffen haben einmal die Sonderstellung Südafrikas auf dem afrikanischen Kontinent unter Beweis gestellt. Und jetzt kommt auch noch die Fußball-WM 2010! Gänzlich unbeschadet vom 11. September nimmt die Zahl der ausländischen Besucher weiterhin jährlich zu. Allein aus Deutschland werden immer neue Zuwächse gemeldet, noch stärker ist nur das Kontingent der Briten. Generell gilt: Deutsche sind am Kap sehr gern gesehene Gäste.

Mit etwa 60 Milliarden Rand spült der **Tourismus** bereits doppelt so viel Geld in die Volkswirtschaft als das Gold, jahrzehntelang der mit Abstand größte Devisenbringer. Doch der Goldpreis auf dem Weltmarkt stagniert, die Förderung wird aufgrund der immer tiefer liegenden Vorkommen zunehmend teurer. Argumente genug für ein Engagement in Tourismus. Wäre das Land nach 1976 (Schüleraufstände in Soweto), als man auf dem Tourismussektor noch jährliche Zuwachsraten von 20 % verbuchen konnte, nicht regelmäßig durch Gewaltausbrüche in die Schlagzeilen geraten, hätte diese Entwicklung schon viel früher eingesetzt. Gerade Besucher aus Europa, den Vereinigten Staaten und Japan lassen sich ihren Aufenthalt gerne etwas kosten, sofern sie dafür entsprechende Dienstleistungen erhalten. Es liegt auf der Hand, dass in einem Land mit fast 40 % Arbeitslosigkeit eine personalintensive Industrie wie der Tourismus überwiegend positive Auswirkungen hat, zumal die Bevölkerung freundlich, hilfsbereit und zuvorkommend ist und bereitwillig für guten Service und einen reibungslosen Urlaubsablauf sorgt.

Die Befürchtung des alles überfallenden Massentourismus (»Mallorca am Kap«) hat sich bisher nicht bewahrheitet. Dazu ist Südafrika zu weit vom Schuss, zu weitläufig – und oft auch zu teuer. Viele Hoteliers und Leihwagenverleiher halten europäische Urlauber leider für äußerst finanzkräftig.

Zum Teil hat man das bereits aufgefangen, indem man viele Vier-Sterne-Hotels der Sun-Gruppe in erschwingliche Holiday Inn Garden Courts umgewandelt hat und es heu-

Reiseland mit Zukunft

Erschwingliche Unterkünfte

te viel mehr »bed-and-breakfast«-**Gästehäuser** als noch vor wenigen Jahren gibt. In diesen Häusern muss der Gast zwar auf den Zimmerservice und andere Annehmlichkeiten verzichten, bezahlt aber – bei gleichem Komfort – sehr viel weniger als in den Vier- oder Fünf-Sterne-Hotels.

Ein weiteres Problem, mit dem Südafrikas Regierung in Zukunft zu kämpfen hat, wird jedoch der Schutz der natürlichen Ressourcen sein. Jahrelang waren die Südafrikaner auf diesem Gebiet recht sorglos: Das Land ist riesig, die Bevölkerungszahlen sind weiterhin relativ gering, die Luft und das Wasser sauber, die natürlichen Bodenschätze scheinen schier unerschöpflich zu sein. Dennoch stößt man allmählich an die Grenzen des Möglichen. Öko-Tourismus ist auch in Südafrika ein aktuelles Schlagwort geworden.

Noch immer besteht jede Stadt Südafrikas aus einem weißen, wirtschaftlich und sozial besser gestellten Teil und einem ärmlichen schwarzen Teil, den **Townships**. In den letzten Jahren wurden aber in Soweto (Johannesburg) und Khayeltisha (Kapstadt) Gästehäuser und Restaurants eröffnet, die Ausländer anziehen wollen. Bisher ist es noch so, dass Besucher aus Europa bei einem zweiwöchigen Aufenthalt fast nur das »weiße Südafrika« erleben: Schwarze Menschen trifft man hauptsächlich als Kellner, Zimmermädchen, an der Rezeption und in Geschäften. Das soll der »Township-Tourismus« allmählich ändern. Um die Townships und ihre Bewohner näher kennen zu lernen, kann man eine geführte Tour buchen, z. B. für Soweto bei Jimmy's Face to Face Tours, aber auch schon beim Reiseveranstalter in Deutschland. Dann wird man vom Hotel zu einer mehrstündigen Tour abgeholt und mit einem Minibus durch die Townships gefahren. Mehrmals wird gestoppt, so dass sich auch ein Kontakt mit den Bewohnern ergeben kann, die durchaus interessiert an den Besuchern sind. Wem diese Touren zu oberflächlich sind, der kann auch einen mehrtägigen Aufenthalt in den Townships buchen und am Leben der Bewohner teilnehmen. Empfehlenswert ist der Besuch auf jeden Fall, denn wer Soweto nicht gesehen hat,

Öko-Tourismus im Kommen

der kann sich kaum ein Bild von den riesigen sozialen Problemen (und ihren Lösungsversuchen) des Landes machen. Wünschenswert wäre auch, wenn auf dem Land einfache Unterkünfte entstehen würden, in denen der Besucher sicher übernachten kann – und gleichzeitig den Alltag der Zulus, Xhosas und Sothos erlebt. Auf diesem Gebiet liegt noch viel brach – aber auch hier ist Südafrika ein Land im Kommen.

Das Obst am Kap – es gibt fast alles – ist von Top-Qualität und meistens sehr preiswert. Bio-Ware setzt sich zunehmend durch.

Gewusst wo ...

Immer beliebter: das Übernachten im Camp in freier Wildbahn. Hier das Camp Twee Rivieren im Kgalagadi Transfrontier Park.

Von Luxushotels bis zu einfachen Pensionen hat Südafrika alles zu bieten. Es lohnt sich, auf saisonale Sonderangebote zu achten: Selbst die besten Herbergen werden dann erschwinglich.

Übernachten

Nobel-Lodge oder Bed & Breakfast mit Familienanschluss – oder doch lieber rustikal im Camp?

Wie hier im Ulusaba-Resort (Greater Limpopo Transfrontier Park) wird der Gast mit viel Platz und allen erdenklichen Annehmlichkeiten verwöhnt.

Übernachten

Selten wird man in Südafrika eine wirklich schlechte Unterkunft finden; meistens sind die Hotels und Gästehäuser von gutem bis exzellentem Standard. Aber mit dem Erstarken der Landeswährung Rand sind viele Häuser unangenehm teuer geworden. In der Wintersaison (Juni bis August) sollte man besonders auf »Specials« achten, die für Einheimische gedacht sind. Im Hochsommer (Dezember bis März) unbedingt vorausbuchen!

Die großen Hotelgruppen nennen sich Sun International (21 Häuser, fast alle mit Casino), Protea Hotels (115, meist 3-Sterne-Häuser), Holiday Inn (32, davon 23 preiswerte Garden Courts) und City Lodge (37, inklusive Townlodges und Road Lodges). Ein Dutzend Luxushäuser trägt das begehrte Siegel von Relais & Châteaux.

Darüber hinaus gibt es hunderte **Bed & Breakfasts** und **Guesthouses** in allen Preislagen, seit einigen Jahren auch in den schwarzen Townships wie Soweto und Khayelitsha (www.face2face.co.za) Die besten Privatadressen werden in drei verschiedenen »Portfolio«-Katalogen dargestellt, die man kostenlos unter Tel. 0 11/8 80 34 14, Fax 0 11/7 88 48 02 oder www.portfoliocollection.com erhält.

Obwohl, wie eingangs erwähnt, die Top-Hotels ihre Preise in den letzten Jahre rasant angezogen haben – was zur Folge hat, dass man dort Einheimische nur noch selten antrifft –, findet der Euro-Urlauber im mittleren und unteren Spektrum noch reichlich preiswerte und ordentliche Unterkünfte. Während der großen Ferien über Weihnachten und zu Ostern sollte man daher unbedingt vorbuchen, weil die Südafrikaner diese Herbergen dann stark frequentieren: Das gilt ganz besonders im Hochsommer (Mitte Dezember bis Mitte Januar), wenn das Land teilweise zum Stillstand kommt, weil hunderttausende Menschen an die Küsten strömen. Im südlichen Wintermonat Juli, wenn die Schulen für knapp drei Wochen schließen, wird es zwar längst nicht so voll (betuchte Südafrikaner fliegen dann häufig in den Urlaub nach Norden), aber dennoch ist es ratsam, vorzubuchen. Tipp: Das ist beste Jahreszeit, um auf Safari zu gehen. Im Kruger Park (jetzt: Greater Limpopo Park) und in den Wildreservaten in KwaZu-

---

MERIAN-Favoriten
Die 10 besten Adressen

Cape Grace Hotel, Kapstadt
Das elegante Hotel an der V & A Waterfront wird von Staatsoberhäuptern aufgesucht. (→ S. 45)

The Mount Nelson, Kapstadt
Das »Nellie« glänzt mit Eleganz und Service im Stil der alten Zeit.(→ S. 46)

Grande Roche, Paarl
Edles Landhotel mit nahezu perfektem Service, mitten im Kapweingebiet. (→ S. 69)

Fancourt, George
Das beste Golf-Hotel Südafrikas mit vier Plätzen und einem Wellness-Center. (→ S. 76)

Grace, Jo'burg
Stars und Brautpaare bevorzugen dieses Big-City-Spitzenhotel. (→ S. 87)

Sandton Sun & Towers, Jo'burg
Die beiden Top-Häuser der Interconti-Kette und der Southern Sun Gruppe. (→ S. 88)

Saxon Hotel, Jo'burg
Das Saxon wurde 2003 zum »World's Best Boutique Hotel« gekürt. (→ S. 88)

Westcliff, Jo'burg
Die opulente Einrichtung und die gute Bedienung garantieren Exklusivität. (→ S. 88)

The Palace of the Lost City, Sun City
Spektakuläre Mischung aus Luxor und afrikanischer Fantasie im Vergnügungsparadies Sun City. (→ S. 103)

The Royal Hotel, Durban
Altes Klassehotel in der Stadtmitte Durbans mit erfreulich annehmbaren Preisen. (→ S. 110)

Das Steenberg Hotel im Constantia-Tal bei Kapstadt ist ein 5-Sterne-Haus in alten Gemäuern von 1682. Hier kann man auch vorzüglich speisen.

lu-Natal wird es dann nachts kalt (herrlich zum Schlafen), aber tagsüber ist es trocken und warm. Die Büsche tragen wenig Blätter – also kann man die Tiere viel leichter erspähen. Und die fiesen Moskitos halten ebenfalls »Winterschlaf«, was oftmals die lästige Malaria-Prophylaxe erübrigt.

Neben den Bed & Breakfast Häusern (afrikaans: »Bed en Ontbyt«, was man außerhalb der Städte öfters auf Schildern an der Straße sieht) ist auch das »Self-Catering« in Südafrika sehr populär. Das bedeutet zwar, dass man sich selbst verpflegen muss, aber meistens auch, dass man einen kompletten Bungalow für den Preis eines Hotelzimmers bekommt. Besonders für Familien, die länger als eine Nacht an einem Ort bleiben wollen, um die Reisestrapazen für die Kinder zu mildern, ist diese Art Unterkunft ideal. Wer nicht ständig kochen will, kann meistens die Betreiber bitten, für einen Aufschlag das Abendessen zuzubereiten. (So lernt man auch

MERIAN-Tipp

1 Grootbos Private Nature Reserve

Die exzellente Umsetzung des hoch gesteckten Ziels, Luxus und Natur miteinander in Einklang zu bringen, hat der 5-Sterne-Lodge zahlreiche Preise der internationalen Tourismusbranche eingebracht. Die einzigartige Natur des 17 qkm großen Grootbos Naturreservats kann der Besucher in entspannten Wanderungen, auf dem Rücken der Pferde oder mit dem Allrad-Jeep erkunden. Ausgebildete Guides wissen viel Interessantes über die Flora und Fauna zu berichten. Der Gast lebt in großen, stilvollen Suiten und wird mit hervorragender Kochkunst verwöhnt.

An der R43, 13 km nach Stanford in südl. Richtung; Tel. 0 28/3 84 80 00; www.grootbos.co.za ●●●●

⤳ S. 179, D 20

Übernachten

die einheimische Küche kennen.) Viele der Self-Catering Häuser befinden sich praktisch in der freien Natur, oft auf Farmen oder auch ganz nah an Stränden, so dass man Land und Leute kennen lernen kann. Eltern erleben häufig den geruhsamsten Teil ihres Südafrika-Urlaubs an solchen Plätzen, denn die Kinder spielen und toben draußen herum – die Umgebung ist sicher. Die Häuser sind durchweg mit allem ausgerüstet, was man braucht: voll eingerichtete Küche, Bäder (fragen, ob es eine Wanne gibt!), Wohnraum mit Kamin. Bei der Reservierung stets präzise Fragen stellen, was angeboten wird – und dann darauf pochen, dass auch alles da ist.

Dazu kommen die seit Jahrzehnten beliebten **Camps** in Dutzenden Nationalparks – nirgendwo auf der Welt besser und zahlreicher als in Südafrika. In Parks wie Addo, Greater Limpopo, Augrabies Falls, Kgalagadi, Pilanesberg, Karoo und Marakele im Nordwesten kann man zwischen wundervoll eingerichteten Vierbett-Bungalows oder einfachen Rundhütten wählen, sich selbst bekochen oder ins Restaurant gehen. Ferner gibt es noch Naturreservate wie beispielsweise De Hoop (beste Walsichtungen im ganzen Land), Sterkspruit und Oribi – dort allerdings wird deutlich weniger geboten, nur selten wird man ein Restaurant vorfinden. In allen Fällen gilt: In der Hochsaison und während der südafrikanischen Schulferien muss vorausgebucht werden! Dabei gibt es eine wichtige Unterscheidung: Die herrlichen, oft übersehenen Parks in der Provinz KwaZulu-Natal (Umfolozi-Hluhluwe, St. Lucia, Itala, Mkuze, Drakensberge) laufen, anders als die zuvor genannten Parks im übrigen Südafrika, weiter unter gesonderter Regie. Die beiden Kontaktadressen:

Parks in KwaZulu-Natal
Tel. 0 33/8 45 10 00, Fax 0 33/8 45 10 01;
E-Mail: bookings@kznwildlife.com,
www.kznwildlife.com

Nationalparks Südafrika
Tel. 0 12/4 28 91 11, Fax 0 12/3 43 09 05;
E-Mail: reservations@sanparks.org,
www.sanparks.org

Empfehlenswerte Hotels und andere Unterkünfte finden Sie bei den einzelnen Orten im Kapitel »Unterwegs in Südafrika«.

Das elegante Cathedral Peak Hotel bietet nicht nur eine wunderbare Aussicht auf die Drakensberge, zum Hotel gehört auch ein Golfplatz.

Game Lodges, exklusiv und urig

Lodges haben sich als eine klassisch südafrikanische Variante der Übernachtung durchgesetzt.

Von den exklusiven Game Lodges am Westrand des Greater Limpopo Transfrontier Park (z. B. Mala Mala, Singita, Ulusaba) bis zu erschwinglicheren Lodges in anderen Teilen Südafrikas: Die Auswahl ist unglaublich groß.

Ursprünglich bedeutete Lodge »einfache Hütte« oder sogar »Pförtnerhaus«. Deshalb kann sich jede Unterkunft als Lodge bezeichnen, was leicht zu Verwirrung führen kann. Bei einer Game Lodge oder Safari Lodge aber handelt es sich um einen Platz auf einem Stück Privatland, das mit Wild bestückt wurde. Das können kleinere Farmen sein, wie etwa Inverdoorn (3 000 ha, bei Ceres) oder riesige Landschaften wie z. B. in Sanbona (53 000 ha, bei Montagu) oder die größte und opulenteste von allen, das im Besitz der Diamanten- und Gold-Dynastie Oppenheimer befindliche Tswalu (100 000 ha, mitten in der Karoo).

Zum Service gehören überall gut geschulte, junge Ranger, die ihren Gästen bei Fahrten in offenen Allradwagen (auch zu Fuß und zu Pferde) das Wild nicht nur ganz nahe bringen, sondern auch ein erstaunliches Wissen über Wild und Natur besitzen – und ihren Gästen bei einer Fahrt in einer sternenklaren Nacht sogar noch den südlichen Sternenhimmel erläutern können. Dieser besondere Service wird wohl in keinem Land der Welt besser gehandhabt als in Südafrika. Gerne gibt mancher Gast am Ende des Aufenthalts ein großzügiges Trinkgeld, einen »tip« – eine schöne Sitte, zumal die Ranger oft erschreckend wenig verdienen.

UNVERGESSLICHE PIRSCHFAHRTEN
Ein zwei- bis dreitägiger Aufenthalt in einer Lodge mit täglich drei Ausfahrten (Game Drives) resultiert oft in den intensivsten Erinnerungen und schönsten Tierfotos, die man aus einem Süd-

MERIAN-Spezial

afrika-Urlaub wieder mit nach Hause nimmt. Wer einmal Löwen nachts bei der Jagd beobachten konnte oder das soziale Gefüge einer Elefantenherde aus nächster Nähe kennen lernte, der wird dieses Erlebnis nicht vergessen.

Man kommt sich in einer Game Lodge, nolens volens, rasch näher. Zum einen, weil man die Ausfahrten gemeinsam mit anderen Gästen unternimmt; zum anderen, weil das Abendessen oft unter Sternen in einer »Boma« rund um ein offenes Feuer stattfindet, während man mit den anderen Besuchern und den Rangern die Tageserlebnisse diskutiert.

Bis in die Neunzigerjahre des letzten Jh. hinein gab es private Game Lodges praktisch nur am Westrand des Kruger National Park; die beiden bekanntesten waren Mala Mala und Sabi Sabi. Weil der Zaun zum Park offen gelassen wurde, konnte man hier in den Privatreservaten Sabie Sand und Timbavati das Wild ganz nah und eben auch nachts erleben, immer vorausgesetzt, man hatte genug Spielraum im Urlaubsbudget.

Inzwischen hat sich das Angebot enorm erweitert. Überall im Land, besonders aber in den Provinzen Ostkap und KwaZulu-Natal, findet man heute Dutzende neue Lodges in Preiskategorien, die durchaus annehmbar sind. Das Ostkap hat dabei die Vorteile, malariafrei und relativ leicht von Kapstadt aus erreichbar zu sein! Wer beispielsweise die Gardenroute hinauffährt, trifft hinter Port Elizabeth in der Umgebung des Addo National Park auf Plätze wie Schotia, Shamvari, Korisha, Lalabella und Amakhala. In der Nähe der Küstenstadt Mossel Bay befindet sich Botelierskop, bei Albertinia findet man die Garden Route Game Lodge, und bei Plettenberg Bay liegen Buffalo Hills und Rhino Base Camp.

Die Preise bewegen sich zwischen 1 000 Rand und 10 000 Rand für zwei Personen in einem Zimmer, meistens sind die Preise all inclusive. Im Durchschnitt sollte man in einer Game Lodge am Greater Limpopo Transfrontier Park mit etwa 3 500 Rand pro Nacht rechnen.

Buchen kann man über Exclusive Get-aways in Johannesburg, die auch mit weiterer Beratung zur Verfügung stehen.
⟶ Tel. 0 11/8 03 86 69, Fax 0 11/ 8 07 04 17; www.getaways.co.za

Fantastische Ausblicke über den Busch hat man von den »Hütten« der Rock Lodge in der Sabi Sand Game Reserve.

Essen und Trinken

Kulinarische Genüsse aus der ganzen Welt, die keine Wünsche offen lassen, verwöhnen den Gast.

Die Inder wurden von den britischen Kolonialherren als Plantagenarbeiter ins Land geholt, ihr Beitrag zur Küchenkultur ist heute nicht mehr wegzudenken.

Essen und Trinken

Allgemein geht man in Südafrika wie in Europa zum »Italiener«, »Mexikaner« oder »Franzosen«, in ein Steakrestaurant oder ein Fischlokal.

In den letzten Jahren haben sich die Standards – besonders in Kapstadt und Johannesburg – deutlich verbessert. So wurde die Metropole am Tafelberg in Großbritannien bei einer Umfrage unter Vielreisenden in der Rubrik »Restaurants und Essen« sogar als beste Stadt der Welt bewertet! Vereinzelt, aber zunehmend, trifft man sogar auf Gourmetrestaurants, die den großen Vorbildern in Europa ebenbürtig sind – beispielsweise das **one.waterfront**. Aber auch in kleineren Orten, etwa entlang der beliebten Garden Route, entdeckt man nun immer öfter gute, originelle Lokale mit freundlicher und kompetenter Bedienung; kein Vergleich zu früher, als der Kundschaft, damals hauptsächlich Einheimischen, von gelangweilten Kellnern jahrein, jahraus dieselbe Speisekarte mit Steaks und Burgern vorgesetzt wurde. (In entlegenen Dörfern leider auch heute noch der Fall.)

Die Tatsache, dass es keine authentische Küche gibt, hängt damit zusammen, dass das Land von Holländern, Deutschen und Franzosen besiedelt wurde, die jeweils ihre eigenen Essgewohnheiten mitbrachten.

Wie ein lokaler Gourmet feinsinnig festgestellt hat, waren das Essen und der **Wein** die Hauptgründe für die Erschließung Südafrikas – gemeint ist Jan van Riebeecks Auftrag 1652, am Kap der Guten Hoffnung für frisches Gemüse, Wasser und später Wein zu sorgen. Weil aber jahrelang Seefahrer aus Asien am Kap Halt machten, entwickelte sich die Kapküche zu einer Mischung aus holländischen Gerichten, verfeinert mit ostindischen und indonesischen Gewürzen.

Die folgende kleine Auswahl kann man vielleicht am ehesten als typisch für die Kapküche nehmen:

MERIAN-Favoriten
Die 10 besten Adressen

one.waterfront, Kapstadt
Die originellen Kombinationen von Chefkoch Bruce lassen Feinschmecker schwelgen. (→ S. 54)

La Colombe, Kapstadt
Provenzalische Küche vom Feinsten im grünen Constantia-Tal. (→ S. 54)

Cape Colony, Kapstadt
Elegantes Spitzenrestaurant im Mount Nelson Hotel mit einer enorm vielfältigen Speisekarte. (→ S. 54)

Bukhara, Kapstadt
Hervorragende nordindische Tandoori-Gerichte in stilvollem, asiatischem Ambiente. (→ S. 55)

Toni's Restaurant, Kapstadt
Hier kommt die jahrhundertealte portugiesische Küche auf den Tisch: Es wird gewürzt, was der Gaumen aushält. (→ S. 55)

Le Quartier Français, Franschhoek
Qualität und Kreativität der Gerichte sind legendär. (→ S. 69)

Bosman's, Paarl
Kulinarische Fusion zwischen europäischer und südafrikanischer Cuisine. (→ S. 69)

Linger Longer, Johannesburg
Französisch-internationale Küche plus afrikanische Spezialitäten wie Krokodilschwanz. (→ S. 91)

Moyo, Johannesburg
Uriges Erlebnislokal: ganz Afrika unter einem Dach, von Marokko bis Südafrika. (→ S. 92)

Jewel of India, Durban
Authentisches indisches Essen und Ambiente: Auf Kissen sitzend verzehrt man schmackhafte Curries. (→ S. 114)

»Babotie«: Hackfleischauflauf, der mit einer Lage Kartoffelpüree im Ofen zubereitet und auf einem Safranring serviert wird; mit Curry und Kräutern gewürzt.

»Bredies«: Eintopf mit Fleischwürfeln, die süßsauer mit Mandeln, Rosinen und Aprikosen zubereitet werden und langsam im eigenen Saft schmoren.

Essen und Trinken

Im romantischen Innenhof des Hotels Winchester Mansions kann man zwischen Palmen und Springbrunnen fürstlich dinieren.

»Curries«: gekochte Fleischstücke, mit einer Mischung aus Koriandersamen, Pfeffer, Gelbwurz und Kräutern gewürzt. Man serviert dazu

»Rootis«: indische Fladenbrote, gebacken auf offener Flamme. Als Beilagen werden Bananen, Tomatenstücke, Kokosraspel und Chutney gereicht.

»Sosaties«: gegrillte Fleischspieße mit Zwiebeln oder Früchten.

Südafrikaner, besonders die Weißen, lieben das Grillen, den »braai«. Wahre Berge von Fleisch (Lamm, Rind, Wurst) werden – meist von Männern – über den Kohlen zubereitet, während man sich über Gott und die Welt auslässt und ordentliche Mengen an Alkohol konsumiert.

Im Landesinneren wird vornehmlich Fleisch gegessen, die Qualität der Steaks ist durchwegs sehr gut. In Wildpark-Restaurants sollte man darauf achten, ob Steaks von Antilopen, Büffeln oder auch Straußen auf dem Menü stehen – das ist mal etwas anderes. Lamm aus der trockenen Karoo ist besonders schmackhaft, denn es ist auf natürliche Weise vorgewürzt, weil die Tiere dort viele Kräuter fressen. In den Küstengebieten haben Meeresfrüchte aller Art eine lange Tradition.

Der »crayfish« ähnelt dem Hummer. Leider ist diese Delikatesse auch am Kap teurer geworden. Zwei sehr

Fischspezialitäten und Tropenfrüchte

schmackhafte Fische sind »klingklip« und »yellowtail«. Beliebt sind ferner Schwarzmuscheln (»mussels«), Austern, Krabben, Babytintenfisch (»calamari«) und »perlemoen«. Immer fragen, ob das bestellte Gericht auch wirklich fangfrisch zubereitet wird!

Nicht zu vergessen ist das lokale Sortiment an **Früchten**: hervorragende

Zitrusfrüchte (»cape«), Äpfel, Birnen, Pfirsiche, Bananen, Mangos, Lytschis und Melonen. Vor allem in der Gegend von Upington werden hervorragende Trockenfrüchte hergestellt und in die ganze Welt verschickt.

Das Leitungswasser ist überall im Land ohne Bedenken trinkbar. Es gibt auch einige gute Mineralquellen, deren Wasser man bei Tisch bestellen kann.

Was Alkoholika angeht, so produzieren die Südafrikaner zwar hervorra-

Nationalgetränk Bier

genden Wein, sie trinken aber am liebsten **Bier**, gefolgt von harten Drinks (Whisky, Brandy, Gin). Häufigste Biersorte ist das Lager, neuerdings wird auch Pils ausgeschenkt. Die gängigsten Marken heißen Castle, Lion, Ohlsons und Amstel.

Aus dem Nachbarland Namibia wird das Windhoek Lager importiert, das strikt nach dem deutschen Reinheitsgebot gebraut wird. Ebenfalls aus Namibia kommt das Windhoek Light (0,5 Prozent Alkohol). Im Mai/Juni wird von dort dunkles Starkbier (deutsche Aufschrift) eingeführt.

Die lokalen **Weine** sind erstklassig und dabei preiswert: Selbst Spitzenlagen bekommt man vom Weingut oder Großhandel in der Stadt (Wine Warehouse, Bottle Store, Woolworths, Pick 'n' Pay) schon für drei bis vier Euro die Flasche; aber auch in Restaurants ist eine gute Flasche Wein, anders als bei uns, ab acht Euro zu haben. Liebhaber sollten unbedingt Cabernet Sauvignon, Merlot, Pinotage, Shiraz (Rotweine) und Sauvignon Blanc, Chardonnay, Blanc Fumé und Rhine Riesling (Weißweine) sowie einige dieser Marken kosten: Backsberg, Blaauwklippen, Boschendal, Buitenverwachting, Klein Constantia, Neethlingshof, Nederburg, Overgaauw, Rustenberg.

Kaum ein Besucher aus devisenstarken Ländern, der nicht davon schwärmt, wie preiswert es sei, in Top-Restaurants zu essen und zu trinken. Überall, selbst im kleinsten Dorf auf dem Land, findet man die so genannten »Cafés« oder »Winkels« – Tante-Emma-Läden an der Ecke, wo es alles gibt, von Getränken und belegten Brötchen bis zu Waschmittel, Zahnpasta und Zeitungen (keinen Alkohol).

Diese Läden sind meistens täglich von 7 bis 21 Uhr geöffnet, was besonders für Urlauber auf der Durchreise angenehm ist. Natürlich bieten die großen Supermarkt-Ketten (Pick 'n' Pay, Checkers-Spar, OK Bazaar, Woolworths) alles reichhaltiger und preiswerter – aber die kleinen Läden sind eben praktischer. Für Selbstversorger ist der Erwerb einer Kühlbox, die es in den Super- oder auch Hypermarkets für wenig Geld gibt, sehr zu empfehlen.

Empfehlenswerte Restaurants finden Sie bei den einzelnen Orten im Kapitel »Unterwegs in Südafrika«.

MERIAN-Tipp

Biltong

Biltong hat eine ungebrochene Tradition, die vermutlich auf die Burenpioniere zurückgeht. Es handelt sich um unansehnliches, aber schmackhaftes Trockenfleisch, das man langsam kaut. Es kommt meist vom Rind, kann aber auch vom Wild (z. B. Kudu-Antilope) oder sogar vom Strauß kommen. Man kauft es in der gewünschten Menge in Spezialgeschäften, an Straßenständen oder im Supermarkt. Es eignet sich sehr gut als kleiner Snack zwischendurch. Gewiss ist das würzige, salzige Fleisch nicht jedermanns Sache. Doch am Kap heißt es, dass auch ehrliche Buren für ein gutes Kudu-Biltong ihren besten Freund bestehlen würden ...

Südafrikas erfolgreiche Weingüter

Das sonnige Südafrika ist inzwischen der zehntgrößte Weinproduzent der Welt.

Der Anbau von Weinreben am Kap ist zwar 350 Jahre alt – aber weltweit wettbewerbsfähig ist die Weinindustrie Südafrikas erst in den letzten Jahren geworden. Mit der Öffnung des Landes seit 1994 und den damit verbundenen Exportmöglichkeiten wurde die Industrie buchstäblich von Grund auf neu belebt. Die Zeiten, in denen man ehrfurchtsvoll zu den Ländern Europas mit ihrer langen Weinbautradition aufschaute, sind fast vorbei.

Es wird alles produziert: ein Dutzend Rotwein- und Weißweinsorten, dazu Schaumwein, Brandwein und Port. Bei drei Viertel der Neuanpflanzungen handelt es sich um rote Varianten, hauptsächlich Cabernet Sauvignon, Merlot, Pinotage und Shiraz. Einigen Erzeugnissen bescheinigen internationale Experten bereits absolute Top-Noten.

Wein war schon einmal ein Exportschlager: Unter Gouverneur Simon van der Stel – dem Begründer der heutigen Weinstadt **Stellenbosch** – wurde im Constantia-Tal, südlich von Kapstadt, seit 1685 der Dessertwein »Vin Constance« hergestellt. Zu den Liebhabern dieses süßen Tropfens gehörten der Preußenkönig Friedrich und Kaiser Napoleon I. Dann aber begann ein langer Dornröschenschlaf. Erst seit 1980 werden die Rebstöcke wieder mit neuen Sorten aus Europa veredelt. Heute werden landesweit 110 000 ha bepflanzt.

Weinexport wurde zur Erfolgsstory des neuen Südafrikas: Von 22 Millionen Liter (1992) wurde die Produktion auf 240 Millionen Liter (2003) gesteigert, inzwischen ist das mehr als ein Drittel der Gesamtproduktion des Landes. Es gibt heute fast 4 500 Traubenproduzenten und 505 Hersteller, von denen 93 registrierte Wine Estates sind. Dabei handelt es sich um Weingüter, wo von der Ernte bis zur

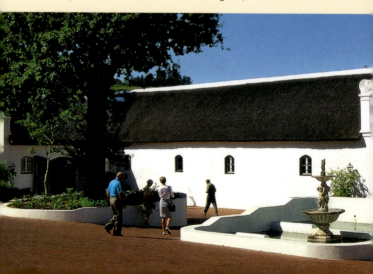

MERIAN-Spezial

Abfüllung alles auf dem eigenem Terroir stattfindet. Die Tendenz zeigt jedes Jahr weiter nach oben, auch was deutsche Besitzer angeht.

WEINPRODUKTION IM GANZEN LAND

Die besten **Weinrouten** befinden sich nahe Kapstadt (Constantia, Durbanville), im Städteviereck Paarl–Franschhoek–Stellenbosch–Sommerset, im Swartland, bei Robertson und Walker Bay (Overberg, Hermanus). In anderen Landesteilen, etwa am Oranjefluss im Norden, in Mpumalanga und in KwaZulu-Natal befinden sich kleinere Produktionsstätten.

Jahrelang war das Weingut Nederburg (Paarl) der unangefochtene Marktführer. Man konnte in die entlegensten Ecken des Landes kommen – Nederburg-Tropfen fand man immer auf der Weinkarte. Die alljährliche Nederburg-Auktion ist nach wie vor das Ereignis des Jahres für jeden Liebhaber. Das Gut wurde erst kürzlich modernisiert und bietet nun eine beachtliche Palette von Weinen zum Verkosten. Wer sich für die Geschichte des Weinanbaus in Südafrika interessiert, findet hier die besten Führungen, auch auf Deutsch.

Boschendal gehört ebenfalls zu den Weingütern, die Touristen gern ansteuern. Zum einen sind die 200 Jahre alten Hugenotten-Gebäude (Weinkeller, Wagenschuppen und vor allem das voll möblierte Herrenhaus) sehr sehenswert; zum anderen kann man auf der weitläufige Anlage in einem der beiden Restaurants essen oder einen Picknickkorb mit Wein und Nahrung kaufen und auf dem Rasen unter Eichen picknicken.

Für einen Besuch können wir ferner empfehlen: Blaauwklippen (Restaurants), Delheim (gute Führung) und Vergelegen (Restaurants, Picknicks), alle in der Nähe von Stellenbosch, sowie bei Paarl die beiden Weingüter Fairview (guter Käse) und Seidelberg (Kunstgalerie).

Schön übernachten kann man auf den Weingütern Constantia Uitsig (Constantia), Kleine Zalze, L'Avenir, Muratie und Zandberg (alle bei Stellenbosch) sowie Weltevrede (Bonnievale).

Wer detaillierte Informationen zu allen Weingütern sucht, sollte sich unbedingt die südafrikanische Weinbibel besorgen:
····≯ John Platter, South African Wines

Für Weinliebhaber eine erstklassige Adresse: das Weingut »Neethlingshof« bei Stellenbosch.

Einkaufen

Köstlichkeiten vom Markt, Kunsthandwerk oder Edelsteine – an Souvenirs mangelt es nicht.

An diesem Venda-Verkaufsstand in der Provinz Limpopo sind vor allem Früchte und Gemüse für den täglichen Bedarf im Angebot.

Leider wird viel Schmuck aus Edelmetallen und Edelsteinen, die aus dem Boden Südafrikas kommen, in Italien und Deutschland hergestellt – und teuer nach Südafrika reimportiert. Es gibt allerdings einige gute Juweliere, die an Ort und Stelle selbst fertigen. Beim Goldkauf ist Vorsicht geboten: Die meisten Ketten und Armreife haben einen Goldgehalt von 9 Karat oder sind platiniert, weil der südafrikanische Kunde das vorzieht. Beim Diamantenkauf muss man immer ein exaktes Zertifikat verlangen, sonst könnte es nach der Abreise böse Überraschungen geben, die die frohe Urlaubsstimmung zunichte machen.

Es gibt natürlich viele Juweliere in Südafrika, das Angebot bei Preis und Produkt ist sehr groß. Einige können wir aus langjähriger Erfahrung empfehlen, was Integrität und Kreativität angeht. In Kapstadt: die Diamantenspezialisten Prins & Prins (Ecke Loop & Hout St.); für ausgefallene Entwürfe den gebürtigen Hamburger Uwe Koetter (Amway House, 4. Stock, Foreshore, mit Schauraum, Manufaktur und Führung, sowie eine Filiale an der Waterfront in der V & A Hotel Arcade); und Peter Gilder im Constantia Village, ebenfalls mit eigener Manufaktur, der sich besonders auf den seltenen Tanzanit konzentriert (und die Steine selbst aus der tansanischen Mine abholt). In Johannesburg: die Gebrüder Uwe und Heiko Birkner in Sandton City, die sich auch auf Farbsteine spezialisiert haben. In Durban: zwei Mal Cherry Design Jewelry, ebenfalls mit eigener Manufaktur, im Gateway Center und in Umhlanga Rocks.

Afrikanische Künstler haben in den letzten Jahren die Straßen Südafrikas erobert. In allen größeren Städten bieten sie an Ampeln ihre Waren feil. Viele von ihnen sind Flüchtlinge aus West- und Zentralafrika und stellen schöne und preiswerte Erzeugnisse aus bunten Perlen und aus Holz her. Man kann unbesorgt das Autofenster herunterkurbeln: Diese Menschen sind durchweg freundlich und nicht aufdringlich,

MERIAN-Favoriten
Die 10 besten Adressen

Pan African Market, Kapstadt
Überwältigendes Angebot von Skulpturen, Kunsthandwerk und Textilien aus ganz Afrika. (→ S. 28)

Exclusive Books, Kapstadt
Südafrikas beste Buchhandlung ist in allen Metropolen vertreten. Die Topfiliale befindet sich an der V & A Waterfront. (→ S. 52)

Atlantic Art Gallery, Kapstadt
Eine absolut seriöse Kunstgalerie mit zeitgenössischen Bildern und Skulpturen. (→ S. 56)

Green Market Square, Kapstadt
Ein permanenter, bunter Markt mitten in Kapstadt, wo man preiswert Lederwaren, Textilien und auch Schmuck bekommt. (→ S. 56)

Shopping Malls, Kapstadt
Riesige Auswahl in den supermodernen Malls Century City, Cavendish Square und Waterfront in Kapstadt. (→ S. 56)

Flohmarkt, Johannesburg
Der Market Square Market am Samstag ist ein afrikanisches Erlebnis, das man nicht versäumen sollte. (→ S. 92)

Muti Shop, Johannesburg
Der geheimnisvolle Medizinmann bekämpft Gebrechen mit Pulvern und Tinkturen aus Tierhäuten, Knochen und Wurzeln. (→ S. 92)

African Art Center, Durban
Der beste Laden für echtes und originelles Zulu-Handwerk in Durban. (→ S. 115)

Midlands Meander, Nottingham Road
Auf der herrlichen Fahrt zu den Drakensbergen findet man mehr als hundert Töpfer, Weber, Drechsler und Bildhauer. (→ S. 120)

Pinotage Wein, Stellenbosch
Die berühmte Nationaltraube des Landes kann man probieren und kaufen auf dem Kanonkop Estate bei Stellenbosch. (→ S. 142)

wenn man nichts kaufen möchte. Schöne afrikanische Souvenirs und andere Gegenstände findet man in Kapstadt, Johannesburg und Durban auf den **Flohmärkten:** Landesweit gibt es davon über hundert. Aber auch in den so genannten **Curio-Läden** ist manches interessante Stück zu erstehen (obwohl viel Ramsch angeboten wird). So stellen die Stämme der **Zulus, Xhosa** und **Ndebele** Perlenschmuck, bestickte Puppen, Tierschnitzereien, Töpfe, Armreife aus Messing und Kupfer sowie Kleidung her. Der »kalabasch«, ein Topf aus Kürbisrinde, und die kleinen, bunten Perlenarbeiten, die traditionellen Liebesbriefe junger Mädchen an ihre Verehrer, sind Beispiele der Zulu-Kunst.

Immer stärker setzt sich auch die **Township Art** in der Wertschätzung der Touristen durch: phantasievoll aus Draht gebastelte Autos, Fahrräder und Windmühlen.

Wertvolle Objekte von schwarzen und weißen Künstlern – Gemälde, Plastiken – findet man in Galerien, besonders in Johannesburg. Wer beispielsweise ein Werk der (namibischen) Künstler Muafangejo und

Kulinarische Souvenirs

Adolf Jaensch oder der Südafrikaner Irma Stern, François Krige, Willie Bester (Collagen) und Lucky Sibiya ersteht, nimmt etwas Landestypisches und zudem von bleibendem Wert mit nach Hause.

Übrigens: Auch der König des Kitsches, Vladimir Tretchikoff, lebt in Kapstadt. Seine Gemälde haben sich als Poster weltweit millionenfach verkauft!

Der Strauß, der in der Gegend um Oudtshoorn gezüchtet wird, ist eines der nützlichsten Tiere der Welt, was seine Verwertbarkeit angeht. Aus seinem widerstandsfähigen, pockigen Leder werden Handtaschen, Portemonnaies, Schuhe und Koffer gefertigt. Die großen Straußeneier werden bemalt, die bunten Federn waren früher der letzte Modeschrei, heute seltener – aber wer weiß, alles kommt bekanntlich wieder.

Landestypisch und einfach mitzunehmen sind **Biltong** und eine Geschenkpackung Wein. Viele Weingüter verschicken auf Wunsch auch größere Flaschenmengen nach Europa, wobei man die Versandkosten vergleichen sollte, weil sie manchmal stark variieren. Bücherwürmer können auf Jahrmärkten und in Trödelläden fündig werden.

Für viele ist ein Landschaftsbild (Öl, Kreide) die schönste Erinnerung an den Urlaub. In Kapstadt ist das Motiv vom Tafelberg sehr beliebt: An der Constantia-Nek-Kreuzung, gegenüber dem gleichnamigen Restaurant, kann man diese Bilder an jedem Wochenende für 450 Rand (ungerahmt) erstehen, ebenso entlang der Küstenstraße von Camps Bay nach Hout Bay. In einem alten Bauernhof im Kapstädter Vorort Newlands (→ S. 179, D 20,

---

MERIAN-Tipp

3 Pan African Market in Kapstadt

Die meisten Händler kommen hier nicht aus Südafrika, sondern aus dem frankophonen Westafrika, viele aus Mali. Dementsprechend authentisch sind die ausgestellten Kunstgegenstände: Das Haus platzt förmlich aus den Nähten, kein Quadratmeter, auf dem nicht Skulpturen, Töpfe und Textilien stehen oder hängen. Wer hier nicht das passende Souvenir findet, der findet es nirgends. Der Pan African Market ist eine kontinentale Bereicherung für Kapstadt, die unter der Apartheid nicht einmal vorstellbar gewesen wäre.

76 Long St., Stadtmitte; tgl. geöffnet
---> Umschlagkarte hinten, e 4

Im Pan African Market in Kapstadts Long Street ist Handeln angesagt.

31 Newlands Ave.) befinden sich Geschäfte und Studios im Montobello Design Centre, in denen afrikanischer Schmuck, Bekleidung und schmiedeeiserne Arbeiten hergestellt werden. Man kann den Künstlern auf Wunsch auch bei der Arbeit zusehen. Außerdem findet man Keramik, Kissenbezüge und Tischtücher der Xhosa, afrikanische Musikinstrumente, Poster, T-Shirts und eine gute Auswahl von Silberbestecken der mittlerweile sehr bekannten Künstlerin Carrol Boyes. Sehr populär sind in den letzten Jahren auch die bunten Handtaschen von Adri Schütz geworden, die man in dem kleinen Laden »Millies« findet. Geflochten aus recycelten Textilien (aber sehr widerstandsfähig), werden diese Taschen von Hand von früher arbeitslosen Township-Frauen hergestellt. Ein wirklich originelles Souvenir aus Südafrika – und enorm praktisch obendrein!

Vor allem Kinder lieben die bunten Halbedelsteine: Amethyste, Tigeraugen und Quarze. In Kapstadt bekommt man sie sehr günstig bei The Scratch Patch (an der Waterfront, 1 Dock Road und ab Fabrik in Simons Town, Dido Valley Road).

Seriöse **Antiquitätenläden** findet man in allen Großstädten. Das meiste stammt von den Höfen der Kolonialisten: kapholländische Möbel, englisches Silber, antiker Schmuck. In Kapstadt finden regelmäßig Auktionen statt, die vorab in den Zeitungen annonciert werden.

Wer ein gültiges Flugticket und seinen Pass vorlegt, kann beim Einkauf oft die **Mehrwertsteuer** (VAT) sparen. Die Geschäfte sind werktags von 8.30 bis 17.30, samstags bis 17 und sonntags bis 14 Uhr geöffnet. Manche großen Einkaufszentren (Shopping Malls oder Centers) haben auch bis 21 Uhr offen.

Empfehlenswerte Geschäfte und Märkte finden Sie bei den einzelnen Orten im Kapitel »Unterwegs in Südafrika«.

Feste und Events

Ob Marathon, Rad- oder Pferderennen: Die Südafrikaner lieben Sportveranstaltungen jeder Art.

Beim Cape Coon Carnival Anfang Januar in Kapstadt will jede Tanz- und Spielgruppe die beste und schönste mit den tollsten Kostümen sein.

Feste und Events

Ob als Aktive oder als Zuschauer – Südafrikaner sind sportbegeistert. Die Amateur-Straßenradrennen und Volksmarathonläufe bringen bis zu 30 000 Menschen in Bewegung. Fußball, Rugby und Kricket füllen die Stadien. Aber auch eine Reihe von Festen und Musikfestivals finden alljährlich viel Zulauf. Dazu gehört in Kapstadt der Cape Coon Carnival, an dem traditionell am Tag nach Neujahr Kapmischlinge in Tanz- und Spielgruppen die Straßen der Mutterstadt Südafrikas erobern, der Shaka Day, an dem tausende Zulus, angeführt von ihrem König, in Kwadukuza ihres Nationenbegründers gedenken, das Oppikoppi Music Festival bei Pretoria, Südafrikas Antwort auf das Rockkonzert in Woodstock, und das National Arts Festival, bei dem in Grahamstown zehn Tage lang die neuesten Theaterstücke und andere Kunstdarbietungen aufgeführt werden.

Januar
Cape Coon Carnival
Bunter Straßenkarneval am Tag nach Neujahr. Tausende sehen zu, wie die Coons singend und tanzend vom Bo-Kaap durch die Adderley Street bis zum Green Point Stadium ziehen. Dort werden dann noch tagelang die besten Minstrel-Gruppen ermittelt und preisgekrönt. Der Karneval geht auf das Ende des 19. Jh. zurück, als amerikanische Matrosen aus New Orleans in Kapstadt eintrafen.
2. Januar

The Met
Am 30. Januar findet auf der Galopprennbahn von Kenilworth (Kapstadt) mit den »Metropolitan Stakes« ein Steherrennen statt – ein wichtiges gesellschaftliches Ereignis.
30. Januar

März
Argus-Radrennen
Jeweils am zweiten Sonntag im März setzen sich mehr als 30 000 Menschen in Bewegung, um einmal rund um die Kap-Halbinsel (108 km) zu fahren. Das größte Straßenrennen der Welt beginnt in aller Frühe in Kapstadt und führt über Constantia, Muizenberg und Simon's Town zum Indischen Ozean – und dann quer über die Pensinsula nach Nordhoek und entlang dem malerischen Chapman's Peak hinüber zum Atlantik. Am »Argus-Sunday« wird die halbe Stadt abgeriegelt: wer nicht mitradelt, bleibt also am besten zu Hause – oder steht am Straßenrand und feuert die Akteure an.
2. Sonntag im März; www.cycletour.co.za

Klein Karoo National Arts Festival
In der Straußenstadt Oudtshoorn trifft sich Ende des Monats alles, was in der afrikaansen Kunst- und Musikszene Rang und Namen hat. Das Schöne am Karoofees ist, dass man sieht, wie gerade junge Südafrikaner ihre unselige, rassentrennende Vergangenheit hinter sich gelassen haben.
Ende März; www.karoofees.com

April
Wine and Seafood Festival
Vom 1. bis 3. April fließt der Wein am Kapstädter Bloubergstrand, begleitet von leckeren Meeresfrüchten. Toller Blick auf den Tafelberg!
1.–3. April

Rand Easter Show
Größte Verbrauchermesse Südafrikas in Johannesburg. Kirmes und Veranstaltungen am Rande der Show.
Ostern

Two Oceans Marathon
18 000 Läufer treffen sich am Ostersamstag in Kapstadt, um an diesem Volksmarathon teilzunehmen. Die Strecke – wahlweise 56 km oder »nur« 21 km) – ist teilweise spektakulär. Aber wer den Ou Kaapse Weg hinaufhechelt, hat kaum Zeit, die grandiosen Aussichten zu genießen.
Ostersamstag;
www.twooceansmarathon.org.za

Feste und Events

Mai

Cape Gourmet Festival
Zwei Wochen lang warten einige der besten Köche der Welt, gemeinsam mit ihren Kollegen aus Kapstadt, mit ausgefallenen Rezepten in mehreren Restaurants der Stadt auf. Höhepunkt ist die wunderbare Idee, den »längsten Tisch der Welt« oben auf dem Tafelberg aufzubauen und 700 Menschen an dem »Tisch der Versöhnung und Einheit« zu verköstigen! Der Erlös des Festivals geht stets an das Rotkreuz-Kinderkrankenhaus in Kapstadt.
www.gourmetsa.com.

Comrades Marathon
Das härteste Straßenrennen über 86 km von Durban nach Pietermaritzburg; mehr als 20 000 Läufer.
31. Mai

Juni

Zululand Show
Anfang bis Mitte des Monats findet in einer Stadt Natals diese bunte Landwirtschaftsausstellung mit kulturellem Rahmenprogramm statt.
Anfang – Mitte Juni

Juli

The July
Das größte Pferderennen der Saison, auf der Galopprennbahn Greyville bei Durban.
1. Samstag im Juli

National Arts Festival
In Grahamstown (Ost-Kap) geben sich die Top-Künstler des Landes Anfang Juli zehn Tage lang die Ehre.
Anfang Juli

Mr. Price Pro
Einige der weltbesten Surfer reiten von Anfang bis Mitte Juli auf den Wellen vor Durbans Küste.
Anfang bis Mitte Juli

Shembefest der Zulus
Traditionelles Fest der Zulus in Ekupakuneni (bei Durban).

August

Oppikoppi Music Festival
Auf einer Farm bei Pretoria (Tshwane) wird tagelang gerockt, was das Gras aushält. Ein Peace and Love Happening im afrikanischen Busch, meistens in der ersten Augustwoche.
www.oppikoppi.co.za

Wildblumensaison
Binnen Tagen erblühen nördlich von Kapstadt Millionen Wildblumen in den schönsten Farben – ein spektakuläres Ereignis.

Kunstfestival Evita Se Perron
In der Kleinstadt Darling, 60 km nördlich von Kapstadt, lädt Evita Bezuidenhout im August und September zu einem Kunstfestival ein. Hinter der bekanntesten »Frau« Südafrikas verbirgt sich der Kabarettist Pieter-Dirk Uys, der seit 25 Jahren der Gesellschaft den Spiegel vorhält: früher der weißen Apartheid-Regierung, heute der schwarzen Regierung. Aus einem alten Bahnhof in Darling hat Uys sein eigenes Theater gemacht: Dort werden rund ums Jahr auf zwei kleinen Bühnen Kabarett und Konzerte geboten. Achten Sie darauf, was auf Afrikaans und was auf Englisch gegeben wird!
August/September; www.evita.co.za

September

Ostrich Festival
Oudtshoorn feiert seinen Strauß-Reichtum. Das Datum variiert – in einem Reisebüro nachfragen!

Whale of a Festival
In Hermanus (110 km östlich von Kapstadt) tauchen Wale auf, was eine Woche lang mit Märkten und Theatervorführungen gefeiert wird.

Zulu Reed Festival und Shaka Day
Mitte September werden Tausende junger Mädchen mit Riedrohren dem Zulu-König Zwelethini in Nongoma (bei Ulundi) vorgeführt. Eine prächti-

Feste und Events

Am Shaka Day feiern die Zulus ihren heldenhaften Vorfahren Shaka.

ge Tradition, zu der auch moderne Zulus in Stammestracht erscheinen. Und am Wochenende nach dem 24. September feiern die Zulus ihren Kriegerhäuptling Shaka – ebenfalls ein Fest, das man miterlebt haben sollte.
Mitte bis Ende September

Oktober
Rose Festival in Bloemfontein
Die schönsten Rosen der »Blumenstadt« werden am dritten Wochenende des Monats ausgestellt.
3. Wochenende im Oktober

Jacaranda Carnival
In Tshwane erblühen ganze Straßenzüge im blasslila Licht der Jakarandabäume – das feiern die Hauptstädter mit einem Straßenkarneval.

November
Kirstenbosch Sommerkonzerte
Diese sonntägliche Konzertserie findet in den Sommermonaten (November bis April) jeweils am späten Nachmittag statt und ist eine Kapstädter Institution geworden. Ab Mitte Dezember singen tausende gemeinsam Weihnachtslieder bei Kerzenbeleuchtung, an Silvester gibt es ein Sonderkonzert mit einer Riesenfete. Man bringt eine Decke und einen Picknickkorb mit und erfreut sich an der Musik, und das Ganze in einem der schönsten botanischen Gärten der Welt. Eintritt nur 30 Rand (Kinder 10 Rand).
November bis April;
Tel. 0 21/7 99 87 82; www.nbi.ac.za

Dezember
Million Dollar Golf Challenge
Den fünf besten Golfern der Welt winkt am 1. Dezember in Sun City in der Nordwest-Provinz die höchste Siegesprämie der ganzen Welt: eine Million Dollar!
1. Dezember

Rothmans Week
Eine Segelregatta von Kapstadt nach Saldanha, kurz vor Weihnachten.
vor Weihnachten

Sport und Strände

Südafrika ist ein Paradies für Sportler. Tennis, Golf, Wandern, Wassersport – alles ist möglich.

Zum Reiten und Surfen ausgesprochen beliebt sind die Strände bei Kapstadt. Zum Baden ist es hier zu kalt und wegen der starken Brandung häufig auch zu gefährlich.

Sport und Strände 35

Die meisten Hotels haben ein Schwimmbad. Entlang der Küste des warmen Indischen Ozeans, besonders nördlich von Port Elizabeth, findet man ferner Sporthotels der Sun-Gruppe, die oft direkt am Wasser liegen, etwa das Wild Coast Sun und das Mpekweni Sun. Hier kann man Windsurfen, Wasserski fahren und segeln, aber auch an endlosen Stränden wandern oder reiten.

Fast überall im Land sind ausgedehnte und landschaftlich reizvolle **Wanderungen** möglich, sei es in den einsamen Berglandschaften von Mpumlanga, in den wildromantischen Drakensbergen des Freistaats oder in den Weingebieten der Kapprovinz.

Auskunft über Möglichkeiten, Regeln und Genehmigungen gibt der Mountain Club of South Africa (Tel. 0 21/4 65 34 12), den man übrigens bei mehrtägigen Wanderungen immer genau von seiner Route informieren sollte! In den Drakensbergen im Camp Personalien sowie die nächsten Ziele hinterlassen!

Drachenfliegen

Passionierte Drachenflieger sollten sich einen Flug vom Tafelberg auf gar keinen Fall entgehen lassen. Informationen: South African Hang Gliding and Paragliding Association www.paragliding.co.za. Drachenflieger und Paraglider müssen sich zum Fliegen im Aero Club of South Africa anmelden: www.aeroclub.org.za, Tel. 0 11/8 05 03 66. Tipp: Das La Med Restaurant in Clifton ist Treffpunkt für Drachenflieger.

Rad fahren

In den letzten Jahren ist – insbesondere in Kapstadt – das organisierte »cycling« groß in Mode gekommen, auch, weil es nach wie vor wenig Fahrradwege in Südafrika gibt. Nun sieht man fast an jedem Wochenende Radfahrer bei Veranstaltungen auf den Straßen unterwegs. Auskunft gibt die Pedal Power Association (Tel. 0 21/6 89 84 20) und der Verband SAFC (Tel. 0 21/5 57 12 12. Fündig wird man auch unter www.supersportzone.co.za.

Fussball

Unter der schwarzen Bevölkerung regiert samstags König Fußball. Ein Erlebnis ist es, sich ein Spiel der »Kaizer Chiefs«, »Orlando Pirates« oder »Moroka Swallows« anzusehen. Meistens wird dann im FNB-Stadion (Soccer City) westlich von Johannesburg gespielt. Der Besuch ist hier auch nicht gefährlicher als in anderen Stadien, aber größere Geldbeträge lässt man sicherheitshalber im Hotel zurück.

Golf

Erfahrenen Golfspielern aus allen Ländern der Erde ringen besonders folgende fünf Plätze Respekt und Anerkennung ab: der Gary Player Country Club in Sun City (Nordwest, Tel. 0 14/5 57 12 45), wo alljährlich Anfang Dezember das teuerste Turnier der Welt gespielt wird; der Hans Merensky Golf Club in Phalaborwa (Mpumalanga, Tel. 0 15/7 81 39 31), mit Antilopen auf den Fairways und Nilpferden im Wassergraben am 17. Loch; der Fancourt bei George (Kapprovinz, Tel. 0 44/8 04 00 30), den viele für einen der schönsten im Land halten, sowie die beiden traditionsreichen Anlagen des Durban Country Club (Tel. 0 31/3 13 17 77) und des Royal Cape Golf Club (Kapstadt, Tel. 0 21/7 61 65 52).

Insgesamt gibt es an die 400 Plätze in Südafrika. Deutschsprachige Infos gibt das Magazin *Golf & Wein* (Tel. 0 21/4 62 46 97, www.golfundwein.com).

Reiten

Man kann nahezu überall reiten, an der Küste und im Inland, für zwei Stunden oder über mehrere Tage. Hotels und Informationsbüros kennen die örtlichen Reitställe. Drei (ausführlich getestete) Tipps: das »Bonanza«-Erlebnis in der flachen Karoo gibt's auf der Schaffarm Oomdravlei bei Edwin und Danielle Jackson (Tel. 053/3 53 33 34), durch Zuckerrohrfelder trabt man auf den Waterberry Trails mit Judith McDowell in den Natal-Midlands (Tel. 031/7 65 34 12) und auf Sand galoppiert man am Strand von Noordhoek bei Kapstadt (Tel. 021/7 89 23 41).

Segeln/Windsurfen
Bei 3 000 km Küste, Staudämmen und Seen sind die Möglichkeiten schier unbegrenzt, zumal der Wind durchschnittlich mit 15 bis 20 Knoten bläst. Schwieriger wird es schon mit dem Verleih von Segelbooten und Surfbrettern. Jachtklubs bieten meistens Service an. In Großstädten wie Kapstadt, Port Elizabeth, East London und Durban helfen auch Sportgeschäfte oft weiter; sonst in den Satour-Büros oder an der Hotelrezeption fragen.

Informationen erteilen auch die South African Surfing Association, www.salsa.co.za und South African Sailing (Tel. 021/5 11 09 29).

Tauchen/Schnorcheln
Wer seine eigene Ausrüstung mitbringt (Gummianzug, Flaschen usw.), der kann praktisch überall tauchen gehen. Merke: Das Wasser im Atlantik ist kalt, und auch der Indische Ozean ist von September bis April erst ab Port Elizabeth ohne Schutzanzug längere Zeit erträglich.

Tropisches Schnorcheln im warmen Wasser mit Badehose oder Bikini ist nur an der Nordküste KwaZulu-Natals bei Sodwana Bay möglich. Tauchlehrgänge und Informationen bekommt man von der South African Underwater Union in Parow bei Kapstadt (Tel. 021/9 30 65 49).

Ein verlässlicher Anbieter von Tauchtouren und -kursen am Kap ist Pisces Divers: www.piscesdivers.co.za (Tel. 021/4 22 40 26).

Tiefseefischen
In den Hafenstädten Kapstadt, Port Elizabeth und Durban kann man voll ausgerüstete Jachten mieten. Auskunft erhält man in Reisebüros.

Wasserski
Auf Staudämmen, künstlichen Seen und auf Flüssen fahren Südafrikaner leidenschaftlich gern Wasserski – so gut wie nie auf dem Meer, denn der Wellengang ist oft zu hoch. Sehr beliebt sind der Vaal-Damm (Nordwest) und der Clanwilliam-Damm (Kapprovinz), die Lagunen in Langebaan und in Hermanus, der künstliche See in Sun City (Nordwest) und die Sodwana Bay (Natal-Küste). Viel zu selten findet man öffentliche Wasserski-Clubs, was sich allerdings mit zunehmendem Tourismus ändern dürfte. Aber jederzeit kann man einem privaten Bootsbesitzer Benzingeld anbieten, um »eine Runde zu drehen«.

Strände
Praktisch jeder Küstenort am Atlantik (kalt) und am Indischen Ozean (warm) hat mehrere Sandstrände; bei etwa 3 000 km Küste ist es allerdings unmöglich, jeden einzelnen aufzuführen.

Cape Vidal ┈⟶ S. 177, F 13
Herrlich ist es an diesem langen Sandstrand nördlich von St. Lucia – besonders im Juli, wenn es im übrigen Land kalt und nass wird und man hier noch immer bei 22 °C Meerestemperatur baden kann. Wer keine Übernachtungsmöglichkeit gefunden hat (es gibt nur 25 Blockhütten), sollte nicht zu spät losfahren, denn auch die Anzahl der Tagesbesucher wird auf 100 Autos begrenzt. Umso schöner für die, die es genießen dürfen ...

Durban ┈⟶ S. 177, D 15
In Durban, wo das Wasser im Sommer sehr warm wird, sind die beliebtesten Strände: North Beach, Scottborough Beach (südlich), Ballito und Umhlan-

Sport und Strände

ga Rocks (nördlich). Immer darauf achten, ob der Strand mit Netzen vor Haien gesichert ist, nie nachts und nie mit blutenden Wunden baden!

Kapstadt ⇢ S. 179, D 20
Man hat die Auswahl zwischen zwei Meeren. Meistens entscheidet der Wind, an welchen Strand man geht: Eine Seite ist immer windgeschützt. Die schönsten Strände am Atlantik sind: Clifton Beach, Sandy Bay (auch FKK), Camps Bay und der Blouberg-Strand zum Wandern und wegen der Aussicht auf den Tafelberg. Am Indischen Ozean empfehlen wir Boulders (hinter **Simonstown**, etwa 40 km südlich von Kapstadt), St. James, **Muizenberg** und Gordon's Bay.

Im Hochsommer (Dez.–März) flüchten betuchte Kapstädter so oft wie möglich aus der heißen Betonwüste in den Badeort Hermanus, 110 km östlich der Stadt. Die fantastische Brandung lädt zum Surfen ein.

Sodwana Bay ⇢ S. 177, F 13
Sodwana Bay, 400 km nördlich von Durban (Karte besorgen!), ist ein Allround-Paradies: traumhafte Sandstrände, vor denen man segeln und Wasserski fahren kann, die südlichsten Korallenriffe der Welt (»Schnorcheln ist so schön wie auf den Seychellen«, sagen Kenner) und ein Tierpark. Nachts kommen Wasserschildkröten an Land und legen ihre Eier ab, Fischadler drehen ihre Runden.

Die Unterbringungsmöglichkeiten sind vielfältig. Das **Sodwana Bay Hotel** bietet auch Sonderpreise für Tauchlehrgänge an (Reservierungen: Tel. 0 35/5 71 60 00; 40 Betten). Ferner stehen luxuriöse Privathäuser zur Verfügung (www.sodawanabaylodge.com; Preise richten sich nach der Personenzahl). Schließlich bietet die Parkbehörde noch 20 Holzchalets und einen Campingplatz (Zelte/Wohnwagen), die aber monatelang im Voraus gebucht werden müssen (Reservierungen: Tel. 0 33/8 45 10 00).

Transkei – Coffee Bay
⇢ S. 176, C 16
Wer die Einsamkeit des endlosen Strandes braucht und am liebsten weit weg ist von allem Schickimicki, der ist hier an der Wild Coast genau richtig. Schiffswracks! Rustikale Unterkünfte. Vor Umtata (Transkei) von der N2 abbiegen, 60 Kilometer Richtung Meer.

Herrliche Golfplätze aller Schwierigkeitsgrade finden sich in ganz Südafrika.

Familientipps – Hits für Kids

Badespaß mit Sandburgen bei Traumklima und ausgedehnte Touren durch die Naturparks.

Der Muizenbergstrand bei Kapstadt ist wegen seiner idealen Bedingungen für Kinder ein beliebtes und gut besuchtes Familien-Ausflugsziel.

Familientipps – Hits für Kids

Besonders die **Sun-Hotels** am Meer haben sich ganz auf Familien mit Kindern eingestellt. Animateure nehmen Ihnen die Kleinen ab, dann werden Sandburgen gebaut, Schnitzeljagden veranstaltet, Spiele gemacht. Plantschbecken und große Spielplätze gehören genauso zum festen Angebot wie Kindermenüs. Die meisten Hotels bieten auch einen Babysitter-Service an. Zum Einkaufen für qualitativ hochwertige und gleichzeitig preisgünstige Kleidung und Schuhe geht man am besten zu **Woolworths** in die Kinderabteilung. Windeln in allen Größen sind meist am günstigsten in den **Hypermarkets** erhältlich.

Wer mit seinen Kindern Ausflüge und Wanderungen machen will, sollte sich unbedingt vorher beraten lassen – sei es im Hotel oder in einem Informationsbüro (Satour oder örtlich). Wichtig ist, dabei nie das Wetter zu unterschätzen: In der Kapregion und in den Drakensbergen, den beiden beliebtesten Wanderzielen, können binnen einer Stunde Sonne und klarer Himmel in Kälte, Wind und Regen umschlagen. Auch ein Anruf beim Wetterbüro (im Telefonbuch unter »Weather Bureau«) kann sicher nicht schaden.

Aventura Resorts
18-mal findet man diese beliebten Freizeit- und Sportresorts im Land, hauptsächlich im Norden und um Johannesburg herum. Man wohnt meist in gemütlichen Bungalows, kann sich selbst verpflegen oder in einem der angeschlossenen Restaurants gehen. Sechs Resorts liegen unmittelbar neben Naturparks, drei an den Nationalstraßen bei Plettenberg (N2), Colesberg (N1) und Kimberley (N12). Suchen Sie sich das richtige Resort auf der Website aus:
www.aventura.co.za.
Reservierung: Tel. 0 12/4 23 56 00, Fax 0 12/4 23 46 10

Gold Reef City ····≻ S. 89, südl. b 6
Auf einem alten Goldminengelände wurde am Südende von Johannesburg ein Vergnügungspark erbaut. Schrill und kitschig, ja, aber durchaus sehenswert. Man fährt 200 m tief in den Originalschacht Nr. 14 und erlebt, wie vor hundert Jahren das Gold mühsam aus den Felsen gekratzt wurde. Häuser und Geschäfte aus der alten Zeit, ein Museum, das berühmte Gumboot-Dancing und super Achterbahnfahrten sind im Eintrittspreis von ca. 60 Rand inbegriffen.
M1, Ausfahrt Xavier St.; www.goldreefcity.co.za; Di–So 9.30–17 Uhr

Spur Steakrestaurants
Immer willkommen sind Kinder in den »Spur« Steakrestaurants, die es über hundert Mal in Südafrika gibt. Erstens beschwert sich niemand über Krach, zweitens hält man für Kinder Malstifte und Bastelsachen bereit, und drittens enthält die Speisekarte eigene »kiddies portions« (kleine Portionen). Im Telefonbuch unter »Spur«. Ähnlich kinderlieb sind die **Ocean Basket** Fischrestaurants und – natürlich – die geradezu omnipräsenten McDonalds.

The Scratch Patch ····≻ S. 179, D 20
Kinder können in Halbedelsteinen buddeln und sich die schönsten Tigeraugen, Rosenquarze, Amethyste, Jaspise oder Bernsteine aussuchen. Die preiswerte Dose voll Glitzersteine ist obendrein ein bleibendes Souvenir.
Kapstadt, Waterfront (1 Dock Rd.) und Simonstown (Dido Valley Rd.); tgl. 9–17 Uhr

Sun City ····≻ S. 93, a 1
Ein Traum für Kinder jeden Alters. Von Wasserrutschen, Wellenbad und unbegrenzten Sportmöglichkeiten bis zu einem großen Wildpark in unmittelbarer Nähe ist alles da. Vier Hotels unterschiedlicher Preisklassen.
Nordwest-Provinz (2 Std. nordwestlich von Johannesburg); Tel. 0 11/7 80 78 78; www.sun-city.co.za

Züge – von Luxus pur bis Abenteuer

Südafrikaner fahren fast nie mit dem Zug in die Ferien. Urlauber wissen es längst besser.

Die Auswahl an Reisezügen verschiedenster Art ist beachtlich. Grandiose Aussichten aus dem Abteilfenster sind zwar selten, aber man reist sicher, bequem und viel nervenschonender als mit dem Auto.

Die öffentlichen Reisezüge heißen **Shosholoza Meyl** und verkehren mehrmals wöchentlich zwischen Kapstadt, Tshwane (Pretoria), Johannesburg, Durban, Port Elizabeth, East London und Bloemfontein. Der »Trans Karoo« rollt in 24 Stunden von Tshwane (Pretoria) nach Kapstadt. Die einfache Fahrkarte kostet 520 Rand in einem Zweibettabteil inklusive Waschbecken. Duschen und Speisewagen sind vorhanden. Einmal wöchentlich wird hinten die »Premier Classe« angekoppelt: Dann reist man luxuriöser (2 050 Rand) in einem großen Abteil. Ähnlich verhält es sich mit dem »Trans Oranje« von Kapstadt nach Durban, dem »Algoa« von Johannesburg nach Port Elizabeth (Garden Route) oder dem »Komati« von Johannesburg nach Nelspruit (Greater Limpopo Transfrontier Park). Von der unbequemen Economy Class ist abzuraten. Buchen sollte man rechtzeitig, da die Schlafabteile oft voll sind!

Die rollenden Top-Drei

Der **Blue Train**, der drei Mal wöchentlich zwischen Tshwane (Pretoria) und Kapstadt verkehrt, ist noch immer der berühmteste Zug Südafrikas. Für die einfache Fahrt muss ein Paar im Blue Train ab 16 330 Rand bezahlen. Dafür ist natürlich alles da: Luxus pur, Doppelbett, Dusche, im großen Abteil sogar eine eigene Badewanne. Neben dem Speisewagen gibt es zwei Salonwagen (einer für Raucher) und ganz hinten einen verglasten Aussichtswaggon. Alles, vom Alkohol bis zu kubanischen Zigarren, ist im Preis inbegriffen.

Und dennoch fehlt dem Blue Train etwas, was nur der **Rovos Rail** (MERIAN-Tipp → S. 162) bieten kann:

MERIAN-Spezial

die nostalgische Atmosphäre, die Eleganz vergangener Zeiten. Auf dem privaten Bahnhof Capital Park in Tshwane (Pretoria) wird man mit Bach und Beethoven auf die Reise eingestimmt. Wenn einige Stunden später ein tiefer Gong zum Abendessen im mahagonigetäfelten Speisewagen ruft – elegante Kleidung wird gern gesehen –, vertieft sich der Eindruck von viktorianischem Luxus. Hinten im Aussichtswaggon verstreicht an der Bar nicht selten auch die Mitternachtsstunde vor der Rückkehr in das opulent ausgestattete Abteil: Doppelbett, Sitzecke, Mahagonischrank, Kühlschrank und ein voll eingerichtetes Badezimmer. Für eine Zweitagesfahrt von Tshwane (Pretoria) nach Kapstadt (Stopps in Kimberley und Matjiesfontein) zahlt man bei Rovos 11 000 Rand. Außerdem gibt es Reisen nach Durban, einen Golf-Zug (acht Tage, fünf Golfplätze), eine Zug-Safari (drei Wildreservate, einschließlich des Greater Limpopo Transfrontier Park) und sogar eine Zug-Flug-Reise an die Viktoriafälle (Simbabwe), wobei man in alten Passagiermaschinen wie anno dazumal fliegt.

Der **Shongololo Express** bietet viel weniger Luxus, aber mehr Abenteuer. Drei Reiserouten, jeweils 16 Tage lang, führen zu fast allen Attraktionen im südlichen Afrika. Kosten: etwa 16 000 Rand pro Person für das einfache Abteil. Die Route »Southern Cross« führt von Johannesburg nach Swasiland, Mosambik, zum Greater Limpopo Transfrontier Park mit zwei Tagen Wildbesichtigung und schließlich quer durch Simbabwe bis zu den Viktoriafällen. Das Besondere am Shongololo ist, dass auf den hinteren Waggons zwei Reisebusse mitfahren, so dass die Fahrgäste überall, wo der Zug anhält, Entdeckungsreisen machen können.

⤑ **Shosholoza Meyl**
  Tel. 0 11/7 74 45 55;
  www.spoornet.co.za/
  ShosholozaProject/index.jsp
  Tel. 0 12/3 34 80 39;
  www.premierclasse.co.za
⤑ **Blue Train**
  Tel. 0 12/3 34 84 59;
  www.bluetrain.co.za
⤑ **Rovos Rail**
  Tel. 0 12/3 23 60 52;
  www.rovos.com
⤑ **Shongololo Express**
  Tel. 0 11/7 81 46 16;
  www.shongololo.com

Eine Ausflugsfahrt im Outeniqua Choo-Tjoe Train zwischen George und Knysna ist weniger luxuriös, dafür laut und rußig mit beeindruckenden Ausblicken.

Unterwegs in Südafrika

Der Bloubergstrand bei Kapstadt mit Blick auf den Tafelberg und Signal Hill: Von hier aus macht jeder das klassische Erinnerungsfoto.

Im Süden das mediterrane Kap, im Osten das tropische Zululand, im Norden der spannendste Großwildpark der Welt: Südafrika bietet dem Besucher eine unglaubliche Vielfalt.

Kapstadt und Umgebung

Der Geheimtipp ist nicht mehr geheim: Das Kap ist zweifellos eine der schönsten Gegenden der Welt.

Die Victoria & Alfred Waterfront ist Kapstadts Amüsier- und Shoppingmeile. Sie gehört zu den Top-Anziehungspunkten des Landes.

Zwischen dem Kap der Guten Hoffnung an der Südwestspitze, der Kalahari-Wüste im äußersten Norden und dem Oranje-Fluss im Osten umfassen die drei Kapprovinzen mehrere Landschafts- und Klimazonen, die von dem warmen Agulhas-Strom und dem kälteren Benguela-Strom beeinflusst werden. Sie bedecken eine Fläche so groß wie Deutschland und Polen zusammen und sind mit fast 700 000 qkm die größten der neun südafrikanischen Provinzen.

Unterhalb des 33. Breitengrades, entlang der Küste des Indischen Ozeans, handelt es sich um eine sehr fruchtbare Region; nach Norden hin, angefangen mit der **Karoo** (»das durstige Land«), wird das Land zunehmend trockener und dünner besiedelt. Deshalb meinen viele, die vom Kap sprechen, im Grunde nur den grünen Südwesten der Provinz, wo intensiv Getreidewirtschaft und Weinanbau betrieben wird. Im Landesinneren, abgesehen von Farmen an Flussläufen und Staudämmen, eignet sich der Boden meist nur für die Schafzucht auf riesigen Flächen.

Naturkatastrophen wie Fluten, Erdbeben und Orkane sind unbekannt; nur Waldbrände bedrohen im Sommer manchmal die Häuser an den Hängen des Tafelbergs. Die ersten 200 Jahre weißer Geschichte haben sich ausschließlich in der Kapprovinz abgespielt – bis rastlose Burenpioniere Mitte des 19. Jh. in den Nordosten vorstießen.

Wer genau hinsieht, merkt bald, dass Kapstadt und das Western Cape – eine Provinz etwas größer als Portugal – die einzige Region des Landes ist, in der Schwarze nicht die Mehrheit der Bevölkerung stellen. Etwa die Hälfte der fast drei Millionen Menschen im Großraum Kapstadt werden zu den Coloureds gerechnet; diese gemischtblütigen Südafrikaner sind Nachkommen weißer Siedler aus Europa, schwarzer Einheimischer und importierter Arbeiter aus Asien. Sie bilden die größte Bevölkerungsgruppe, gefolgt von Schwarzen (ca. 800 000) und Weißen (ca. 650 000).

Kapstadt ⇢ S. 179, D 20

1,3 Mio. Einwohner
Stadtplan → Umschlagkarte hinten

Die Landschaft: Trockene Buschsavannen und feuchte Regenwälder werden von saftigen Feldern und grünen Weinhängen abgelöst.

Das Wetter: Eine mediterrane Klimazone lässt die Temperaturstürze des Nordens vergessen, Wetterschwermut ist hier unbekannt.

All das hat dazu beigetragen, dass in Kapstadt im wörtlichen wie im übertragenen Sinne ein anderer Wind weht. Der Meereswind aus dem Süden, mal aus südöstlicher, mal aus südwestlicher Richtung, vertreibt regelmäßig Smog und Krankheitserreger; die Einheimischen sprechen daher vom »Kapdoktor«. Der Tagesrhythmus wird gemächlich gehandhabt: Das hat der Stadt den Spottnamen »Escape Town« eingetragen. Hier nimmt man sich noch die Zeit für einen Drei-Stunden-Lunch.

Hotels/andere Unterkünfte

Alle Hotelzimmer verfügen über Bad, Telefon und TV. 0800-Telefonnummern sind innerhalb Südafrikas kostenlos. Eine Liste aller Unterkunftsmöglichkeiten gibt es bei Cape Town Tourism (Tel. 0 21/4 26 42 60; www.tourismcapetown.co.za).

Cape Grace Hotel
  ⇢ Umschlagkarte hinten, e 2
Elegantes Top-Hotel, das jedes Jahr internationale Auszeichnungen gewinnt. Exzellenter Service, wunderbare Lage. Dazu noch ein Wellness-Spa im obersten Stock mit Blick auf den Tafelberg.
West Quay, V&A Waterfront; Tel. 0 21/4 10 71 00, Fax 0 21/4 19 76 22; www.capegrace.com; 122 Zimmer ●●●● ♿ CREDIT

The Bay Hotel
----> Umschlagkarte hinten, südl. a 6

Umwerfende Lage, direkt am traumhaften Palmenstrand von Camps Bay, Kapstadts Promi-Beach. Tipp: Man isst besser in den benachbarten Restaurants.
69 Victoria Rd.; Tel. 0 21/4 30 44 44, Fax 4 38 44 33; www.thebay.co.za; 78 Zimmer ●●●● ♿ CREDIT

The Mount Nelson Hotel
----> Umschlagkarte hinten, d 6

Das »Nellie« ist seit Jahrzehnten ein Wahrzeichen der Stadt am Fuße des Tafelbergs. Eleganz und Service im Stil der Alten Welt. Geheizter Pool im Garten. Drei Restaurants und ein legendärer »High Tea« von 14.30 bis 17.30 Uhr.
76 Orange St.; Tel. 0 21/4 83 10 00; www.mountnelson.co.za; 226 Zimmer ●●●● CREDIT

The Radisson Hotel
----> Umschlagkarte hinten, e 2

Dieses Hotel ist direkt am Wasser des Atlantiks gelegen, mit Blick auf einen Jachthafen. Einige Zimmer im ersten Stock liegen außerdem direkt am Pool. Freundlicher Service, super Frühstück. Erstklassige Lage, unmittelbar neben der V&A Waterfront.
Beach Rd., Granger Bay; Tel. 0 21/4 41 30 00; www.radisson.com; 182 Zimmer ●●●● CREDIT

Atlanticview Capetown
----> Umschlagkarte hinten, südwestl. a 6

Das 5-Sterne-Gästehaus bietet einen stilvollen, ganz besonderen Aufenthalt. Exzellenter Service, Traumblick über Camps Bay und den Atlantik, Wellnessbehandlung am Pool und zum Sonnenuntergang lädt das Hotel zu Hors d'œuvres mit ausgesuchten Weinen am Pool ein. Gute Restaurants in der Umgebung.
31 Francolin Rd., Camps Bay; Tel. 0 21/4 38 22 54; www.atlanticviewcapetown.com; 4 Zimmer, 3 Suiten ●●● MASTER VISA

Hohenort Hotel/The Cellars
----> Umschlagkarte hinten, südl. c 6

Renoviertes Luxushotel mitten im Constantia-Tal. Elegante Möblierung, gemütliche Bar, Spitzenrestaurant »The Cellars«. Zwei Schwimmbäder, Tennisplätze und freier Zugang zu einem Fitnessklub in der Nähe.
93 Brommersvlei Rd.; Tel. 0 21/7 94 21 37; 54 Zimmer und Suiten ●●● CREDIT

L'Irene Guest House
----> Umschlagkarte hinten, a 5

Ein sehr modern und schön eingerichtetes Gästehaus mit Pool und traumhaftem Blick über den Atlantik. Fresnaye liegt ruhig, aber nicht weit vom Zentrum und den Stränden von Camps Bay und Clifton entfernt.
19 Av. Fresnaye, Fresnaye; Tel. 0 21/4 34 53 20; www.lireneguesthouse.co.za; 5 Zimmer ●●● CREDIT

MERIAN-Tipp

4 Noon Gun Tea Room & Restaurant

Ein wahrhaft authentischer Ort, um die kapmalaiische Küche zu probieren. Mitten in Boo-Kap, hoch am Hang des Signal Hill gelegen, bekommt man hausgemachte Somoosas, Curries und malaiischen Kuchen mit einem fantastischen Blick über die Stadt serviert. Nur wenige wissen, dass von dem kleinen Familien-Restaurant ein kurzer Spaziergang zu Kapstadts **Noon Gun** führt. Täglich um Punkt 12 Uhr wird sie abgefeuert. Früher, um den Anwohnern wenigstens einmal täglich die Zeit zu weisen; heute wohl eher der Tradition wegen. Ein imposantes Schauspiel mit historischem Hintergrund und exzellenter Aussicht für das Erinnerungsfoto.

273 Longmarket St., Bo-Kaap; Tel. 0 21/4 24 05 29; Mo–Sa 10–22 Uhr ●● ✉

----> Umschlagkarte hinten, d 4

Kapstadt

The Cape Heritage Hotel
---> Umschlagkarte hinten, e 4
Lassen Sie sich von der unscheinbaren Fassade nicht täuschen: Diese denkmalgeschützte Herberge genügt auch anspruchsvollen Gästen. Zwei Restaurants, sehr gute Weinboutique.
90 Bree St.; Tel. 0 21/4 24 46 46;
15 Zimmer ●●● CREDIT

The Fritz Hotel
---> Umschlagkarte hinten, d 6
Gemütliches Gästehaus in Schweizer Hand, alle Zimmer mit Bad und dt. TV-Programmen. Wunderbar zentral gelegen: in der Nähe Kinos, Restaurants und die Company's Gardens.
1 Faure St.; Tel. 0 21/4 80 90 00; www.fritzhotel.co.za; 13 Zimmer ●●● CREDIT

Alphen Hotel
---> Umschlagkarte hinten, südl. c 6
Weingut im Constantia-Tal unter Denkmalschutz. Elegant eingerichtete Zimmer, super Pub mit Fassbier, 15 Min. zum Strand und zur Stadt.
Alphen Drive, Tel. 0 21/7 94 50 11; www.alphen.co.za; 34 Zimmer ●● CREDIT

Holiday Inn Waterfront
---> Umschlagkarte hinten, e 3
Erst 1998 eröffnet und sofort das größte Hotel in Afrika, alle Zimmer mit Klimaanlage und Computer- bzw. Modem-Anschluss. Zur Waterfront (gegenüber) fährt ein kostenloser Bus. Am Wochenende (Fr–So) sehr preiswert.
Buitengracht St.; Tel. 0 21/4 09 40 00;
546 Zimmer ●● ♿ AmEx MASTER VISA

Nine Flowers Guest House
---> Umschlagkarte hinten, d 6
Das in einem frisch restaurierten viktorianischen Gebäude gelegene Gästehaus ist eine gemütliche Oase im Zentrum Kapstadts. Es besticht durch den herzlichen Service des deutschen Besitzers, die den Gast auch gern und professionell bei der Ausflugsplanung unterstützen.
133–135 Hatfield St.; Tel. 0 21/6 40 10 45; www.nineflowers.com; 9 Zimmer ●● CREDIT

Das elegant-luxuriöse Mount Nelson Hotel liegt am Fuße des Tafelbergs in Kapstadt in einem Palmengarten.

Spaziergänge
Durch die City
Einen etwa einstündigen Spaziergang beginnt man am besten dort, wo vor knapp 350 Jahren alles begann: in den **Company's Gardens**, am oberen Ende der Adderley Street, allgemein nur Gardens genannt. Dort legte der in Ungnade gefallene Holländer Jan van Riebeeck im Auftrag der Dutch East India Company (VOC) Gemüsegärten an. Die Frischprodukte versorgten die Schiffsbesatzungen der Amsterdamer Aktiengesellschaft.

Die Gardens befinden sich gleichzeitig auch in der Bannmeile des Parlaments, das Kapstadt von Februar bis Juni zum Regierungssitz macht; in unmittelbarer Nähe liegen viele Museen, Bibliotheken und alte Kirchen. Mit dem **Tafelberg** im Rücken spaziert man durch den Park, in dem auch die Statue von Cecil John Rhodes steht. Der Diamantenmagnat, Premierminister der Kapkolonie und Begründer Rhodesiens (heute Simbabwe), zeigt nach Norden: »Dort liegt euer Hinterland«. Rhodes starb in einem Strandcottage in **Muizenberg** (25 km südlich von Kapstadt). Das Denkmal von General Jan Smuts, Premierminister der Union Südafrikas während der beiden Weltkriege, befindet sich neben der St.-Georg-Kathedrale am unteren Parkeingang. Smuts war Mitbegründer der Vereinten Nationen und liberaler Gegner der Apartheid; er kämpfte für die Beibehaltung des Wahlrechts der schwarzen Bevölkerung. Die Kathedrale gehört zur anglikanischen Diözese von Erzbischof Desmond Tutu. Die Kirche des Friedensnobelpreisträgers war während der politischen Unruhen wiederholt Zufluchtsort für Demonstranten.

Wenn man nun linker Hand die Fußgängerzone in der St. Georges Street hinuntergeht, kommt man an dem Einkaufszentrum St. Georges Mall, an Banken, Restaurants und fliegenden Händlern vorbei. Das größte Einkaufszentrum hier, Golden Acre, liegt eine Straße weiter rechts in der Adderley Street; eine deutsche Buchhandlung findet man eine Straße weiter links in der Burg Street. Folgt man dieser nur ein paar Schritte in entgegengesetzter Richtung, kommt man auf den Green Market Square, einen der schönsten Plätze Kapstadts. Hier kann man über einen Kunsthandwerksmarkt bummeln oder das bunte Treiben bei einem Kaffee genießen. Parallel zur Burg Street erstreckt sich Kapstadts älteste Straße, die Long Street mit teilweise sehr schön restaurierten viktorianischen Häusern, die einen guten Einblick in die Architektur der Kolonialzeit geben. Am Abend füllen sich hier die Restaurants und Bars, in denen die Party-Freunde bis zum Morgengrauen feiern können. Wer des Laufens nun müde ist, aber noch mehr sehen will, sollte den Bus in Richtung Hafen nehmen, quer durch die Foreshore (Land, das man dem Meer abgewann). Der Bus fährt bis zur **Victoria & Alfred Waterfront**, dem schönen und relativ neuen Mittelpunkt der Stadt. Mit Bus oder Taxi gelangt man anschließend wieder zurück zu den Gardens; zu Fuß läuft man eine Dreiviertelstunde. Vorsicht vor Taschendieben!

Zum Baden meist zu kalt, aber schön für Strandwanderungen – die Camps Bay.

Am Atlantik entlang

Wer dem geschäftigen Treiben der Stadt entfliehen möchte, wählt am besten einen Spaziergang auf Kapstadts Seepromenade. Mit dem Rauschen der Brandung in den Ohren und der salzigen Meeresluft in der Nase erkundet man in etwa eineinhalb Stunden das Freizeitleben der Capetonians am Atlantik. Die Promenade führt durch Sea Point bis nach Bantry Bay und ist zu jeder Tageszeit bevölkert: Jogger, Walker und Hundebesitzer trifft man hier ebenso wie Familien mit Picknickkörben oder Geschäftsleute zur Mittagspause.

Der Spaziergang beginnt am ältesten Leuchtturm Südafrikas in Mouille Point. Er weist den Schiffen seit 1824 den Weg. Folgt man der Promenade Richtung Sea Point, so kommt man an einem Minigolfplatz und einem Spielplatz vorbei. Sea Point war bis etwas 1930 ein kleiner Badeort außerhalb der Stadt. Betuchte Kapstädter hatten hier ihre Ferienhäuser. Ab den Fünfzigerjahren des vergangenen Jh. wurden auch hier Hochhäuser gebaut, und so hat Sea Point heute zwei Gesichter: in Upper Sea Point, am Hang des Signal Hill gelegen, findet man teure Privatvillen und in Lower Sea Point, entlang der Promenade, stehen Apartmenthäuser dicht nebeneinander. Direkt an der Promenade gibt es ein öffentliches Meerwasserschwimmbad mit einer großen Liegewiese und einem traumhaften Blick auf den Atlantik. Entlang des Weges bieten immer wieder Treppen die Möglichkeit zu kurzen Abstechern direkt ans Wasser. In Bantry Bay endet leider die Promenade, aber wer noch nicht müde geworden ist, kann auf dem gut ausgebauten Bürgersteig seine Wanderung fortsetzen. Nach einem kurzen Abschnitt quer durch die Luxus-Apartmenthäuser von Bantry Bay wird man mit einem traumhaften Blick über den Küstenabschnitt belohnt: Zur Rechten erstrecken sich die Strände und Villen

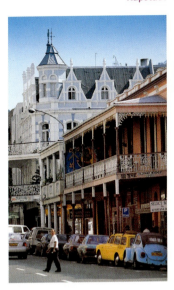

Besonders attraktiv für einen Einkaufsbummel: die Long Street mit ihren viktorianischen Fassaden aus der britischen Kolonialzeit.

von Clifton, links davon thront der **Lion's Head**. Die vier Strände sind aufgrund ihrer windgeschützten Lage sehr beliebt und unter Insidern in »Reviere« eingeteilt: Am ersten und zweiten Strandabschnitt tummeln sich Familien mit Kindern, am dritten Jugendliche und am vierten Models und solche, die es werden wollen. Von der Straße führen Treppen zu den kleinen Buchten. Mit Glück kann man beim Abstieg einen Blick in die Gärten und Poolanlagen der Villen erhaschen.

Nun kann man den Weg direkt an der Brandung fortsetzen und den Wellenreitern zuschauen. Am ersten Strand angekommen, führt der Weg nach Camps Bay wieder zurück zur Straße. Nach ein paar Metern liegt das Restaurant La Med zur Rechten. Auf einer Klippe direkt über dem Atlantik gelegen, ist es einer der besten Orte für den berühmten Sundowner.

Bunte Abwechslung in das fast meditative Bild des Atlantiks bringen die Paraglider, die sich vom oberhalb gelegenen Lion's Head in die Tiefe gleiten lassen und auf der Wiese vor dem Restaurant landen. Schon von hier oben erblickt man den langen, von Palmen gesäumten, weißen Sandstrand von Camps Bay. Hier herrscht turbulentes Treiben: Volleyball, Touch Rugby und Federball zerstören so manche Sandburg. In den zahlreichen Restaurants und Cafés entlang der Strandpromenade trifft sich alles, was Rang und Namen hat. Sehen und Gesehen-Werden stehen hier im Vordergrund. Ein idealer Ort, um ein wenig Miami Beach-Feeling in Kapstadt zu genießen. Im Anschluss fährt man am besten mit dem Taxi zurück in die Stadt.

Township Tour Khayelitsha ····⟩ S. 179, D 20

Die nach Soweto zweitgrößte Township Südafrikas befindet sich 16 km außerhalb Kapstadts. Sie entstand in den Zeiten der Apartheid, als die Farbigen aus den Gebieten der Weißen vertrieben wurden. Khayelitsha ist Xhosa und meint »unser neues Zuhause«. In diesem Sinne gibt sie über einer Million Schwarzen eine neue Heimat und mit vielen Entwicklungsprojekten Hoffnung auf einen Weg aus der Armut. Das Angebot an Township Touren wird immer vielfältiger und interessanter, denn für viele Touristen gehören sie wie der Tafelberg und die Safari auf die Liste der Sehenswürdigkeiten, um das Bild von Südafrika abzurunden. Meist wird man von lokalen Reiseführern durch die Straßen gefahren, besichtigt eines der typischen Wohnhäuser, besucht eine Shebeen (Bar) und kann die traditionelle afrikanische Küche probieren. Sehr individuelle Touren in verschiedene Townships rund um Kapstadt, wie z. B. einen Abend voller Kunst und Musik in der Kalkfontein-Township, bietet Andulela (Tel. 0 21/ 7 90 25 92).

SEHENSWERTES
Bo-Kaap
····⟩ Umschlagkarte hinten, d 4

Am Hang des Signal Hill reihen sich die farbenfrohen Häuser von Kapstadts ältestem Stadtteil in steilen, engen Gassen aneinander. Hier ist die muslimische Gemeinde Kapstadts zu Hause. Ihre Vorfahren sind im 16. und 17. Jh. von den Holländern nach Südafrika gebracht worden. Auch heute werden sie noch als Kapmalaien bezeichnet, obwohl nur 1 % der Sklaven tatsächlich aus Malaysia stammte. Die meisten kamen aus Indien, Madagaskar und Sri Lanka. Das Stadtviertel beherbergt das **Bo-Kaap Museum** in der Wale Street und die Auwal Mosque, Südafrikas älteste offizielle Moschee (1797). Wer die traditionelle kapmalaiische Küche probieren möchte, tut das am besten in Bo-Kaap, denn der geschichtlich bedingten kulturellen Vielfalt dieses Wohnviertels verdankt die kapmalaiische Küche ihren besonderen Charakter. Einige Touranbieter bieten neben dem geführten Spaziergang auch das besondere Gaumenerlebnis bei einheimischen Familien.

Andulela Experience; Tel. 0 21/7 90 25 92

Castle of Good Hope
····⟩ Umschlagkarte hinten, f 5

1697 fertig gestellt, ist das fünfzackige Schloss das älteste Gebäude des Landes. Zeitweise diente es als Residenz einiger Kapgouverneure, nun beherbergt es ein Militärmuseum.

Zwischen Strand und Darling St.; tgl. 9–16 Uhr, Führungen 10, 11, 12, 14 und 15 Uhr; Eintritt ca. 25 Rand, Kinder 10 Rand

Company's Gardens
····⟩ Umschlagkarte hinten, d/e 5

Der Gemüsegarten van Riebeecks, heute die grüne Lunge Kapstadts. Herrlich zum Taubenfüttern und Menschenbeobachten.

An der Eichenallee, Gouvernment Ave.

Groot Constantia
∙∙∙∙∙⟩ Umschlagkarte hinten, südl. d/e 6

Historisches Weingut im herrlichen Constantia-Tal, antike Möbel, sehenswertes Weinmuseum. Schon Napoleon liebte den Dessertwein, der hier gekeltert wurde. Uriges Tavernen-Restaurant unter österreichischer Leitung.

An der Constantia Rd. Richtung Hout Bay; Tel. 0 21/7 94 51 28; tgl. 10–17 Uhr; Eintritt ca. 8 Rand, Kinder 2 Rand

Kirstenbosch Gardens 👫
∙∙∙∙∙⟩ Umschlagkarte hinten, südl. c 6

Dieser botanische Garten gehört zu den großen der Welt. Unter den mehr als 20 000 Pflanzenarten finden sich auch 250 verschiedene Proteen, Südafrikas Nationalblume. Hervorragend ist das Tropenhaus, in dem die verschiedenen Ökosysteme des südlichen Afrika vorgestellt werden. In den Sommermonaten werden jeden Sonntag Konzerte von Pop über Jazz bis hin zu Klassik auf der Open Air Bühne des Parks geboten. Es lohnt sich schon nachmittags mit dem Picknickkorb anzureisen, um die herrliche Kulisse zu genießen.

Rhodes Drive; ganztägig geöffnet

Signal Hill und Lion's Head
∙∙∙∙∙⟩ Umschlagkarte hinten, c 4

Vom Kreisverkehr am Kloofnek führt eine Straße zur Spitze des Signal Hill. Von hier hat man eine herrliche Aussicht über die Stadt, die Waterfront und die Tafelbucht. Idealerweise erreicht man den Aussichtspunkt mit einer guten Flasche Wein direkt zum Sonnenuntergang. Um 12 Uhr mittags hingegen kann man das traditionelle Abfeuern der Noon Gun verfolgen. Früher diente die Kanone dazu, den Schiffen im Hafen Signale zu geben, wodurch der Berg seinen Namen erhielt. Der Lion's Head kann nur zu Fuß erklommen werden. Vor allem bei Vollmond ist sein schmales Plateau bei Capetonians und Touristen ein beliebtes Ausflugsziel.

Tafelberg
∙∙∙∙∙⟩ Umschlagkarte hinten, südl. c 6

Mit der Seilbahn kommen Sie in wenigen Minuten auf das 1 086 m hohe Wahrzeichen Kapstadts – ganz bequem und sicher in einer modernen Schweizer Gondel. Wem die Warteschlange zu lang ist, der kann in drei Stunden auch zu Fuß hinaufsteigen. Die Aussicht ist fabelhaft. Aber Vor-

Fabelhafte Aussichten vom Tafelberg auf Kapstadt und die Tafelbucht kann genießen, wer sportlich hinaufläuft oder gemütlich die Seilbahn nimmt.

sicht: immer etwas Warmes zum Anziehen mitnehmen, egal wie warm es unten ist! Lassen Sie sich von Einheimischen erzählen, wie das wolkige Tafeltuch entstand. Die Seilbahn fährt nicht bei starkem Wind.
www.tablemountain.net; Tickets 110 Rand, Jugendliche 58 Rand, Kinder unter 3 Jahren frei

V & A Waterfront und Robben Island 👫
⟶ Umschlagkarte hinten, e 2

2 1985 kam dem Kapstädter Architekten Gawie Fagan eine visionäre Idee: aus dem Hafen am East Pier, 1860 benannt nach Queen Victoria und ihrem Sohn Alfred, eine moderne Freizeitanlage zu machen. Es entstand ein »quirliger Mix von Ankerschmieden und Edelshopping, Trockendocks und Tresen, Freiluftartistik und Fischtrawlern, Restaurants, Hotels und Hafenbusiness«, befand der »Stern«. Attraktionen wie das **Two Oceans Aquarium** (300 Arten), der BMW-Pavillon, Top-Hotels, Hafenrundfahrten und Hubschrauber-Rundflüge locken 20 Mio. Besucher jährlich an. Hier befindet sich auch Südafrikas beste Buchhandlung **»Exclusive Books«**.

Und: Von hier aus starten, an der Nelson Mandela Gateway (neben dem Clock Tower), stündlich zwischen 9 und 15 Uhr moderne Fähren in Richtung Robben Island. Auf der 11 km vorgelagerten Insel wurden ab 1960 Altpräsident **Nelson Mandela** und seine Mitstreiter gefangen gehalten, im 17. Jh. Leprakranke. Heute ist das Zuchthaus ein Museum, die knapp vierstündige Tour, inklusive Inselrundfahrt, wird von einstigen Insassen geführt. Fotos von Mandelas 6 qm kleiner Zelle – wo er heimlich seine Memoiren schrieb – sind leider nicht gestattet. Aber in Souvenirläden auf der Insel und an Land kann man Bücher, Videos, Aufkleber und andere Souvenirs erstehen.

Museen
District Six Museum
⟶ Umschlagkarte hinten, e 5

Das District Six Museum ist in der ehemaligen Central Methodist Mission Church untergebracht und zeigt mit sehr anschaulichen Dokumentationen und Führungen das Leben und den Untergang eines Stadtviertels aufgrund der Apartheidpolitik. Bevor Anfang des 20. Jh. hunderte von Schwarzen und Mischlingen in die **Townships** vor die Stadt umgesiedelt wurden, lebte im District Six eine multikulturelle Gemeinschaft ein fröhliches Miteinander. Das Museum war früher ein Ort, an dem die Opfer der Zwangsräumung bis in die Achtzigerjahre des vergangenen Jh. hinein Unterstützung fanden.
25a Buitenkant St.; www.d6.co.za; Mo–Sa 10–16.30 Uhr; Spende

Heart Transplant Museum
⟶ Umschlagkarte hinten, d

Der Operationssaal, in dem Professor Christiaan Barnard am 3. Dezember 1967 die erste Herzverpflanzung der Welt vornahm, wurde originalgetreu eingerichtet. Das kleine, aber faszinierende Museum im Groote Schuur Krankenhaus wurde 1996 eröffnet.
Hospital Drive, von der Main Rd. zum Krankenhaus (Altbau), Observatory; Informationen: Tel. 0 21/4 04 52 32; Mo–Fr 9–14 Uhr; Eintritt 5 Rand

Irma Stern Museum
⟶ Umschlagkarte hinten, südöstl. f 6

Im ehemaligen Privathaus und Studio der 1966 verstorbenen Künstlerin findet man sowohl die kräftigen Ölgemälde von Irma Stern als auch Wanderausstellungen anderer Künstler. Die deutschstämmige Frau gilt als die berühmteste Künstlerin Südafrikas. Besonders eindrucksvoll sind die Werke, die sie während längerer Reisen im Kongo und auf Sansibar schuf.
Cecil Rd., Rosebank; www.irmastern.co.za; Di–Sa 10–17 Uhr; Eintritt 8 Rand, Studenten 4 Rand

Im wichtigsten Naturkundemuseum des Landes, im South African Museum in Kapstadt, werden traditionelle Kunstgegenstände ausgestellt.

Koopmans de Wet House
····> Umschlagkarte hinten, e 4

Hier gibt es die beste Sammlung von kapholländischen Möbelstücken in Südafrika. Auch Delfter Porzellan und Gemälde sowie chinesische und japanische Kunstgegenstände sind zu besichtigen.
35 Strand St.; Tel. 0 21/4 81 39 35; www.museums.org.za/ koopmans; Di–Do 9–16 Uhr; Eintritt 5 Rand, Kinder 2 Rand

South African Museum
····> Umschlagkarte hinten, d 5

1825 gegründetes naturgeschichtliches Museum: Archäologie, Ethnologie (Buschmänner), Meeresbiologie und Planetarium, in dem der südliche Sternenhimmel gut verständlich erklärt wird. Seit 1998 sind hier auch die 113 000 Jahre alten Fußspuren des Urmenschen »Eva« ausgestellt, die an einer Lagune nördlich von Kapstadt gefunden wurden – die bisher ältesten entdeckten Spuren des modernen Menschen.
Queen Victoria St. (Gardens); www.museums.org.za/sam; tgl. 10–17 Uhr; Eintritt 10 Rand, Kinder 5 Rand

South African National Gallery
····> Umschlagkarte hinten, d 6

Größte Sammlung südafrikanischer Kunst. Außerdem finden Sie hier Werke holländischer, deutscher, französischer und englischer Meister vom 17. Jh. bis zur Neuzeit.
Government Ave. (Gardens); www.museums.org.za/sang; Di–Sa 10–17 Uhr; Eintritt 5 Rand

ESSEN UND TRINKEN
An der **Victoria & Albert Waterfront** gibt es Restaurants, Cafés, Bistros und Bars für jeden Geldbeutel und Geschmack. Weitere Restaurants, die empfehlenswert sind:

Buitenverwachting
····> Umschlagkarte hinten, südl. c 6

Traumhaft schön im eigenen Weingebiet gelegen. Haute Cuisine. Probieren Sie die »prawns crepinettes«, Rieslingsuppe oder das Kudu-Steak – oder lassen Sie sich das Tagesmenü servieren.
Klein Constantia Rd.; Tel. 0 21/7 94 35 22; www.buitenverwachting.co.za; So, Mo geschl. ●●●● CREDIT

one.waterfront
⟶ Umschlagkarte hinten, e 2

Hochklassiges Restaurant im Hotel Cape Grace. Die mediterran-asiatisch angehauchte Küche von Küchenchef Bruce Robertson gilt inzwischen als vorbildlich und gewinnt internationale Auszeichnungen. Wunderbare Aussichten auf den Tafelberg oder die Marina.

West Quay, V & A Waterfront; Tel. 0 21/4 18 05 20; tgl. 6.30–11, 12–15, 19–22 Uhr; ●●●● CREDIT

Chef Pon's Asian Kitchen
⟶ Umschlagkarte hinten, e 6

Hier isst man, in eleganter und stilechter Atmosphäre, authentische thailändische Gerichte. Sehr zu empfehlen sind etwa der Jungle Curry, der Chili-Fisch oder auch die Rippchen mit Honig.

12 Mill St.; Tel. 0 21/4 65 58 46; tgl. geöffnet ●●● CREDIT

Constantia Uitsig
⟶ Umschlagkarte hinten, südl. c 6

Schönes Lokal in einem alten Weingut. Italienische Küche, aber auch Fische und Steaks, leckere Salate. Exzellente Weinkarte.

Spaanschemaat River Rd., Constantia (auf Schild achten); Tel. 0 21/7 94 44 80; Mo mittags geschl. ●●● CREDIT

Green Dolphin
⟶ Umschlagkarte hinten, e 2

Jeden Abend wird ab 20.30 Uhr gejazzt. Eintritt 20–25 Rand. Das Menü bietet alles von Pizza bis Fisch.

Waterfront, neben dem Victoria & Alfred Hotel (links); Tel. 0 21/4 21 74 71; tgl. 12.30–15 und 18.30 Uhr bis nach Mitternacht ●●● CREDIT

Khaya-Nyama
⟶ Umschlagkarte hinten, e 5

Eland, Kudu, Springbock, Krokodil und Co. – einfach exzellent zubereitet! Versuchen Sie das Springbock Carpaccio und das butterzarte Eland Steak. Schließlich bedeutet Khaya-Nyama auch »Haus des Fleisches«. Safari-Ambiente, freundlicher Service und gute südafrikanische Weine noch dazu!

267 Long St.; Tel. 0 21/4 24 29 17; tgl. Lunch und Dinner ●●● DINERS MASTER VISA

La Colombe
⟶ Umschlagkarte hinten, südl. c 6

Eines der besten Restaurants von Kapstadt. Französische Küche aus der Provence – vom Feinsten. Unbedingt reservieren!

Spaanschemaat River Rd., Constantia (auf Schild achten); Tel. 0 21/7 94 23 90; www.lacolombe.co.za ●●● CREDIT

The Cape Colony
⟶ Umschlagkarte hinten, d 6

Top-Restaurant im Mount Nelson Hotel, elegante Atmosphäre. Die Küche ist sehr vielseitig: kontinental, mediterran, thailändisch oder kapmalaiisch.

760 Orange St.; Tel. 0 21/4 83 17 37; www.mountnelson.co.za; tgl. 11.30–15 und 18.30–23 Uhr ●●● CREDIT

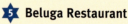

MERIAN-Tipp
5 Beluga Restaurant

Unverputzte Mauern und kühle Eleganz locken Gäste aus der Film- und Modebranche ringsum von morgens bis abends an (vermutlich tauchte deshalb auch Ex-Präsident Bill Clinton im September 2002 hier auf), auch das Essen und die Bar können sich sehen lassen. Zu den Klassikern gehören hier die mit Kräutern eingeriebenen Schweinekoteletts auf Calvados-Apfel-Sauce, das doppelt überbackene Blaukäse-Soufflé und der glacierte Räucherlachs mit Béarnaise-Sauce. Platz lassen für die köstlichen Desserts!

The Foundry, Ecke Prestwich/Ebenezer St., Green Point; Tel. 0 21/4 18 29 48; Mo–Fr 12.30–23, Sa, So nur abends ab 18.30 Uhr ●●● CREDIT

⟶ Umschlagkarte hinten, e 3

Kapstadt

Blues
⇢ Umschlagkarte hinten, südwestl. a 4
California-Atmosphäre mit Palmenstrand, viel Platz. Auch Spitzenweine kann man glaseweise bestellen.
No 9, The Promenade, Victoria Rd., Camps Bay; Tel. 0 21/4 38 20 40 ●● CREDIT

Bukhara
⇢ Umschlagkarte hinten, e 5
Eindeutig das beste indische Restaurant Kapstadts, zentral in der Stadtmitte gelegen. Der Koch spezialisiert sich auf nordindische Barbecues und Tandoori-Gerichte.
33 Church St.; Tel. 0 21/4 24 00 00; So geschl. ●● CREDIT

Café Machiato
⇢ Umschlagkarte hinten, a 3
Wie sein langjähriger Vorgänger San Marco legt auch der neue Besitzer Wert auf klassische italienische Küche: mit Pasta wie bei Mamma und marktfrischen Zutaten blieben die Stammgäste erhalten. Nach wie vor gibt es hier mit das beste Eis der Stadt.
92 Main Rd., Sea Point; Tel. 0 21/4 39 27 58; Mo und Mi–Sa 18–23, So 12–14 Uhr ●● CREDIT

Dizzy Jazz Café
⇢ Umschlagkarte hinten, südwestl. a 4
Bistro-Lokal in einem alten Haus. Jazzbands, Bar mit Fassbier. Pizza, aber auch gute Steaks und Salate. Livemusik ab 21 Uhr.
41 The Drive, Camps Bay; Tel. 0 21/4 38 26 86; tgl. ab 13 Uhr ●● CREDIT

Ocean Basket 🍴
⇢ Umschlagkarte hinten, d 6
Preisgünstiger bekommt man nirgendwo Fisch, Calamares, Garnelen und Langusten. Deshalb ist diese »griechische« Taverne auch fast immer brechend voll.
75 Kloof St.; Tel. 0 21/4 22 03 22; www.oceanbasket.co.za; tgl. geöffnet, So nur abends ●● CREDIT

Toni's Restaurant
⇢ Umschlagkarte hinten, c 6
Mediterrane Gastlichkeit inmitten Kapstadts und einer der besten Orte, um die portugiesische Küche mit dem besonderen mosambikanischen Geschmack zu probieren. Gut: das knusprige Peri-Peri-Hühnchen und die mosambikanischen Garnelen.
88 Kloof St.; Tel. 0 21/4 23 76 17 ●● CREDIT

Ein beliebtes Restaurant in Kapstadt: Wegen seiner preiswerten und schmackhaften Krustentiere ist der »Ocean Basket« fast immer voll.

Kapstadt und Umgebung

Typisch afrikanisches Holzschnitzwerk und andere Mitbringsel gibt es auf diesem Souvenirmarkt bei Camps Bay.

Caffe Balducci
····⟶ Umschlagkarte hinten, e 2

Ein absolutes In-Café. Man serviert Focacce und Tramezzini mit interessanten Kombinationen, leckere Pasta und Salate. Das Balducci eignet sich auch nachmittags für Cappuccino und Kuchen.
Shop 6162, Victoria Wharf; Tel. 0 21/4 21 60 02; tgl. 9 Uhr bis spät ● CREDIT

Col'Caccio
····⟶ Umschlagkarte hinten, e 4

Eine super Pizzeria, in der man ausgefallene (Kaviar- und Lachs-)Pizzen sowie Salate bekommt.
Hans Strijdom Ave., Seef House, Foreshore; Tel. 0 21/4 19 48 48; tgl. 19–24 Uhr
● CREDIT

EINKAUFEN

Eine reiche Auswahl an Geschäften, Boutiquen, Restaurants und Kinos findet man in den großen **Shopping Malls**. Die größten sind: **Cavendish Square** und The Link (Claremont), **Century City**, **Waterfront** (mehrere Einkaufskomplexe im Hafen).

Wer an afrikanischer Kunst interessiert ist, sollte sich in jedem Fall das Faltblatt *Arts and Crafts, Western Cape* besorgen. 54 Spezialgeschäfte werden darin aufgeführt. Drei verbürgte Fundgruben seien hier erwähnt:

African Image
····⟶ Umschlagkarte hinten, e 5

Hier gibt es preiswerte Körbe, Tontöpfe und Textilien aus mehreren Ländern des Kontinents.
52 Burg St.; Mo–Fr 8.30–17, Sa 8.30–13.30 Uhr

Atlantic Art Gallery
····⟶ Umschlagkarte hinten, e 5

Zeitgenössische Malerei, Grafiken, Skulpturen und Keramik.
41 Church St.; Mo–Fr 10–17, Sa 10–13 Uhr

The Yellow Door
····⟶ Umschlagkarte hinten, e 6

Keramik, Glas, Körbe, Stoffe und Ethno-Schmuck.
Garden Center; Mo–Fr 9.30–17.30, Sa 9.30–13 Uhr

Märkte

Green Market Square
····⟶ Umschlagkarte hinten, e 5

Stadtmitte; Mo–Sa 8–16 Uhr

Green Point Common
····⟶ Umschlagkarte hinten, c 2

Gegenüber Sportstadion; Sa morgens

Hout Bay
····⟶ Umschlagkarte hinten, südwestl. a 4

Vor dem Hout Bay Hotel am ersten und letzten Sonntag im Monat

Waterfront Art and Craft Market
····⟶ Umschlagkarte hinten, e 2

Am Hafen; Sa, So und feiertags, Mo–So nur im Dez.

Am Abend

Alles an einem Ort findet man nur an der **Waterfront**: Kneipen, Restaurants mit Jazzbands, Kinos, eine Disco. Aber immerhin: Kapstadts Nachtleben hat sich in den letzten Jahren entwickelt und die Stadt ist auf dem besten Wege, sich in die Liste der besten Nightlife-Metropolen rund um den Globus einzureihen. In den schwarzen Gegenden haben Tanz und Jazz eine lange Tradition, aber nach Einbruch der Dunkelheit sind dies Gegenden, die viele Nichtansässige nur zögernd betreten, außerdem sind Frauen in **Shebeens** (schwarzen Trinklokalen) schnell »Freiwild«. Ansonsten ist das abendliche Angebote in und um Kapstadt vielfältig. In den szenigen Bars der Long Street kann der Nachtschwärmer bei einem Drink das relaxte, multikulturelle Leben Kapstadts mit einem Hauch von Flower-Power-Atmosphäre genießen. Hier wird im Jo'burg zu House Musik gegroovt und im Mama Afrika zu afrikanischen Rhythmen getrommelt. Gleich um die Ecke in der Queen Victoria Street befindet sich das Rhodes House, der Edelclub der Stadt. Südafrikaner, Touristen und Models tanzen zu House Musik in einer relaxten und schicken Atmosphäre über zwei Etagen und einem Innenhof. Die Long Street setzt sich in der Kloof Street fort, die mit vielen neueren Restaurants aufwarten kann. Der kleine Bezirk »De Waterkant« in Green Point hat sich in den letzten Jahren auch mit seinem Nachtleben zu einem schicken und interessanten Ort entwickelt. Das erst vor kurzem eröffnete Cape Quarter bietet Weinbars, Restaurants und Delikatessenläden in moderner Innenhofumgebung. Nebenan kann im Opium bis zum Morgengrauen zu House Musik getanzt werden. De Waterkant bildet inzwischen auch das Zentrum der Kapstädter »Gay-Community«. In Camps Bay vermischt sich die Partyatmosphäre mit der frischen Brise des Atlantiks. Hier bieten zahlreiche gute Restaurants und Bars exzellente Aussichtsplätze für den klassischen Sundowner und das Dinner danach. Für Kulturliebhaber gibt es ein hervorragendes Angebot an Theater, Oper, Kabarett und Comedy-Klubs. Auf aktuelle Theater- und Opernaufführungen im Baxter und Artscape achten!

Café Caprice

⸺▶ Umschlagkarte hinten, südwestl. a 6

Hier fährt man mit Porsche vor und vor allem beim sonntäglichen Sundowner geht es mehr ums »Sehen und Gesehen-Werden« als um die gute Aussicht.
37 Victoria Rd., Camps Bay; Tel. 0 21/ 4 38 83 15; tgl. ab 9 Uhr

Dockside

⸺▶ Umschlagkarte hinten, östl. f 4

Mit vier Stockwerken die größte Disco der Stadt, allerdings vor den Toren Kapstadts gelegen. Wer kein Teenie oder Tweenie ist, kann sich ganz oben Oldies anhören, weiter unten wird heiß gestampft. Mittwochs ist Ladies' Night: Eintritt frei für Frauen vor 23 Uhr (sonst 40 Rand). Unten gibt's ein Jazz-Café, ein Restaurant und eine riesige Tanzfläche. Sicherer Parkplatz.
An der Stadtautobahn N1, direkt neben Rantanga Junction; Mi–Sa ab 20 Uhr

Drum Café

⸺▶ Umschlagkarte hinten, e 6

Eine einmalige Bar in Kapstadt: Man holt sich einen Drink an der Bar, mietet sich eine echte westafrikanische Trommel – und macht mit. Angestellte und Studenten, sogar Oberste Richter trommeln sich hier den Stress aus dem Leib und lassen die Seele baumeln. Montags ab 21 Uhr nur für Frauen (Woman's Drum Circle), mit Unterricht. Freitags finden Vorführungen bekannter afrikanischer Percussion-Bands statt. Sonntags: Expression-Session mit Poesie.
32 Glynn St./Ecke Canterbury St.; www.drumcafe.net

Dunes Beach Bar and Restaurant
⋯⋙ Umschlagkarte hinten, südwestl. a 4
Kapstadt hat viele Lokale und viele Strände, aber nur das Dunes verbindet beides: Direkt am Sandstrand von Hout Bay gelegen, kann man hier abends im Freien auf der Terrasse sitzen und den wunderbaren Blick auf das Meer, den kleinen Hafen und die Berge genießen. Am besten ist ein Drink bei Sonnenuntergang, denn das Essen ist nur mittelmäßig.
Am Ende des Parkplatzes am Strand, 1 Beach Road, Hout Bay; Tel. 0 21/ 7 90 18 76

Eclipse ⋯⋙ Umschlagkarte hinten, südwestl. a 6
Hippes Publikum und Livemusik. Nach dem obligatorischen Sundowner sollte man unbedingt einen der vielen Shot Drinks probieren.
The Promenade Victoria Rd., Camps Bay; Tel. 0 21/4 38 08 82; www.eclipse-ventures.com; Mo–Do ab 17, Fr–So ab 14 Uhr bis open end

Galaxy Disco Restaurant
⋯⋙ Umschlagkarte hinten, südöstl. f 6
Beliebte Disco mit bunt gemischtem Publikum. Techno und Pop für ein jüngeres Tanzvolk. Samstags immer brechend voll.
College Rd. (neben Cine 400), Athlone; Do–Sa ab 21 Uhr

Jo'burg ⋯⋙ Umschlagkarte hinten, e 4
Das sehr junge Publikum erzeugt einen unbeschreiblichen »Vibe«.
218 Long St., City; 17–21.30 Uhr

Kennedy's Restaurant and Cigar Lounge
⋯⋙ Umschlagkarte hinten, e 4
Elegante Cocktailbar für den Jetset. Bei sanfter Klaviermusik oder auch heißem Jazz schmaucht man/frau nach dem Essen genüsslich eine Havanna-Zigarre!
251 Long St., Stadtmitte; Tel. 0 21/ 4 24 12 12; www.kennedys.co.za; Mo–Sa 12–3 Uhr

Manenberg's Jazz Café
⋯⋙ Umschlagkarte hinten, e 2
Dieses populäre Jazz-Restaurant wurde im Jahr 2002 an der Waterfront neu eröffnet. Man isst traditionelle Kap-Spezialitäten – beispielsweise den sehr salzigen »Snoek-Fisch« –, trinkt an der Bar »Coke en Klipdirft« oder auch südafrikanisches Fassbier, sitzt auf dem Balkon und genießt die Aussicht auf das bunte Treiben. Ab 21 Uhr lauscht man dann den Klängen der einheimischen Jazzer.
Clock Tower Center, Waterfront; Tel. 0 21/ 4 21 56 39; tgl. ab 11 Uhr

On Broadway
⋯⋙ Umschlagkarte hinten, e 4
Wenn das Duo »Mince« auftritt, sollte man die Show von Keiron Legacy und Lilli Slaptsillli nicht verpassen: Umwerfend gut werden Tina Turner, Barbara Streisand und viele andere nachgemacht. Auch andere Shows sind sehenswert. Das Buffetessen greift nicht nach Sternen, ist aber o.k.
88 Shortmarket St., zwischen Loop und Bree; Tel. 021/4 24 11 94/5; www.onbroadway.co.za

Opium ⋯⋙ Umschlagkarte hinten, d 3
Jeden Freitag und Samstag heißt es abhotten zu eindringendem Beat. Dress Code: »urban chic«. Donnerstags erklingen Sounds von Funk und Soul bis Disco-Musik.
6 Dixon St., Green Point; 0 21/4 25 40 10; www.opium.co.za

Rhodes House
⋯⋙ Umschlagkarte hinten, d 5
Womöglich der teuerste, aber auch exklusivste Club der Stadt. Über zwei Etagen mit vielen kleinen Bars, einem Innenhof und gutem Sound.
60 Queen Victoria St., City; 0 21/4 24 88 24; www.rhodeshouse.com; 22–4 Uhr

River Club
⋯⋙ Umschlagkarte hinten, östl. f 6
Ein großer Komplex mit drei Bars, Restaurants und Jazzhalle sowie zwölf

Kapstadt

Billardtischen. Alles ein bisschen dunkel und schmuddelig – weshalb das junge Volk den River Club vor allem an Wochenenden unwiderstehlich findet.
Observatory Rd., Observatory;
www.riverclub.co.za

Rockin' Shamrock
⸺⟩ Umschlagkarte hinten, d 5

Kapstadts bester irischer Pub mit super Stimmung, sobald das Publikum angeheitert ist. Die Musik kommt aus den Fünfziger- bis Achtzigerjahren des 20. Jh., am Tisch wird mit Füßen und Fingern getanzt – wie der Name schon sagt.
39 Loop St., Stadtmitte;
Tel. 0 21/4 21 30 71

The Fez
⸺⟩ Umschlagkarte hinten, e 4

Neu und elegant, mitten in der Stadt. Im marokkanischen Stil sitzt man auf Leopardensofas unter einer Zeltdecke. Kleine Tanzfläche neben der Bar, kein Techno, sondern gediegener Jazz und Pop.
Ecke Hout/Burg St.; Tel. 0 21/4 23 14 56;
tgl. 21–4 Uhr

The Shack
⸺⟩ Umschlagkarte hinten, e 6

Der District Six war lange ein Schandfleck Kapstadts: Die dunkelhäutigen Bewohner wurden ab 1966 zwangsweise umgesiedelt. The Shack trägt zu einer Erneuerung bei: eine Bar, ein mexikanisches Restaurant, das Internetcafé Blue Lizard und die große Jazzhalle The Jam, wo jeden Abend hunderte Fans stimmungsvoll unterhalten werden – bis zum Morgengrauen.
45b De Villiers/Ecke Roeland St.,
District Six

Kino
Cavendish Square
⸺⟩ Umschlagkarte hinten, südöstl. f6

Hier findet man gleich zwei Kinokomplexe mit insgesamt 16 Leinwänden: Oben im Cineplex laufen die aktuellen Top-Filme aus den USA, unten im Cinema Nouveau die anspruchsvolleren Streifen. Am Cavendish Square befinden sich außerdem, neben vielen Geschäften, auch zahlreiche Restaurants und eine Filiale von McDonalds.
Cavendish St., Claremont

Kühles Bier, serviert von freundlichen Kellnern in einer Kneipe an der Waterfront.

Südafrika heute – Friede und Armut

Tugenden und Todsünden: Demokratie, aber auch Massenarbeitslosigkeit, Aids und Kriminalität.

Fast zwölf Jahre nach den ersten demokratischen Wahlen, die im April 1994 erstmals in der 350-jährigen Geschichte Südafrikas eine von der gesamten Bevölkerung bestellte Regierung – nämlich **Nelson Mandelas** ANC – ins Amt brachten, kann man insgesamt positiv bilanzieren. Der damals in aller Welt befürchtete Bürgerkrieg zwischen der schwarzen Mehrheit und der weißen Minderheit fand nicht statt. Im Gegensatz zu einem ähnlichen Dauerkrisenherd wie dem Nahen Osten ist am Kap der Guten Hoffnung festzustellen: Stabilität statt Chaos, Fortschritt statt Niedergang, Vergebung statt Rache. Die mit Abstand wichtigste Wirtschaftsnation auf einem Kontinent unvorstellbaren Elends kommt voran, wenn auch zu langsam.

In den großen Einkaufszentren der Metropolen – etwa Sandton City in Johannesburg oder an der V & A Waterfront in Kapstadt – sieht man eindrucksvoll, wie sich das Land seit dem Ende der **Apartheid** (der jahrzehntelang staatlich verordneten Trennung der Rassen in Wirtschaft und Gesellschaft) verändert hat. Bürger aller Hautfarben, besonders junge Menschen, tummeln sich zwanglos in den Geschäften, Kinos und Restaurants. Sie tragen dieselben Labels, benutzen dieselben Handys, verzehren dasselbe Essen. »Konsum darf vermutlich als der Schlüssel zu unserer Einheit zwischen schwarzen und weißen Südafrikanern gelten«, schreibt der Autor William Gumede in seiner viel beachteten Biografie »Thabo Mbeki und der Kampf um die Seele des ANC«.

Die Kaufkraft der stetig wachsenden schwarzen Mittelklasse hat zweifellos zugenommen. Jeder Firma mit 50 Arbeitnehmern und mehr wird vom Gesetzgeber vorgeschrieben, eine bestimmte Anzahl, ungefähr ein Drittel, an vormals unterprivilegierten

MERIAN-Spezial

Menschen zu beschäftigen – gemeint sind vor allem Nichtweiße, aber auch Behinderte und Frauen. Darüber hinaus soll das Programm der Black Economic Empowerment (»schwarze Wirtschaftsförderung«) dazu führen, dass sich bis 2014 u. a. ein Viertel des Aktienkapitals an der Börse und 30 % des wirtschaftlich nutzbaren Landes in schwarzer Hand befinden müssen. 40 % aller Vorstandsmitglieder müssen ebenfalls schwarz sein. Das hat schon jetzt dazu geführt, dass Südafrika nunmehr einige Dutzend schwarze Multimillionäre und sogar Milliardäre, besonders im Bergbau, aufzuweisen hat – undenkbar zu Apartheidzeiten!

MÄCHTIGER ANC

Altpräsident **Mandela**, Jahrgang 1918, kann also heute mit Genugtuung auf sein Lebenswerk zurückblicken. Aber auch der große alte Mann des südafrikanischen Freiheitskampfes weiß, dass die Politik seines 24 Jahre jüngeren Amtsnachfolgers **Thabo Mbeki** in manchen Punkten Unverständnis und scharfe Kritik hervorruft. Die Regierungspartei, der **African National Congress (ANC)**, regiert in allen neun Provinzen und entsendet 70 % aller Abgeordneten ins Parlament. Das hat auch zu Arroganz und Machtversessenheit geführt. »Wir müssen mehr aufpassen als je zuvor«, warnt etwa die deutschstämmige Oppositionelle Inka Mars, die 1952 von Hamburg nach Südafrika auswanderte, »die nächsten Jahre werden kritisch sein, was die Erfüllung von Versprechen angeht.« Zumal viele Versprechen nur theoretisch eingehalten wurden: Einerseits wurden zwar Millionen Arme an das Wasser- und Stromnetz angeschlossen, andererseits wurde den meisten inzwischen beides wieder abgeklemmt, weil sie die monatlichen Rechnungen nicht bezahlen konnten.

Der Wirtschaftsprofessor Francis Wilson resümiert: Es stünden sieben Tugenden gegen sieben Todsünden. Auf der positiven Seite seien Friede, Demokratie, solides Wirtschaftsmanagement (nach dem Mauerfall gab

In Südafrika gilt die allgemeine Schulpflicht von 7 bis 16 Jahren. Ein Relikt aus der Kolonialzeit sind die Schuluniformen, die alle Schüler tragen müssen.

Die Demokratisierung förderte die Herausbildung eines neuen Nationalstolzes aller Bevölkerungsgruppen des Landes.

auch der ANC den Traum vom sozialistischen Nirwana auf), die öffentliche Aufarbeitung der unseligen Vergangenheit, die Abschaffung der Todesstrafe (gegen den Willen der Bevölkerung!), ein Verfassungsgericht, das den umfangreichen Menschenrechtskatalog überwacht und das aktive Bemühen um eine nichtrassische Gesellschaft. Dem aber stehen die horrende Arbeitslosigkeit, Massenarmut, die weit klaffende Schere zwischen wenigen, die viel haben, und vielen, die wenig haben, korrupte Kommunalverwaltungen (was sich in verlotternden öffentlichen Krankenhäusern und schlecht ausgestatteten Schulen manifestiert), Aids, Kriminalität und miserable Zustände in überfüllten Gefängnissen gegenüber.

Bisher wurde die moderne Verfassung respektiert, die Presse blieb frei, die Richter unabhängig. Kein Weißer wurde enteignet – im Gegenteil, der Mehrheit geht es heute besser denn je. Dank einer liberalisierten Wirtschaft und disziplinierter Finanzpolitik konnte die Inflation im Jahre 2005 auf 4 % und die Neuverschuldung auf unter 3 % gedrückt werden. Aber die Hälfte der 46 Millionen Südafrikaner lebt in Armut; 42 % der Arbeitsfähigen haben keinen Job. Schwarze Haushalte leben durchschnittlich von monatlich 250 Euro, weiße Haushalte hingegen von 1750 Euro. Generell ist festzustellen, dass Wohngegenden und Schulen weiterhin fast genauso in Schwarz, Weiß und Braun aufgeteilt sind wie früher: Aus Rassentrennung wurde Klassentrennung.

TOTE DURCH AIDS, MORD, UNFÄLLE
Neben der Armutsbekämpfung stellt Aids die Herausforderung für die Regierung Mbeki dar – und wurde dennoch bewusst vernachlässigt, verschwiegen und sogar kaltschnäuzig abgestritten. Fünf Millionen Südafrikaner sollen infiziert sein, aber Mbeki beteuerte in einem Interview, er kenne »wirklich niemanden«, der an Aids leide; im Übrigen glaubt er noch immer nicht, dass HIV am Ende Aids auslöst. »Das kleine s steht für Syndrom«, höhnte das Staatsoberhaupt einmal im Parlament, »und mir ist neu, dass ein Syndrom eine Krankheit auslösen kann«. Intern hat Mbeki sogar Ansichten geäußert, die von Ma-

MERIAN-Spezial

chiavelli stammen könnten: Aids werde doch auf Dauer viele Probleme lösen, soll er beispielsweise einem deutschen Pharma-Chef anvertraut haben, denn es träfe ja vor allem jene, die sonst dem Staat zur Last fallen würden.

Mbeki bleibt auch merkwürdig unberührt von der beklemmenden Tatsache, dass weiterhin jährlich 20 000 Bürger ermordet werden und 10 000 bei Verkehrsunfällen sterben. Auch das hat direkte wirtschaftliche Konsequenzen. Während größere Unternehmen vielleicht noch den Verlust eines Managers verkraften können, winken kleinere Produzenten von vornherein ab, das Risiko ist ihnen zu groß. »Einen Top-Mann im Alter von 35 Jahren zu verlieren, sei es durch Aids oder weil er am Wochenende totgeschlagen wurde, ist einfach nicht drin, wenn man nur 15 Leute anstellt«, unterstrich einmal ein fränkischer Mittelständler, der deshalb vor weiteren Investitionen zurückschreckte.

Bis zu einer Million weiße Südafrikaner sind seit 1994 ausgewandert – meistens nach Australien, Nordamerika und Europa. Aber viele sind mittlerweile auch reumütig heimgekehrt. Die Ärztin Annemarie van Niekerk zog es Mitte 1999 weg: »Ich fühlte mich zum ersten Mal ungewollt«, erinnert sich die 44 Jahre alte Burin. Jetzt lebt sie wieder am Kap, in der Kleinstadt Barrydale. Wie mancher andere Auswanderer musste sie erfahren, dass sie in Kanada zwar erheblich mehr Geld verdienen, aber nicht glücklich werden kann. »Südafrika ist mein Land, hier bin ich verwurzelt, hier kann ich offen und frei sein.«

Diese Flower-Lady am Blumenmarkt an der Adderley Street in Kapstadt bietet Proteen, die Nationalblumen Südafrikas, zum Kauf an.

Labia ⇢ Umschlagkarte hinten, c 6
Das älteste Kino Südafrikas hat sich seinen nostalgischen Charme erhalten. Auf zwei Leinwänden werden Mainstream, aber auch interessante Produktionen mit künstlerischem Anspruch gezeigt.
68 Orange St. und Kloof St., Gardens; Tel. 0 21/4 24 59 27; www.labia.co.za

V & A Waterfront
⇢ Umschlagkarte hinten, e 2
Elf Leinwände, immer das Neueste aus Hollywood. Modern, komfortabel und ideal mitten im Einkaufszentrum der Waterfront gelegen.

Theater
Man bucht über Computicket.
Buchung mit Kreditkarte: Tel. 0 21/4 30 80 00, aktuelle Informationen: Tel. 0 21/4 30 80 10

Artscape
⇢ Umschlagkarte hinten, f 4
Klassisches Theater, Opern und Konzerte auf drei Bühnen.
DF Malan St., Foreshore

Baxter Theater
⇢ Umschlagkarte hinten, südöstl. f 6
Moderne Stücke, Konzerte und Komödien auf drei Bühnen.
Main Rd., Rondebosch

Theater on the Bay
⇢ Umschlagkarte hinten, südwestl. a 4
Oft britische Drehtür-Komödien, aber auch Klassisches.
Link St., Camps Bay

The Little Theater
⇢ Umschlagkarte hinten, d 6
Hier zeigen Amateurgruppen oft erstaunlich gutes Theater.
Orange St., Gardens

Service
Cape Tourism Information
⇢ Umschlagkarte hinten, e 5
Große Auswahl von Prospekten, Karten und Unterkunftsverzeichnissen.
Burg St.; Tel. 0 21/4 26 42 60; Mo–Fr 8–18, Sa 8.30–14, So 9–13 Uhr

Polizei-Notruf
Tel. 1 01 11

Ziele in der Umgebung

Kap der Guten Hoffnung
⇢ S. 179, D 20

Allein die Fahrt zur **Kapspitze** ist unerlässlich: Über Sea Point, Camps Bay und Llandadno kommt man, immer entlang des Atlantiks, zur Hout Bay mit ihrem schmucken Fischereihafen. Die Ureinwohner des Fischerdorfs lebten in Höhlen entlang der Bucht. Deren Nachfahren waren die so genannten Strandloper (Strandräuber). 1607 kam mit dem Schiff Consent und dessen Maat John Chapman der erste Hauch der modernen Welt in die Bucht. Jan van Riebeeck landete 1652 und taufte die Bucht aufgrund der ausgedehnten Wälder auf ihren heutigen Namen **Hout Bay** (Holzbucht). Ab Ende des 18. Jh. entwickelte sich das Fischereiwesen und bereits zu dieser Zeit wurde Fisch exportiert. Der Ausbau des Hafens 1930 und 1950 führte zu einem großen Aufschwung des Fischerdorfes, das heute zu den beliebtesten Wohngegenden im Umland von Kapstadt zählt. Mehr über die Strandloper und das Fischereiwesen erfährt der Besucher im Museum in Hout Bay (4 St. Andrews Road). Am Hafen kann man frischen Fisch erwerben oder einen Bootsausflug zur kleinen Felseninsel Dyker Island buchen, die im Sommer von bis zu 5 000 Robben bevölkert wird. Vorzügliche Restaurants und interessante Geschäfte haben sich in Hout Bay angesiedelt, wobei das »Mariner's Wharf« besondere Erwähnung verdient: ein Fischrestaurant am Hafen, das den frischesten Fisch der ganzen

Kapstadt – Kap der Guten Hoffnung

Einer der schönsten Ausblicke auf der Kaphalbinsel bietet sich vom Chapman's Peak.

Provinz anbieten kann, denn dort legen die Fischerboote direkt vor dem Restaurant an. Wer es »bodenständiger« mag, sollte unbedingt die »fish and chips« von Fish on the Rock, ganz rustikal auf deren Holzbänken direkt am Hafen probieren. Frrischer geht's nicht!

Immer sonntags kann man auf dem Flohmarkt beim Hout Bay Manor Souvenirs und Handarbeiten lokaler Künstler erwerben. Eine weitere Attraktion, vor allem für Familien mit Kindern, ist die nahe gelegene World of Birds (Valley Road). Im größten Vogelpark Afrikas sind mehr als 3 000 Vögel und Kleintiere zu entdecken. Die Tiere werden in großzügigen Volieren gehalten, die zum Teil begehbar sind. Bei den Fütterungen der Pinguine, Pelikane und Raubvögel darf man zuschauen und mit den niedlichen Totenkopfäffchen sogar spielen.

In Hout Bay beginnt der (kostenpflichtige) **Chapman's Peak Drive**, der 1922 nach siebenjähriger Bauzeit eröffnet wurde und eine der schönsten Küstenstraßen der Welt ist. Knapp vier Jahre lang war diese Straße erneut geschlossen und wurde im Dezember 2003 nach aufwendigen Renovierungsarbeiten unter großer Anteilnahme der Bevölkerung wieder eröffnet. Chappies, wie die Straße von den Capetonians liebevoll genannt wird, ist nun durch einen Halbtunnel und Fangnetze gegen Steinschlag gesichert. Viele Filmaufnahmen und Werbespots werden auf der spektakulären Küstenstraße gedreht. Die Fahrt über den Chapman's Peak Drive ist ein Muss für jeden Besucher! Zahlreiche Haltebuchten bieten die Möglichkeit zum Anhalten, um das herrliche Panorama zu genießen und Erinnerungsfotos zu machen. Ohne diese Stopps sind es bis zur Kapspitze durch das Naturreservat noch 30 Minuten. Vom Parkplatz aus kann man entweder den Berg hinauflaufen (5 Min.), oder man nimmt den Bus. Dann noch 133 Stufen – und vor einem liegt das legendäre **Kap der Guten Hoffnung**.

Auf dem Rückweg, via Marinebasis **Simonstown**, kommt man an Pavianen vorbei (nicht füttern!) und kann nach einigen Kilometern rechts von der Straße zum Strand Boulders (riesige Felsbrocken) abbiegen. Dort findet man eine Pinguinkolonie – zum Verlieben! Das eigentliche Revier der afrikanischen Pinguine (Brillenpinguine) sind die Inseln vor der südafrikanischen Westküste. Somit ist die Boulders Pinguinkolonie weltweit eine der beiden einzigen Festlandkolonien. Man kann auf einem kleinen Pfad über die Felsen bis zum Wasser gelangen und hat damit die seltene Gelegenheit, die Tiere aus nächster Nähe zu betrachten. Simonstown ist der wichtigste Stützpunkt der südafrikanischen Marine. Die Hauptstraße ist von historischen Gebäuden (über 150 Jahre alt) gesäumt, in denen sich nette Cafés und Geschäfte mit allerlei afrikanischem Kunsthandwerk angesiedelt haben. Interessante Dokumentationen zur Seefahrtsgeschichte des Landes findet man im South African Naval Museum (West Dockyard, Court Rd.; tägl. 10–16 Uhr).

Weiter auf der M4 Richtung Kapstadt gelangt man nach Fish Hoek. Außer einem familienfreundlichen Strand ist es ein eher langweiliger Ort, vielleicht aufgrund des obskuren Verkaufsverbotes von Alkohol in den Geschäften des Ortes. Kalk Bay hat dann wieder ein ganz lebendiges Flair. Antik- und Trödelläden laden zum Stöbern ein und der Fischerhafen kann mit guten Restaurants aufwarten. St. James ist bekannt für seine leuchtend bunten viktorianischen Umkleidekabinen, die ein beliebtes Fotomotiv darstellen. Nach **Muizenberg** zieht es die Anfänger unter den Wellenreitern, da die Bedingungen sich hier hervorragend zum Üben eignen. Von hier kommt man zurück zur Stadtautobahn M3. Einen schönen Blick über das Constantia-Tal und den Sandstrand bietet der Boyes Drive ab Kalk Bay, der vor der M3 wieder auf die Main Road zurückführt.

70 km südl. von Kapstadt

Klippschliefer – Dassies genannt – sind typische Bewohner der felsigen Kapregion.

Westküste
⇢ S. 178, C 19 – S. 179, D 20

Die Westküste stand bisher immer im Schatten der bekannten Garden Route. Mehr und mehr wird jedoch diese Gegend für den Tourismus entdeckt und sie bietet inzwischen interessante Ausflugsziele. Wer lange Sandstrände und hügelige Dünenlandschaften mag, sollte unbedingt einen Abstecher in Richtung Westen unternehmen.

Darling ⇢ S. 178, C 19

Von Bloubergstrand Richtung Norden lädt die Missionarsstadt Mamre mit ihren weiß verputzten, reetgedeckten Häusern zum ersten Stopp ein. Als die deutschen Missionare 1808 in dem kleinen Dorf eintrafen, waren die Einwohner, die Khoi, völlig verarmt. Die Botschafter des Christentums vermittelten ihnen mit der Zeit nicht nur ihre christlichen Werte, sondern auch den Umgang mit Landwirtschaft und Handwerk, so dass die Khoi bald stolze Selbstversorger waren. In Mamre kann man eine schöne Kirche und eine Wassermühle, die nach wie vor in Betrieb ist, anschauen. Wenige Kilometer nördlich von Mamre liegt Darling. Der Ort ist nicht nur für seine Milchprodukte bekannt, sondern auch als Künstlerschmiede für politisches Kabarett. Pieter Dirk Uys, der berühmteste Kabarettist Südafrikas, gibt im ehemaligen Bahnwärterhäuschen Vorstellungen (Auskunft: Tel. 0 22/4 92 28 51/31; www.evita.co.za). Mittels Verwandlung in die Frau »Evita« zeigte er die strengen Zensuren in Apartheidzeiten, teilte heftige »Worthiebe« aus und eroberte damit die Herzen des Publikums.

Im Frühling (September/Oktober) zeigt sich Darling in einer herrlichen Blüte. Hier beginnt der Wildblumengürtel, der sich an der Küste entlang bis zum Orange River an der namibischen Grenze erstreckt.
70 km nördl. von Kapstadt

Langebaan ⇢ S. 178, C 19

Ohne Zwischenstopps entlang der R27 ist Langebaan in einer Stunde von Kapstadt aus erreichbar. Das Küstenstädtchen hat sich zu einem beliebten Ferienort, auch für Südafrikaner, entwickelt. Das warme flache Wasser der 16 km langen Lagune bietet hervorragende Bedingungen für Wassersportler. Im Strandloper Restaurant kann der Besucher frischen Fisch direkt am Strand genießen (unbedingt reservieren: Tel. 0 22/7 72 24 90). Der Ort liegt am **West Coast National Park**, der zu den wichtigsten und schönsten Feuchtbiotopen Südafrikas zählt. Im August verbringen hier etwa 60 000 Zugvögel den heimischen Winter. Beim Wandern auf den Naturlehrpfaden kann man nicht nur alles über die ansässige Vegetation lernen, sondern auch die Landschaft mit der einzigartigen Küstenfynbosvegetation und der rauen Felsenküste auf sich wirken lassen. Alle größeren Trails beginnen auf dem Anwesen Geelbeck. Ein altes Bauernhaus, das zum Informationsbüro mit Tearoom und schlichten Unterkünften umgebaut wurde. Hier bekommt man auch Informationen, wo die Vogelbeobachtungsstationen zu finden sind. Die Postberg Area ist das einzige Gebiet des Parks, wo man die größeren Wildtiere wie Springböcke, Gnus und Zebras beobachten kann. Allerdings ist er nur während der Frühjahrsmonate geöffnet. Theoretisch sind sämtliche Straßen des Parks in zwei Stunden abzufahren, praktisch kann man dort einen ganzen Tag mit Wandern und Schwimmen verbringen (Auskunft: Tel. 0 22/7 72 21 44; www.sawestcoast.com/ park.html).
100 km nördl. von Kapstadt

Milnerton, Bloubergstrand
⇢ S. 179, D 20

Die nördlichen Vororte Kapstadts erreicht man in etwa 20 Minuten über die N1 Richtung Paarl, Abfahrt Milnerton und weiter auf der R27. Bekannt sind die Orte für ihre kilometerlangen Sandstrände mit der berühmten Postkartenansicht des Tafelbergs. Durch den oft heftig blasenden Südostwind eignen sich die Strände nicht immer zum Sonnenbaden, bieten aber hervorragende Bedingungen für Wassersportler, Spaziergänger, Muschelsammler und Jogger. Die vielen bunten Segel und Schirme der Wind- und Kitesurfer über den Wellen des Atlantiks sind ein wahrer Augenschmaus. Golfer (auch Tagesgäste) sind auf dem 18-Loch-Golfplatz an der Bridge Road in Milnerton willkommen. Auf einem

schmalen Landstreifen zwischen einer Lagune und dem Atlantischen Ozean gelegen, basiert dieser Platz auf der britischen Spielart: neun Löcher weg vom Clubhaus und neun wieder zurück. Die Nähe zum Wasser bietet eine besondere Herausforderung: Spielt man zu weit ins Rough, sollte man einen Ersatzball bereithalten. Auf der R27 weiter Richtung Bloubergstrand liegt rechter Hand das Rietvlei Wetland Reserve, das über 173 Vogelarten beherbergt und hervorragende Aussichtspunkte zur Walbeobachtung bietet (1 Marine Drive; tägl. 8.30–17 Uhr).
18 km nördl. von Kapstadt

Weingebiet ⇢ S. 179, D 20

Franschhoek ⇢ S. 179, D 20

Von Stellenbosch kommend erreicht man Franschhoek über die R310. Entlang der Franschhoek-Weinroute kann man sich in 21 verschiedenen Farmen von der hervorragenden Qualität des dort angebauten Weines überzeugen. Acht der 100 besten Restaurants des Landes sind ebenfalls in Franschhoek zu finden und vor allem beim Bastille Festival, welches alljährlich zum französischen Nationalfeiertag (14. Juli) gefeiert wird, werden die Gäste mit besonders innovativen Gerichten verwöhnt. Der kleine Ort 60 km östlich von Kapstadt ist wahrhaftig ein Stück »Frankreich in Afrika«. In dem malerischen Städtchen lässt es sich herrlich bummeln und in den Antiquitäten- und Kunsthandlungen einkaufen. Den Geschichtsinteressierten sei das Hugenotten-Denkmal, das 1988 zum 250. Jahrestag der Ankunft der Franzosen eingeweiht wurde, und das Huguenot Memorial Museum (Lamprecht Street; Mo–Sa 9–17, So 14–17 Uhr; Tel. 0 21/ 8 76 25 32) empfohlen. Hier wird die Geschichte der ersten Siedler und Hugenotten gezeigt. Folgt man der R45 in südliche Richtung, gelangt man zum Franschhoek Pass, dem wohl schönsten Bergpass der Gegend mit Traumaussichten. Der ursprüngliche Name des Passes war jedoch ein anderer: Olifantshoek (Elefantenpass) nannten ihn die ersten Siedler, weil Tierherden (nicht nur Elefanten) an dieser Stelle über den Berg kamen.
70 km östl. von Kapstadt

In solch einem efeuumrankten Weinkeller wie hier an der Franschhoek-Weinroute schmeckt der fruchtige Kapwein besonders gut.

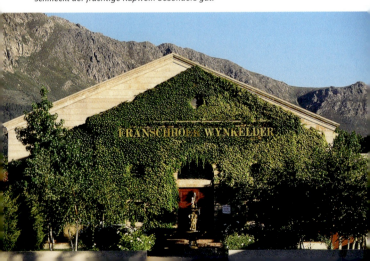

Essen und Trinken
Le Quartier Français
Hier kann man nicht nur angenehm wohnen, sondern auch speisen. Im Bistro (tgl. 12–22 Uhr) gibt es z. B. leckeren Lammburger oder frischen Fisch, und im eleganten Tasting Room (19–21 Uhr) ein sagenhaftes Vier-Sechs- oder sogar Acht-Gänge-Gourmetmenü. Hervorragende Weinkarte!
16 Huguenot St.; Tel. 0 21/8 76 21 51; ●●● CREDIT

Paarl ⸺⋟ S. 179, D 20

Paarl liegt nur 50 km von Kapstadt entfernt und ist eine der ältesten europäischen Siedlungen am Kap. Schon 30 Jahre nach der Landung van Riebeecks im Jahre 1652 wurde diese Stadt von holländischen Siedlern gegründet, nachdem ihnen das Land am Berg River zugesprochen wurde. Der fruchtbare Boden und das mediterrane Klima waren Garanten für eine erfolgreiche Bewirtschaftung und so wurden Obst- und Gemüseplantagen angelegt. Heute ist Paarl für den Weinanbau bekannt und bringt viele Spitzenweine hervor. Herrschaftliche Häuser in kapholländischer Architektur zeugen vom Reichtum der »Perle«, die ihren Namen von einer perlenähnlichen Felsformation erhielt. Eine Attraktion Paarls ist das futuristisch anmutende »Afrikaanse Taalmonument«, das die Entwicklung von Afrikaans als eigenständige Sprache dokumentieren soll. Die Mixtur aus Sprachen, die von den vielen Einwanderern gesprochen wurde, hatte mit der holländischen Sprache nur noch wenig zu tun und so wurde Afrikaans 1875 als eigene Sprache deklariert.

Die international bekannten KWV Genossenschafts-Kellereien gehören mit ihren 22 ha Grundfläche zu den größten weltweit. Dennoch werden die Spitzenweine genauso individuell hergestellt wie in einem kleinen Weinkeller. Weitere erwähnenswerte Weingüter sind Simonsvlei, Rhebokskloof und Fairview. Letzteres ist auch für den selbst hergestellten Käse bekannt. Erstklassige Hotels wie das Grande Roche, Palmiet Valley Estate und Pontac Manor sind weit über die Landesgrenzen hinaus bekannt.

Der bekannte Paarl Golf Club in Boschenmeer mit seinem alten Baumbestand wurde erst kürzlich auf 27 Loch erweitert, und mit seinem neu erbauten Clubhaus und den großen Sonnenterrassen ist er einen ausgiebigen Besuch wert (Wemmershoek Rd.; Tel. 0 21/8 63 11 40).
55 km nordöstl. von Kapstadt

Hotels/Andere Unterkünfte
Grande Roche
Von Weinbergen umgeben, genießt dieses edle Landhotel gerade bei deutschen Stammgästen den Ruf, perfekten, lautlosen Service zu bieten. Wenn der Koch in Form ist, gehört das Bosman's Restaurant zu den besten Speiselokalen Südafrikas. Geheiztes Schwimmbad, Fitnesscenter/Sauna, Tennisplätze.
Plantasie St.; Tel. 0 21/8 63 27 27, Fax 0 21/8 63 22 20; www.granderoche.com; 34 Zimmer ●●●● CREDIT ♿

Essen und Trinken
Bosman's
Kronleuchter, Kerzen und feines Geschirr sorgen für eine sehr romantische Atmosphäre, die vom Service angenehm abgerundet wird. Lamm und Fischgerichte sind die Spezialität des Kochs. Die Weinkarte ist überwältigend – aber ein erfahrener Sommelier steht zur Verfügung.
Plantasie St., im Grande Roche Hotel; Tel. 0 21/8 63 27 27; tgl. 12–14 und 19–23 Uhr ●●●● CREDIT

Stellenbosch ⸺⋟ S. 179, D 20

Unumstritten ist Stellenbosch als Knotenpunkt der ältesten und größten Weinrouten am Kap das Herzstück des Weinlandes. Es gibt drei Möglichkeiten, sich der Weinhauptstadt Südafrikas zu nähern: über die Autobahn N1 im Norden, die N2 im Süden oder schließlich über die Polkadraai Road in der Mitte, die vom Flughafen aus direkt nach Stellenbosch führt und bei der Einfahrt in die Stadt ein herrliches Weinbaupanorama bietet. Am 8. November des Jahres 1679 schlug Gouverneur Simon van der Stel bei seiner ersten Inspektionsreise durch die junge Kolonie an einem Fluss sein Lager auf. Die Gegend war so berauschend schön, dass er spontan beschloss, hier eine Siedlung zu gründen und sie nach sich selbst zu benennen: So entstand Stellenbosch, Südafrikas zweitälteste Stadt. Seit 134 Jahren Universitätsstadt (16 000 Studenten, früher die »Burenschmiede« schlechthin), wird der Ort vor allem von seiner typischen Kap-Architektur aus der Zeit zwischen 1775 und 1820 gekennzeichnet. Fast 100 Gebäude stehen unter Denkmalschutz, die schönsten rings um die Grünfläche im Zentrum, dem so genannten Braak. Das Village Museum zeigt den Wohnstil aus der alten Zeit (Mo–Sa 9.30–17, So 14–17 Uhr). Eichen und Bougainvillea-Hecken prägen die Stadt, Landwirtschaft und natürlich der traditionelle Weinanbau das Umland. 50 km entfernt von Kapstadt ist das Klima hier bereits um einiges wärmer, da die Hügelketten den direkten Einfluss des Atlantiks mildern. Gleichzeitig weht nahezu ständig eine Brise von der False Bay herüber, die Hitzespitzen wie in Franschhoek oder Paarl verhindert. Erfolgreich werden hier deshalb sowohl weiße Weinsorten wie Chardonnay und Chenin Blanc als auch die roten Merlot, Cabernet Sauvignon und **Pinotage** kultiviert. Die vielen Weingüter liegen an einer Reihe von Straßen, die sich strahlenförmig von Stellenbosch ausbreiten. Schilder weisen den Weg zu den Weinkellereien, die den Besucher nicht nur zur Verköstigung des Weins, sondern zum Teil auch zu einem idyllischen Picknick in deren Parkanlagen einladen.

Gut essen direkt in Stellenbosch kann man bei der Volkskombuis (Tel. 0 21/8 87 21 21) und bei Le Pommier (Tel. 0 21/8 85 12 69). Gutes hört man auch vom Guinea Fowl Restaurant auf der Saxenburg Wine Farm (Tel. 0 21/9 03 61 13) an der M 12 und von Barrique (Tel. 0 21/8 81 30 01) auf der Vredenheim Weinfarm an der R 310 Tel. 0 21/8 81 38 78). Die beiden schönsten und elegantesten Hotels sind das D'Ouwe Werf (Tel. 0 21/8 87 46 08) und das Lanzerac (Tel. 0 21/8 87 11 32). Aber es gibt inzwischen auch viele Gästehäuser, in denen man übernachten kann. Weitere Informationen gibt das Stellenbosch Tourism Information Bureau unter Tel. 0 21/8 83 35 84, Fax 0 21/8 83 80 17; eikestad@iafrica.com.

50 km östl. von Kapstadt

Südküste ⸺⟩ S. 179, D 20

Hermanus ⸺⟩ S. 179, D 20

20 000 Einwohner

110 km südöstlich von Kapstadt (Stadtautobahn N2 Richtung Somerset West) liegt dieser traditionelle Küstenort in der Walker Bay, wo sich viele »Promis« (»old money«) seit jeher in ihren Strand- und Wochenendhäusern erholen. Besonders in den Sommermonaten und zum jährlich stattfindenden Walfestival Ende September herrscht Hochbetrieb. Von Dezember bis März ist das Wasser etwa 22ºC warm; in der Lagune tummeln sich dann Windsurfer und Wasserskifans. In der Walsaison können in Hermanus die beeindruckenden Southern Right Whales vom Festland aus beobachtet werden. Ende Juli kommen die Wale aus der Antarktis zurück und bleiben bis Anfang Dezember in den wärmeren

Gewässern der südafrikanischen Küste, um sich dort zu paaren, zu kalben und ihre Jungen großzuziehen. Ein Walkalb ist etwa 6 m lang, trinkt 600 l Milch am Tag und wächst etwa 3 cm pro Tag. Ausgewachsen sind sie dann bis zu 18 m lang und 80 t schwer! Neben zahlreichen Plätzen zur Walbeobachtung hat Hermanus kilometerlange Sandstrände, den 12 km langen Cliff Walk mit vielen besonders schönen Aussichtspunkten und einen netten Ortskern mit kunsthandwerklichem Markt, Galerien und dem alten Hafenmuseum zu bieten. Das Hotel The Marine (Tel. 0 28/3 13 10 00, www.marine-hermanus.co.za; 55 Zimmer ●●●) ist toll gelegen; wer ein Zimmer mit Buchtblick nimmt, kann von dort aus oft Wale sehen. Etwas weiter kann man im Burgundy-Restaurant am Marktplatz draußen sitzen und fangfrischen Fisch essen (Tel. 0 28/ 3 12 28 00). Allein für die Fahrt von Kapstadt nach Hermanus lohnt sich der Ausflug, wenn man den kleinen Umweg ab Gordon's Bay über die R44 nimmt. Rechts der Küstenstraße geht es steil runter in die False Bay und links ragt die gewaltige Kette der Hottentots Holland Mountains in den Himmel.
150 km südöstl. von Kapstadt

Zebras leben in Herden in Savannen und lichten Wäldern; die Gras- und Kräuterfresser sind in ganz Südafrika anzutreffen.

Kleine Karoo
⤑ S. 179, E 19–20

Inverdoorn ⤑ S. 179, E 19

Ideal für jeden, der zwei Stunden von Kapstadt eine afrikanische Safari erleben will. Auf Inverdoorn (Kleine Karoo) sieht man auf 3 000 ha immerhin Breitmaulnashörner, Büffel, Giraffen, Zebras und Antilopen. Es gibt Tagestouren, man kann aber auch in einem der schönen Chalets übernachten.
Buchungen nur bei African Eagle; Tel. 0 21/4 64 42 66, Fax. 0 21/4 47 63 00; www.daytours.co.za
150 km nordöstl. von Kapstadt

Sanbona ⤑ S. 179, E 20

Dieses 54 000 ha (!) große Areal bei Montagu dürfte bald eines der Top-Ausflugsziele für Kapstadt-Urlauber werden. Nachdem 2003 zwei Rudel Löwen ausgesetzt wurden, sind nun zum ersten Mal wieder die »Big Five« im Buschmannland zu sehen. Außerdem: Flusspferde, Zebras, Kudus, Gemsbok, Eland, Gnus, Raubvögel und Hyänen. Die Unterkünfte sind ähnlich luxuriös wie in den anderen Safarilodges der Mantis-Gruppe (u. a. Jock im Greater Limpopo Park). Noch setzt Sanbona die Akzente auf Natur und Erholung (Wellness-Center), weil das Großwild noch scheu ist. Aber das wird sich ändern.
Anfahrt über die N 1, R 60 (Worcester) und R 318 (Montagu); Tel. 0 28/5 72 13 65, Fax 5 72 13 61; www.sanbona.com
140 km nordöstl. von Kapstadt

⭐ Die Garden Route

Die Garden Route – ein afrikanischer Garten – gehört zu den Highlights einer Südafrikareise.

Die Garden Route hat ihren Namen nicht von ungefähr: Hier grünt und blüht es üppig, hier gedeihen alle Nutz- und Zierpflanzen prächtig.

Die Garden Route

Wale und Wracks, Strände und Strauße: Die Kleine Karoo und Knysna muss man einfach gesehen haben. Diese Tour (→ S. 179, D 20 bis S. 181, D 23) führt zunächst in einige der schönsten Küstenorte Südafrikas (Schiffswracks), dann in die trockene Karoo (Strauße) und weiter am Meer entlang. Sie dauert ca. vier Tage, wenn man täglich etwa 350 Kilometer zurücklegt.

Am ersten Tag geht es von Kapstadt nach Arniston: auf der Autobahn N2 bis Somerset West, dort rechts ab auf der R44 in Richtung Strand und ab dann immer am Meer entlang über Gordon's Bay und Betty's Bay. Hinter Kleinmond geht es ein kurzes Stück landeinwärts, bis man auf die R43 stößt. An der Kreuzung rechts ab Richtung Hermanus, mit seiner Lagune und seinen Stränden einer der beliebtesten Badeorte am Kap. Der alte Fischereihafen ist sehenswert. Etwas weiter im Mariner Hotel, aber auch im Burgundy Restaurant gegenüber vom Hafen, kann man frischen Fisch essen und die Aussicht auf das Meer genießen. Nach dem Mittagessen bietet sich eine Wanderung entlang der Küste an (Auskunft: Tel. 0 28/3 12 26 29).

Weiter geht es in Richtung Stanford (R44). Dort angekommen führen zwei Straßen nach Bredasdorp, entweder entlang der Küste (R43) oder landeinwärts über Springerskuil (R326) und Napier (R316). Entlang der Küste führt die Straße am Cape Agulhas vorbei, dem südlichsten Punkt Afrikas. In Waenhuiskrans/Arniston angekommen, können Sie entweder in dem schönen Arniston Hotel übernachten oder in einem der privaten Cottages. In jedem Fall sollten Sie vorher anrufen und buchen (Tel. 0 28/4 45 97 72). Sehr gut kann man auch in dem kleinen De Hoop Nature Reserve übernachten (Tel. 0 28/5 42 11 26). Schönere Sanddünen findet man nirgendwo sonst in Südafrika.

Am zweiten Tag geht es weiter nach **Knysna**: erst wieder nach Bredasdorp über die R319 und dann nach **Swellendam**. Ab jetzt fährt man nur noch die N2 westwärts über Mossel Bay, George (hier kann man einen Abstecher nach Oudtshoorn zu den Straußenfarmen und den Cango-Höhlen einplanen) und Wilderness bis Knysna – das Herzstück der Gardenroute. Eine Bucht ist schöner als die nächste, jeder Ort reizt zum Aussteigen und Erkunden. Unbedingt im Wald von Knysna spazieren gehen und die Yellowwood-Bäume ansehen!

Im Hafen von Knysna (der Ortsname entstammt der Hottentotten-Sprache und bedeutet vermutlich so viel wie »Ort des Holzes«) befindet sich eine große Austernfabrik; für ca. drei Rand das Stück kann man an Ort und Stelle frische Austern essen. Wer länger in Knysna bleiben will, hat viele Möglichkeiten, um von hier aus die Gardenroute in Tagestouren weiter zu erkunden; **Plettenberg Bay** und **Storms River** sind ausgesprochen beliebte Ausflugsziele. Storm's River Mouth ist sehr sehenswert, ebenso der **Monkeyland Privatpark** 👫 (erstklassige Führungen; tgl. 8.30–17 Uhr).

Der dritte Tag führt Sie an der Küste entlang in den **Tsitsikamma Coastal National Park**. Weiter geht es über St. Francis Bay nach Port Elizabeth, wo es gute Übernachtungsmöglichkeiten gibt. Von Port Elizabeth aus bietet sich ein Ausflug in den Addo Elephant Park an.

Quer durch die trockene Karoo geht es über Montagu (R62) und Worcester (R60) weiter nach Malmesbury und auf der N7 zurück nach **Kapstadt**. Wer es zum Schluss eilig hat, kann ab Worcester auf der Autobahn N1 binnen eineinhalb Stunden wieder nach Kapstadt zurückfahren. Für viele Südafrikaner ist das westliche Kap schlicht die schönste Region des Landes.

Mossel Bay mit seinem mediterranen Klima ist ideal für Segler.

Swellendam ⇢ S. 179, E 20

Die drittälteste Stadt Südafrikas am Fuße des Langeberg ist ein idealer erster Stopp auf dem Weg zur Garden Route. Während Swellendam zu Beginn des 19. Jh. noch ein kleines Dorf war und es abgesehen von der Drostdy (Landvogtei), die 1747 als Sitz des niederländischen Landdrost erbaut wurde, und ihren Nebengebäuden nur ein paar Häuser auf der Hauptstraße gab, wurde durch die Ankunft der britischer Siedler ein großer Aufschwung ausgelöst und die Overberg Region mit Swellendam wurde zum Zentrum des Handelsreiches. 1865 erlebte Swellendam eine große Feuersbrunst, trotzdem zeugen noch heute zahlreiche historische Gebäude im kaphölländischen und viktorianischen Stil vom reichen historischen Erbe der Stadt. Besonders sehenswert ist die Drostdy, die 1939 von der südafrikanischen Regierung aufgekauft wurde und heute ein heimatkundliches Museum beherbergt (Mo–Fr 9–16.45, Sa u. So 10–15.45 Uhr). Entlang der Hauptstraße von Swellendam findet man interessante kleine Künstlergeschäfte und nette Restaurants. Durch die schöne, fruchtbare Umgebung Swellendams schlängelt sich der Breede River mit zahlreichen Plätzen zum Baden, Paddeln und Wasserski fahren. 7 km außerhalb liegt der **Bontebok National Park**. Der 3 000 ha große Park hat dazu beigetragen, den Anfang der Sechzigerjahre des letzten Jh. fast ausgerotteten Buntbock zu schützen. Die Population der nur in Südafrika vorkommenden Buntböcke ist von ehemals 22 auf inzwischen über 200 angestiegen. Es führen zwei Wanderwege durch den Park, in dem auch Kap-Bergzebras und über 200 Vogelarten leben (Tel. 0 28/5 14 27 35; Mai–Sept tägl. 8–18 Uhr, Okt–Apr tägl. 8–19 Uhr).
200 km östl. von Kapstadt

Unterkünfte
De Kloof Luxury Estate
5-Sterne-Luxus-Gästehaus mit eigener Golf Driving Range und Weinproben am Pool. Etwas abseits, in einem

schönen Tal gelegen, aber das Zentrum ist dennoch zu Fuß erreichbar.
8 Weltevrede St.; Tel. 0 28/5 14 13 03; www.dekloof.co.za; 6 Suiten ●●● CREDIT

Aan de Oever Guest House
Sehr idyllisch am Koornlands River gelegen. Ein schöner Garten mit Salzwasserpool und Lounge mit offenem Kamin für die kälteren Abende.
21 Faure St.; Tel. 0 28/5 14 10 66; www.aandeoever.com; 4 Zimmer, 1 Honeymoon Suite ●● MASTER VISA

Mossel Bay ⇢ S. 180, A 24

Nachdem der Seefahrer Bartolomeu Diaz im Jahre 1488 das Kap der Guten Hoffnung umsegelt hatte, landete er in der Bucht von Mossel Bay und war damit der erste Europäer, der südafrikanischen Boden betrat. Der Bartolomeu Diaz Museumskomplex erinnert an dieses historische Ereignis. Im dortigen Maritime Museum kann man eine Ausstellung zur portugiesischen Seefahrtsgeschichte sowie einen Nachbau des Segelschiffes, das Diaz auf seiner Reise benutzte, besichtigen (Mo–Fr 9–16.45, Sa u. So 10–16 Uhr). Der Name Mossel Bay, die Muschelbucht, stammt von den holländischen Seefahrern, die hier besonders viele Austern, Langusten und Muscheln fanden. Mossel Bay ist architektonisch interessant und es gibt viele gut erhaltene Gebäude und mehrere ausgeschilderte »historische Spazierwege«. Der »Post Office Tree«, der in Mossel Bay besichtigt werden kann, erinnert an das von den Seefahrern entwickelte Kommunikationssystem. In einem Milkwood Tree hing ein Stiefel, in dem die Seeleute Nachrichten für nachfolgende Schiffe hinterließen. Es war im Jahre 1500, als der Seefahrer Pedro de Ataide als Erster eine wichtige Nachricht für ein anderes Segelschiff hinterließ. Mossel Bay kann somit das erste Postamt Südafrikas sein Eigen nennen. Im Jahre 1501 errichtete João de Nova eine kleine, steinerne Kapelle, die dem Heiligen St. Blaize gewidmet war und in der der erste christliche Gottesdienst auf südafrikanischem Boden stattfand. Das milde, mediterrane Klima von Mossel Bay – die Stadt gilt als der Ort mit dem zweitbesten Klima der Welt, direkt nach Hawaii – lockt das ganze Jahr Gäste aus aller Welt an. Der warme Indische Ozean bietet hervorragende Bedingungen für Wassersportler. Herrliche Strände laden zu langen Spaziergängen und zum Baden ein. Mossel Bay ist jedoch auch ein Mekka für Angler und ein perfekter Platz für die Hochseefischerei. Der Hafen von Mossel Bay ist der einzige der Garden Route, der auch kommerziell genutzt wird. Von dort starten Touren zur nahe gelegenen Seal Island.
380 km östl. von Kapstadt

Unterkünfte
Botlierskop Private Game Reserve
Auf 2 500 ha streifen 23 verschiedene Tierarten umher. Gäste wohnen in Luxuszelten am Fluss, deren Terrassen tolle Beobachtungsmöglichkeiten bieten. Angebot an Game Drives und Wanderungen.
Little Brake River (zwischen Mossel Bay und George); Tel. 0 28/7 35 12 00; www.botlierskop.co.za; 8 Zelte ●●●● MASTER VISA

African Oceans
Hier frühstücken Sie auf einer Terrasse direkt am Strand. Alle Suiten haben einen Balkon mit Blick auf das Meer oder die Outeniqua Berge.
7 Bob Bouwer Crescent, Bayview, Mossel Bay; Tel. 0 44/6 95 18 46; www.africanoceans.co.za; 5 Zimmer ●● MASTER VISA DINERS

Highview Lodge
Hoch am Berg gelegen, bietet das Vier-Sterne-Haus eine traumhafte Aussicht auf Meer und Hafen. Sie können sich im Gästehaus verwöhnen lassen oder in den Studios selbst verpflegen.

Ganz Oudtshoorn lebt nach wie vor von der Straußenzucht.

76 Roger St.; Tel. 0 44/6 91 90 38;
www.highviewlodge.co.za; 3 Zimmer,
2 Suiten, 2 Studios ●● CREDIT

George ---> S. 180, A 24

Von Mossel Bay fährt man auf der R102 direkt nach George. Es ist die erste unter britischer Herrschaft gegründete, sechstälteste Stadt Südafrikas und wurde 1811 nach King George III. benannt. Besucher zieht es vor allem aus zwei Gründen in die heute eher unattraktive Industriestadt: der Zug Outeniqua Choo-Tjoi und ein Golfplatz auf Weltmeisterschaftsniveau. Bei der Fahrt mit der historischen Dampfeisenbahn aus dem Jahre 1928 kann man die schöne Natur zwischen George und Knysna in nostalgischer Atmosphäre betrachten (Dauer: hin und zurück 7 Std.; Hochsaison tgl. 9.30 Uhr ab George, Nebensaison Mo, Mi, Fr; Buchungen Tel. 0 44/8 01 82 88). Mit Fancourt hat George einen der bekanntesten und größten Golfplätze im südlichen Afrika. Er ist der einzige Golfplatz Südafrikas, der zu den prestigevollen »Großen Golf Ressorts« des Weltverbandes gehört. Der deutsche Unternehmer Hasso Plattner kaufte das marode Unternehmen Anfang der Neunzigerjahre des vergangenen Jh. und brachte es wieder in Schwung. Inzwischen werden hier regelmäßig Wettkämpfe ausgetragen, zuletzt der Women's World Cup im Februar 2005. Mit Bramble Hill, The Links, Montagu und Outeniqua stehen den Golffans vier verschiedene Plätze zur Auswahl (Golfanfragen: Tel. 0 44/8 04 00 30).
420 km östl. von Kapstadt

HOTELS/ANDERE UNTERKÜNFTE
Fancourt Hotel
Nach dem (Golf-)Sport ins Wellness-Center mit beheiztem Schwimmbad. Elegante Zimmer und mehrere Restaurants runden den Luxusaufenthalt im Golfhotel ab.
Montagu St., Blanco; Tel. 0 44/8 04 00 00, Fax 044/8 04 07 00; www.fancourt.com; 149 Zimmer ●●●● CREDIT ♿

Oudtshoorn 👫 ⋯⟶ S. 180, A 23

Die frühere »Hauptstadt der Federn« ist durch ihre weltweit einmalige **Straußenzucht** berühmt. Vier Straußenfarmen – Highgate, Safari, Oudtshoorn und Cango – sind für Besucher geöffnet und bieten täglich Touren an, bei denen Interessantes über Aufzucht und Haltung dieser einzigartigen Vögel zu erfahren ist. Kuriositäten-Läden bieten hübsche Produkte aus Straußenleder und -federn. Imposante Sandsteingebäude vermitteln noch einen Eindruck, zu welchem Reichtum die Stadt durch den Boom der Straußenfedern zu Beginn des 20. Jh. kam. Viele der älteren Gebäude der Stadt sind als Nationalmonumente gelistet, einige sind hervorragende Beispiele der Karoo-Architektur. Jedes Jahr findet im April ein neuntägiges Kunstfestival statt, zu dem 250 000 Menschen in die Stadt strömen.

Die **Cango-Höhlen** sind 30 km entfernt und die älteste und bekannteste Attraktion der Kleinen Karoo. Drei spektakuläre Höhlensysteme sind bekannt, die größte und erst kürzlich entdeckte Höhle ist 1 600 m lang. In »Cango One«, dem einzigen für die Öffentlichkeit zugänglichen Höhlensystem, werden zwei Touren angeboten: ein einstündiger Gang durch die ersten sechs Kammern oder eine 90-minütige Abenteuer-Tour auf 1 200 m Länge, die man nur machen sollte, wenn man sportlich fit ist (Tel. 0 44/2 72 74 10; www.cangocaves.co.za; Führungen stündlich 9–16 Uhr). Auf der 14 km entfernten Cango Wildlife Ranch können exotische Tiere bewundert oder von Mutigen sogar Geparden und weiße bengalische Tiger gestreichelt werden. Der kleine finanzielle Beitrag hierfür kommt dem Projekt zum Schutz der Tiere zugute. Etwas außerhalb von Oudtshoorn kann man ungewöhnliche Begegnungen gemeinsam mit dem »Meerkat-Man« Grant McIlrath machen. Der Biologe erforscht die Erdmännchen, die er zu den »Shy Five« zählt. Grant hat über die Jahre ihre Stimmen und Gesten so gut erlernt, dass die schüchternen Tierchen ihm in ihrer natürlichen Umgebung – ohne Anfütterung! – bis auf wenige Meter nahe kommen (www.meerkatmagic.com).
410 km östl. von Kapstadt

Unterkünfte

De Oude Meul Country Lodge
Die Farm liegt 17 km Richtung Cango Caves. Auf den Wiesen grasen Springböcke, Strauße werden hier bis zum Alter von drei Monaten gehalten. Gutes Essen im Old Mill Restaurant.
R328 Richtung Cango Caves; Tel. 0 44/2 72 71 90; www.deoudemeul.co.za; 35 Zimmer ●● DINERS MASTER VISA

De Zeekoe Guest Farm
Das Farmhaus an den Ausläufern des Olifant Flusses eignet sich hervorragend für entspannte Tage in unberührter Natur. Auch drei rustikal-luxuriöse Holzhäuser kann man mieten.

MERIAN-Tipp

 The Elephant Hide of Knysna Guest Lodge

Schon immer von Champagner in der sprudelnden Badewanne mit traumhaftem Blick geträumt? Dann ist man hier genau richtig! Die 4-Sterne-Lodge bietet luxuriöse Holzhäuser mit Blick auf die Lagune oder die Berge inmitten der wilden Buschlandschaft. Der Besucher kann mit einem Cocktail am Pool entspannen oder vor dem offenen Kamin dinieren. Es werden vielfältige Touren wie Walbeobachtung, Golfen, Sea-Kayaking oder Sunset Cruises angeboten.

Cherry Lane, 1,3 km von Knysna Richtung George; Tel. 0 44/3 82 04 26; www.elephanthide.co.za; 5 Cabins ●●● MASTER VISA

⋯⟶ S. 180, A 24

2 km von der Safari Ostrich Farm; Tel. 0 44/2 72 67 21; www.dezeekoe.co.za; 5 Zimmer, 3 Cabins ●● CREDIT

Wilderness ⤑ S. 180, A 24

Zwischen den Outeniqua Bergen und endlosen goldenen Stränden liegt der malerische Ort Wilderness. Die Natur segnete die Region mit einem ganzjährig angenehmen und gemäßigten Klima. Die regenwaldähnliche Vegetation ist durch den ganzjährig vorkommenden Regen bedingt. Aber zur Beruhigung sei gesagt, dass der meiste Regen nachts fällt. Von Mossel Bay kommend, sollte man unbedingt einen Stopp am Dolphin Point, einem Aussichtspunkt oberhalb der Stadt, einlegen. Hier bieten sich herrliche Blicke auf den endlos wirkenden Küstenstreifen, die im Inland gelegenen Seen und die bewaldeten Berge im Hinterland. Der 2 500 ha große

Vom Dolphin Point aus hat man einen wunderbaren Blick auf Wilderness und die goldenen Strände.

Wilderness Nationalpark erstreckt sich von der Flussmündung des Touws River bis zum Goukamma Naturschutzgebiet. Er umfasst den so genannten Lake District (die Salzwasserseen), Sumpflandschaften, Lagunen, fünf Flüsse, Meer und einen 18 km langen Küstenstreifen. Dieses ökologisch einzigartige Gebiet zählt mit der Region des Breede River zu den artenreichsten Vogelrevieren Südafrikas, hier sind auch der farbenprächtige Knysna Lourie und zahlreiche Kingfisher-Arten beheimatet. Der Park kann auf unzähligen Wanderwegen oder mit dem Kanu erkundet werden. Wer in der Wildnis übernachten möchten, kann sich in eine der Blockhütten oder auf dem Campingplatz einmieten (Tel. 0 44/ 8 77 11 97; tägl. 8–13 u. 14–17 Uhr, Dez./Jan. tägl. 7–20 Uhr). In der Goukamma Nature & Marine Reserve kann man mit etwas Glück Delfine und von Juni bis November Glattwale beobachten (Tel. 0 44/3 83 00 42; tägl. 8–18 Uhr). Übernachten kann man ganz urig in strohgedeckten Rundhütten. Wilderness ist ein Paradies für Naturliebhaber und bietet vielfältige Freizeitmöglichkeiten: Wandern, Gleitschirmfliegen, Reiten, Mountainbiking, Segeln, Kanufahren und Angeln.
460 km östl. von Kapstadt

Unterkünfte
Bruni's B & B
Urgemütliches, reetgedecktes Gästehaus mit privatem Zugang zum 8 km langen Sandstrand. Die deutsche Gastgeberin serviert ein reichhaltiges Frühstück mit Blick aufs Meer.
937, 8th Av.; Tel. 0 44/8 77 05 51; www.brunis.co.za; 4 Zimmer ●●
MASTER VISA

Hilltop Country Lodge
Zwischen Victoria Bay und Wilderness in einem abgeschiedenen Naturschutzgebiet gelegen. Vom Pool hat man eine beeindruckende Aussicht über Meer und Berge!

Ein kleiner Austernimbiss passt immer – frischer als hier in Knysna, dem Zentrum der Austernzucht, ist diese Delikatesse nirgends zu bekommen.

Victoria Bay Heights; Tel. 0 44/8 89 01 42; www.hilltopcountrylodge.co.za; 8 Zimmer ●● MASTER VISA

Whales Way B & B
Sehr freundliches Gästehaus mit gut ausgestatteten Zimmern. Die Honeymoon-Suite ist ein Dachstudio mit Vollverglasung in zwei Himmelsrichtungen.
858, 6th Av.; Tel. 0 44/8 77 04 82; www.whalesway.co.za; 4 Zimmer, 2 Suiten ●● MASTER VISA

Knysna ⇢ S. 180, A 24
54 000 Einwohner

Mit seiner Lagune und den berühmten Steinfelsen, den Knysna Heads, bildet der Ort das Zentrum der Garden Route. Auf dem östlichen der beiden Heads wurde ein Aussichtspunkt errichtet, von dem sich ein eindrucksvoller Blick auf die Lagune, Leisure Island und Knysna selbst bietet. Knysnas Geschichte blickt zurück auf Holzfäller und Holzhändler, Seefahrer und Goldsucher, die sich in der Umgebung ansiedelten. Mit seinem hübschen historischen Ortskern, den Einkaufsmöglichkeiten, Kunstgalerien und dem immerhin in Ansätzen vorhandenen Nachtleben hebt sich Knysna eindeutig von den anderen Orten der Garden Route ab.

Südlich des Stadtzentrums liegt die Waterfront Knysnas mit dem Yachthafen. Die elegante, Ende der Neunzigerjahre des letzten Jh. erbaute zweistöckige Stahlkonstruktion mit Holzstegen ist eine »Miniversion« des Kapstädter Vorbilds. In der Lagune werden leckere, große Austern gezüchtet, die man spottbillig direkt in der Fabrik probieren und kaufen kann (am Ende des Hafens). Beim alljährlich im Juli stattfindenden Knysna Austern Festival kommen Tausende von Einheimischen und Touristen in die Stadt.

Die Garden Route

Knysna liegt am größten Wald Südafrikas, der sich entlang der Küste bis zum Tsitsikamma National Park erstreckt. Der 21 km lange Elephant Walk (von der N2 ab, R339 Richtung Damse Bos bis zum Schlagbaum) ist eine wunderschöne Wanderstrecke. Sehenswert ist der »King Edward Tree«, ein 800 Jahre alter Yellowwood-Baum im Wald mit 6 m Durchmesser. Die Unterkunftsmöglichkeiten in der Stadt sind vielfältig. Wer keine feste Reservierung hat, fährt am besten zur Knysna Publicity Association in der 40 Main St. (Tel. 0 44/3 82 55 10) und lässt sich eine Liste aushändigen.
480 km östl. von Kapstadt

Hotels/Andere Unterkünfte
Guadeloupe Apartments & Cottages
In diesen komfortablen Ferien-Apartments für Selbstversorger finden auch größere Gruppen und Familien Platz. Wunderschöner Blick auf die Lagune und hübscher Garten mit Pool und ein Angebot an Kochkursen.
3 & 5 Roos Bolton Crescent; Tel. 0 44/3 82 01 35; www.kkbcooking.co.za/guadeloupe.htm; 4 Apartments, 2 Cottages ●● CREDIT

Portland Manor
Romantisches kleines Landhotel im viktorianischen Stil. Oberhalb von Knysna auf einer Obstfarm gelegen. Mit eigenem See, auf dem man angeln und Boot fahren kann. Man kann Flusspferde und vor allem Vögel beobachten.
Rheenendal Rd. (ab Autobahn N2); Tel. 0 44/3 88 46 04; www.portlandmanor.com; 7 Zimmer ●● CREDIT

The Knysna Log Inn
Ganz aus Yellowwood-Baumstämmen errichtetes, angenehmes Hotel. Alle Zimmer mit Klimaanlage und Safe. Das eigene Restaurant serviert Steaks, Thai-Gerichte und Fisch. Volles Frühstück im Preis inbegriffen. Mit Schwimmbad.
16 Gray St.; Tel. 0 44/3 82 58 35; www.kli.co.za; 57 Zimmer ●● CREDIT

Museen
Milwood House
Das Holzhaus diente einst als Wohnhaus. Es wurde an anderer Stelle komplett abgebaut und in Knysna wieder zusammengesetzt. Heute beherbergt es ein Heimatmuseum.

Hier herrscht keine drangvolle Enge: An den Stränden von Plettenberg Bay erholen sich nicht nur ausländische Besucher, sondern auch viele südafrikanische Urlauber.

Queen St., neben dem Rathaus;
Mo–Sa 9.30–12.30 Uhr

ESSEN UND TRINKEN
Anchorage
Fisch und Salate, immer frisch, aber auch Steaks.
Grey St. (rechts ab von der Main St.);
Tel. 0 44/3 82 22 30; So geschl. ●● DINERS

Restaurant 34° South
Exzellentes Restaurant plus Delikatessenladen, in dem man von 9 bis 22 Uhr Wein, Geschenke, Brot, Gemüse und frische Meeresfrüchte kaufen und verzehren kann.
Knysna Quays (Waterfront); Tel. 0 44/3 82 73 31; www.34-south.com;
tgl. 9–21.30 Uhr ●● CREDIT

Upstairs Restaurant
Wunderbares asiatisches Restaurant in der City. Mok, der chinesische Koch, legt großen Wert auf frische Zutaten, die scharfen Saucen und leckeren Suppen sind absolut originell. Reservieren!
Pledge Sq., 48 Main St.; Tel. 0 44/3 82 40 52; Di–So 18.30–22 Uhr ●● CREDIT

SERVICE
Tourism Knysna
Tel. 0 44/3 82 55 10; www.tourismknysna.co.za; Mo–Fr 8–17, Sa 8.30–13 Uhr

Plettenberg Bay
⤳ S. 180, B 24

Die Sonne, die durchschnittlich an 320 Tagen im Jahr scheint, drei herrliche Strände, die sich über 11 km erstrecken, das flache, warme Wasser und eine gute touristische Infrastruktur machen Plettenberg Bay zu einem exklusiven Seebad. Mit Golf, Reiten, Angeln, Tauchen, Segeln und Surfen werden hier zahlreiche Sportmöglichkeiten angeboten. Die Entwicklung zum Urlaubsmekka hat dem Ort zahlreiche gute Hotels, Lodges und Gästehäuser beschert. In den Monaten Dezember und Januar steigt die Einwohnerzahl von 10 000 auf bis zu 50 000. Nicht nur ausländische Touristen, auch viele Südafrikaner verbringen hier, vor allem aufgrund der wunderschönen Strände, gerne ihren Urlaub. Die ersten weißen Einwohner waren 100 Seeleute, die hier für neun Monate strandeten, nachdem ihr Schiff »San Gonzales« 1630 sank. Um 1763 ließen sich die ersten weißen Siedler in der Bucht nieder und lebten von der Tierauszucht und Jagd. 15 Jahre später wurde Bahia Formosa (schöne Bucht) nach dem damaligen Gouverneur Joachim van Plettenberg benannt.

Der Aufschwung des Holzhandels führte zum Bau des Prince Albert Passes im Jahre 1868. Fast gleichzeitig wurde die 90 km lange Straße durch Tsitsikamma nach Humansdorp gebaut. Drei große Pässe, der Groot Rivier, Blaauwkrantz und Storms River Pass, mussten gebaut werden. Der Bau zog sich 16 Jahre hin. Captain Sinclair errichtete im Jahre 1910 eine Walfangstation auf Beacon Island, deren Betrieb jedoch im Jahre 1916 eingestellt wurde.

Plett, wie der Ort von den Einheimischen genannt wird, bietet außer der 1851 erbauten hübschen Kirche St. Andrew nicht viel an historischen Sehenswürdigkeiten. Allerdings ist die Bucht ein hervorragend geeigneter Ort, um Wale (Juli bis Oktober) und Delfine (ganzjährig) zubeobachten. Das MTN Centre for Dolphin Studies führt in Kooperation mit Ocean Safaris wissenschaftlich kommentierte Beobachtungstouren mit dem Boot durch (1 Hopwood St.; Tel. 0 44/5 33 49 63; www.dolphinstudies.co.za). Die besten Orte, wo man die Wale vom Land aus sichten kann, erfährt man unter der Whale Hotline (Tel. 0 83/9 10 10 28). Die beliebtesten Strände sind Lookout Beach (guter Spot zur Walbeobachtung am Südende) mit einem schön gelegenen Restaurant und speziell bei Surfern die Lookout Rocks. Ein wunderschöner

Im Tsitsikamma National Park wurden 80 Kilometer Küste mit sandigen und felsigen Abschnitten sowie der vorgelagerte Meeresbereich unter Naturschutz gestellt.

9 km langer Wanderweg führt rund um die Halbinsel Robberg Peninsula. Das Naturschutzgebiet liegt 8 km südöstlich von Plettenberg (tägl. Feb.–Nov. 7–17, Dez.–Jan. 7–20 Uhr).
510 km östl. von Kapstadt

Unterkünfte
Bosavern Guest House
Ein elegantes Gästehaus auf einem Kliff hoch über dem Meer gelegen. Alle Zimmer mit Blick auf das Naturreservat und den Indischen Ozean.
38 Cutty Sark Av.; Tel. 0 44/5 33 13 12; www.bosavern.co.za; 5 Zimmer ●●●
MASTER VISA

Tarn Country House
Familienbetriebenes Gästehaus mit Blick auf die Tsitsikamma und Outeniqua Gebirgsketten. Mit Glück und Geduld kann man Wasserböcke am Wasserloch des Gartens beobachten.
The Crags; Tel. 0 44/5 34 88 06; www.tarn.co.za; 9 Zimmer ●●● MASTER VISA

Bahia Formosa Guest House
Von dem 4-Sterne-Haus sind es nur 2 Minuten zum Robberg Beach. Stilvolle Zimmer, eine Bibliothek, zwei Sonnenterrassen, eine Lounge mit Bar und ein Garten mit Pool.
37 Ailsa Craig Av.; Tel. 0 44/5 33 49 72; www.bahiaformosa.co.za; 5 Zimmer ●●
AmEx MASTER VISA

Monkeyland und Nature's Valley
⤑ S. 180, B 24

Im weiteren Verlauf der N2 Richtung The Crags kommt man an dem kleinen, ruhigen Ort Keurboomstrand vorbei. Er bietet bildschöne Strände, die sich allerdings nicht zum Baden eignen. Dafür kann man sich bei einer Paddeltour auf dem Keurbooms River im kühlen Wasser des Flusses erfrischen. Der Fluss führt direkt durch das waldreiche Keurbooms Nature Reserve (Nature

Conservation, Tel. 0 44/5 33 21 25). Nach weiteren 2 km führt eine Straße von der N2 zum sehenswerten **Monkeyland Primate Sanctuary**. Zu Fuß geht es durch das Schutzgebiet, in dem sich Affen aus aller Welt durch die Baumkronen hangeln. Von den exzellenten Guides erfährt man Wissenswertes über die Tiere und wird sicher über die abenteuerliche, 118 m lange Hängebrücke und durch ein künstliches, tropisches Gewitter geführt. Ein einmaliges Erlebnis – besonders für Kinder (Tel. 0 44/5 34 89 06; www.monkeyland.co.za; tägl. 8.30–17 Uhr). Zurück auf der N2 geht es nach wenigen Kilometern auf die R102 Richtung **Nature's Valley**. Die Straße schlängelt sich über den Groot River Pass durch wildes Dschungelland in das einzige Dorf innerhalb des **Tsitsikamma National Park**. Nature's Valley hat einen traumhaften, 20 km langen Sandstrand und viele schöne Wanderwege (Wanderkarten sind am Campingplatz von De Vasselot erhältlich). Die 3 km lange Wanderung zum Salt River Mouth gilt als eine der schönsten. Am Ziel warten Picknick- und Badestellen. Auch die weitere Fahrt Richtung Bloukrans Pass führt durch beeindruckende Dschungellandschaften. Wer den höchsten Bungee-Jump der Welt wagen möchten, muss auf die hier gebührenpflichtige N2. Mit 216 m ist die Bloukranz River Bridge die höchste Brücke des Landes.
525/530 km östl. von Kapstadt

Tsitsikamma National Park ⟶ S. 180, B 24

Der 1964 entstandene Tsitsikamma National Park war das erste maritime Schutzgebiet in Südafrika. Mit seiner Felsenküste, den dichten Urwäldern und tiefen Schluchten ist er einer der landschaftlichen Höhepunkte der Garden Route. Das Schutzgebiet teilt sich in die zwei Gebiete De Vasselot und Storms River Mouth. An der Mündung des Storms River beginnt der bekannte, 5-tägige Otter Trail. Für diese Wanderung sollte man körperlich absolut fit sein und in der Hochsaison bis 12 Monate im Voraus buchen (www.sanparks.org; Gebühr 420 Rand). Wer weniger schwierige Wanderungen bevorzugt, kann aus einem reichhaltigen Repertoire an kürzeren Strecken durch die traumhafte Landschaft schöpfen. Eine ist der Kingfisher Hiking Trail am Touws River. Für ausgebildete Taucher gibt es Unterwasserpfade in das 5,5 km lange Meeresschutzgebiet des Parks. Wer direkt im Park übernachten will, sollte frühzeitig bei South African National Parks buchen, denn die 60 Hütten sind schnell ausgebucht. (www.sanparks.org)
670 km östl. von Kapstadt

Unterkünfte
Tsitsikamma Lodge
Sie wohnen in urgemütlichen Holzhütten am Rande des Nationalparks. Wunderschön angelegt mit Pool, Grillplätzen und gutem Restaurant.
N2, 8 km östlich der Storms River Bridge; Tel. 0 42/2 80 38 02; www.tsitsikamma.com; 32 Cabins ●● CREDIT

St. Francis Bay ⟶ S. 180, C 24

Auf dem Weg nach Port Elizabeth kommt man an einem kleinen Paradies vorbei. Das Gebiet zwischen Kromme River und Cape St. Francis wird in den Sommermonaten von Südafrikanern überschwemmt, die hier ihre Ferienhäuser haben. Der traumhafte Küstenabschnitt eignet sich hervorragend zum Surfen und Wandern. Die Stadt selbst ist von Kanälen durchzogen und die Architektur hat mediterrane Züge. Der kleine Hafen ist Anlegeplatz der Chokka-Boote, die von hier zum Tintenfischfang auslaufen. Sehenswert ist auch der als Nationaldenkmal ausgewiesene Leuchtturm mit Muschelmuseum.
730 km östl. von Kapstadt

Port Elizabeth

⇢ S. 180, C 24

650 000 Einwohner

In Südafrika »Pi-i« (P.E.) genannt, ist diese Hafenstadt und ihr Umland das Zentrum der Automobilindustrie (Mercedes, VW, Opel, Toyota). Der Stadtgründer Sir Rufane Donkin hat seiner Frau Elizabeth, die jung starb, 1820 auf einer Steinpyramide im Stadtpark (Donkin Reserve) ein ewiges romantisches Zeugnis geschaffen: »Ein vollkommenes menschliches Wesen, das der Stadt ihren Namen gab.«

Port Elizabeth hat herrliche Strände. Wer nicht nur auf der Durchreise ist, sollte außer dem Museumskomplex an der Humewood Beach auch den Leuchtturm und den alten Stadtpark St. Georges besuchen.

770 km östl. von Kapstadt

Hotels/andere Unterkünfte
Marine Protea Hotel
Typisches Protea-Hotel, allerdings teilweise sehr geräumige Zimmer mit Seeblick. Am Strand gelegen.
Marine Drive; Tel. 0 41/5 83 21 01; www.proteahotels.co.za; 98 Zimmer ♿ ●●● AmEx EURO VISA

Holiday Inn Garden Court Kings Beach
Das komfortable und preiswerte Hotel liegt am Kings Strand, wo man fast ganzjährig baden kann. Mit Pool.
La Roche Drive; Tel. 0 41/5 82 37 20; 235 Zimmer ♿ ●● CREDIT

The Beach Hotel
Angenehmes Mittelklassehotel direkt am Strand. Super Blick aufs Meer und das Treiben am Strand von der Barveranda aus. Gutes Restaurant.
Marine Drive, Humewood; Tel. 0 41/5 83 21 61; 58 Zimmer ♿ ●● CREDIT

The Humewood
Etwas altmodisches Familienhotel, aber zuvorkommender Service (inkl. Transfer vom Flughafen) und komfortable Zimmer. Schönes Sonnendeck.
33 Beach Rd., Humewood; Tel. 0 41/5 85 89 61; 67 Zimmer ●● ♿ CREDIT

Sehenswertes
Santa Cruz
Machen Sie einen Bootsausflug zu dieser Insel, wo Pinguine beobachtet werden können.

Schlangenpark und Ozeanarium
Im Snake Park und im Tropical House leben Reptilien, Vögel und Fische. Im Ozeanarium finden täglich um 11 und 15 Uhr »Florida-Style-Shows« mit Delfinen und Seehunden statt.
Beach Rd., Humewood Strand; tgl. 9–13 und 14–17 Uhr

Museen
No 7 Castle Hill Museum
Im ehemaligen Pfarrhaus von 1827 gibt es Möbel aus der Pionierzeit und eine Puppensammlung.
7 Castle Hill; So, Mo 14–17, Di–Fr 10–17 und Sa 10–14 Uhr

Essen und Trinken
Blue Waters Café
Das Restaurant bietet nicht nur hervorragende internationale Küche, sondern auch einen traumhaften Blick über Shark Rock Pier, Hobie Beach und den weiten Indischen Ozean.
Marine Drive; Tel. 0 41/5 83 44 08; tgl. ab 8.30 Uhr ●●● CREDIT

Café Brazilia
Ein empfehlenswertes Restaurant für Freunde der mediterranen und vor allem portugiesischen Küche. Schönes Ambiente, nette Atmosphäre und guter Service.
Humerail Centre, Humewood; Tel. 0 41/5 85 14 82; Mo–Sa Lunch und Dinner ●●● CREDIT

Sabatino's Restaurant
Internationale Küche mit leckeren Seafood-Spezialitäten. Eine ausgezeichnete Weinauswahl, die man laut Aus-

Port Elizabeth – Addo Elephant National Park

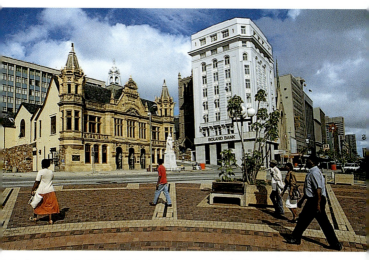

Das Zentrum von Port Elizabeth beherbergt interessante Architektur aus der Kolonialzeit.

sage des Restaurants bald drei Mal täglich bei Weinproben testen kann.
35 Westbourne Road; Tel. 0 41/3 73 17 07
●●● CREDIT

Service
Auskunft
Tourism Port Elizabeth
Donkin Reserve Lighthouse Building;
Tel. 0 41/5 85 25 75, Fax 0 41/5 82 25 73;
www.ibhayi.com; Mo–Fr 8–16.30, Sa/So 9.30–15.30 Uhr

Bay Tourism (Nelson Mandela Bay)
Ecke Brooks Hill Drive/Beach Rd.;
Tel. 0 41/5 85 88 84; Mo–Fr 8–16.30;
www.nmbt.co.za; Sa/So 9.30–15.30 Uhr

Addo Elephant National Park
⟶ S. 181, C 23

75 km nördlich von Port Elizabeth gelegen, bietet der Park eine sehr gute Alternative für jeden, der nicht in der Stadt übernachten will. 320 Elefanten, dazu Büffel, Spitzmaulnashörner und diverse Antilopen lohnen einen Besuch. Das wird in Zukunft noch viel mehr der Fall sein, denn seit 1990 arbeitet das Land daran, das Habitat für Dickhäuter zum Greater Addo National Park zu erweitern. Bis 2006 wird der Park mit 420 000 ha fast viermal so groß sein wie heute. Bis hinunter zum Indischen Ozean wird der »Addo« dann reichen und als einziger Naturpark die Big Six anbieten: Löwen, Leoparden, Elefanten, Büffel, Flusspferde – und Wale! Manche reden sogar von der »Big Seven Erfahrung«, da auch der Weiße Hai in den Gewässern des Indischen Ozeans zu Hause ist. Ein weiterer Trumpf: Die gesamte Region ist seit Jahrzehnten malariafrei. Mit den Rangern des Parks kann man Nachtfahrten unternehmen. Diese sind an der Rezeption des Parks zu buchen, wo man am besten auch nach der letzten Sichtung der Elefanten fragt. Übernachten kann man im Park in unterschiedlich großen Hütten (ab 500 Rand für 2 Personen) sowie in Zelten (ab 250 Rand für 2 Personen) oder auf dem Campingplatz.
840 km östl. von Kapstadt

Die Provinz Gauteng

Vom Reichtum der Erde wurde die Geschichte geprägt. Der Boden ist fruchtbar und voller Gold.

Das 1866 erbaute Melrose House, ein schönes Beispiel viktorianischer Architektur, ist mit historischen Möbeln ausgestattet. Es dient als Museum und als Veranstaltungsort für Konzerte.

Die Voortrekker zogen hierher, weil das Land riesige Weideflächen bot und fruchtbar war. Der erste Krieg zwischen Buren und Briten brach 1877 aus, weil man Diamanten, der zweite 1899, weil man Gold gefunden hatte. Der **Transvaal**, das Land jenseits des Vaal-Flusses, wurde Südafrikas Tor nach Norden – von hier aus führten Straßen und Gleise bis nach Zentralafrika.

Das Städtedreieck zwischen der Hauptstadt **Pretoria (Tshwane)**, der Goldmetropole **Johannesburg** und **Vereeniging** (Gauteng) ist die am dichtesten besiedelte, kleinste und reichste Provinz Südafrikas. Hier befindet sich das wichtigste Industriegebiet südlich von Europa: In und um Gauteng werden 40 Prozent der Elektrizität des Kontinents verbraucht, hier rauchen die Schornsteine, hier wird seit über 100 Jahren tonnenweise Gold gefördert.

Der frühere Transvaal, heute die Provinzen Gauteng, Mpumalanga und Limpopo, besteht aus einem 1 700 m hohen Plateau (Highveld), umgeben von Niederungen (Lowveld). Im Westen liegt **Sterkfontein**, die Wiege der Menschheit, im Osten ein Dutzend Wildreservate, allen voran der **Greater Limpopo Transfrontier Park** (Kruger Park) und die Panoramastraße, im Nordwesten die Ferienparadiese **Sun City** und **Lost City**, wo sich die Spiel- und Vergnügungssüchtigen so richtig austoben können.

Johannesburg → S. 170, B 4

3,9 Millionen Einwohner
Stadtplan → S. 89

Gold war die Hebamme von Johannesburg (übrigens die größte Stadt der Welt, die nicht an einem Wasserlauf liegt). Der Australier George Harrison fand 1886 das begehrte gelbe Metall und löste den längsten Goldrausch aller Zeiten aus. Binnen drei Jahren entstand eine Stadt, die der erste Landvermesser, Johan Rissik, ganz einfach nach sich selbst benannte; Schwarze nennen »Jo'burg« hingegen »Egoli« – Stadt des Goldes. Denn der Reichtum ist bereits im Anflug sichtbar: gelb leuchtende Goldhalden, Stadtautobahnen, schmucke Vororte mit Abertausenden von Schwimmbädern.

Die früher grassierende Kriminalität im Downtown-District (CBD) wird inzwischen entschlossener bekämpft und lässt allmählich nach, aber etwaige Warnungen sollte man unbedingt beherzigen. Kein Tag vergeht ohne Überfälle, Einbrüche und Autoentführungen. Generell gilt für Besucher: umsichtig und wachsam sein, dann wird wahrscheinlich auch nichts passieren. Im Stadtteil Hillbrow (»Little Kinshasa«), wo Drogenhandel und Prostitution florieren, gilt größte Vorsicht. Generell haben sich die besser gestellten Bevölkerungsschichten in den Norden nach Sandton abgesetzt – sogar die Börse.

Kulturell hat Johannesburg mehr zu bieten als jede andere Stadt in Afrika. Theater, Jazz, Nachtklubs und die Kunstszene erleben gerade in jüngerer Zeit einen ungeheuren Aufschwung. Seit der Aufhebung der Isolation kann man in Galerien und Flohmärkten Skulpturen aus dem Kongo, Kente-Tücher aus Ghana und Masken aus dem Senegal finden.

HOTELS/ANDERE UNTERKÜNFTE

Grace → S. 89, nördl. b 1
Da hier sowohl die Promis aus der Glitzerwelt als auch oft Top-Geschäftsleute wohnen, bemüht man sich in diesem stilvollen, mittelgroßen Hotel erfolgreich um individuellen Service. In der Umgebung findet man interessante Kunstgalerien und Curio-Märkte.
54 Bath Ave, Rosebank; Tel. 0 11/2 80 73 00, Fax 0 11/2 80 74 74; www.grace.co.za; 72 Zimmer
♿ ●●●● CREDIT

Sandton Sun & Towers
⇢ S. 89, nördl. b 1

Zwei Top-Hotels mit allem Komfort, im elegantesten Einkaufszentrum Johannesburgs gelegen.
Sandton Center, Rivonia Rd.; Tel. 0 11/ 7 80 50 00; www.southernsun.com; 530 Zimmer ♿ ●●●● CREDIT

Saxon Hotel
⇢ S. 89, nördl. b 1

Für manch anspruchsvollen Gast ist dieses Hotel schlicht die Nr. 1 im Land. Am Finanziellen soll es nicht scheitern, wenn es um das Wohl der erlauchten Gäste geht. (Zu ihnen gehörte auch Nelson Mandela, als er seine Autobiographie in Ruhe zu Ende schreiben wollte.) Daran orientieren sich auch die Zimmerpreise: Mit weniger als 4250 Rand kommt man nicht davon. Immerhin inklusive Frühstück.
36 Saxon Rd., Sandhurst, Sandton; Tel. 0 11/2 92 60 00, Fax 011/2 92 60 01; www.thesaxon.com; 24 Zimmer ♿ ●●●● CREDIT

Westcliff
⇢ S. 89, nördl. b 1

Die große alte Dame der Luxushotels in Jo'burg besticht mit der Aussicht auf den unterhalb gelegenen Zoo: An der Bar kann man einen leckeren Cocktail schlürfen und dabei die Elefantenfütterung beobachten. Auf der riesigen Anlage findet man drei Pools und ein Wellness-Spa.
67 Jan Smuts Ave., Westcliff; Tel. 0 11/ 6 46 24 00, Fax. 0 11/6 46 35 00; www.westcliff.co.za; 120 Zimmer ♿ ●●●● CREDIT

A Room With A View & A Hundred Angels
⇢ S. 89, westl. a 2

Am Hang von Melville, hoch über der Stadt gelegen, genießt man von hier aus ein fantastisches Panorama. Alle Zimmer des Gästehauses sind individuell eingerichtet, manche mit Balkon oder offenem Kamin. Schöner Pool und gutes Frühstück.
1 Tolip St./Ecke 4th Av., Mellville; Tel. 0 11/4 82 54 35; www.aroomwithaview. co.za; 12 Zimmer ●●● ✉

De Kuilen Country House
⇢ S. 89, nördl. b 1

Hier wohnt man ganz im viktorianischen Stil in einer der reichsten Gegenden von Johannesburg. Die Zimmer sind luxuriös und romantisch eingerichtet. Frühstücken kann man am Pool im schönen, großen Garten.
30 Glenluce Drive, Douglasdale, Sandton; Tel. 0 11/4 62 68 19; www. dekuilen.co.za; 5 Cottages ●●● CREDIT

Holiday Inn Hotel and Suites
⇢ S. 89, nördl. b 1

Nur fünf Minuten von Sandton City (→ S. 92) entfernt, findet man in diesem eleganten Hotel (früher das »Cullinan«) bequemen Komfort.
115 Katherine St., Sandton; Tel. 0 11/ 8 84 85 44; www.holiday-inn.com; 120 Zimmer ♿ ●●● CREDIT

City Lodge Sandton (2)
⇢ S. 89, nördl. b 1

Beide Hotels sind in der Nähe des Sandton Centre.
In der Katherine St. (Tel. 0 11/4 44 53 00), bzw. in der Rivonia Rd. (Tel. 0 11/8 84 9 5 00); je 157 Zimmer, alle mit Bad, Telefon und TV ♿ ●● (Fr, Sa, So verbilligt) CREDIT

SPAZIERGANG

Die Erkundungstour durch die Innenstadt von Johannesburg sollte zur Sicherheit besser eine organisierte Spazierfahrt sein. Am besten fragt man im Hotel nach einem guten Stadtführer, von dem man direkt im Hotel abgeholt wird. Ausgangspunkt der Tour ist meist das **Carlton Centre** mit zahlreichen Geschäften, Cafés und dem Tourist Office. Von der 50. Etage, Top of Africa, kann man sich einen ersten Überblick über die Innenstadt verschaffen. Südwestlich, am Gandhi Square (früher Van Der Bijl Square), befindet sich der Bus Terminal. Er zeigt die Bemühungen der Stadt, düstere Gegenden sicher und modern umzugestalten. Für Kunstinteressierte befindet sich vier Straßen weiter

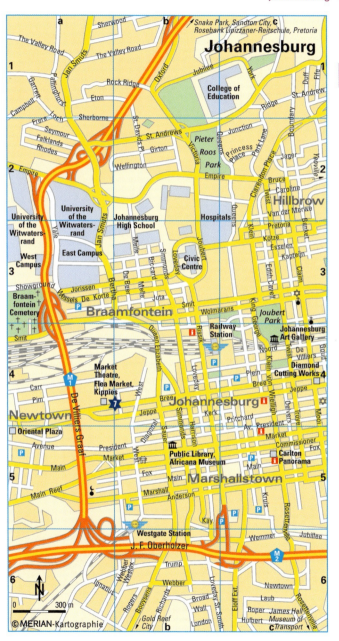

Die Provinz Gauteng

In Gold Reef City bei Johannesburg wird die legendäre Goldgräberzeit wieder lebendig.

südlich die Standard Bank Art Gallery mit wechselnden Ausstellungen über zeitgenössische Kunst in Südafrika (Simmonds/Ecke Frederick Street; Mo–Fr 8–16, Sa 9–13 Uhr). Direkt gegenüber kann man eine bizarre Begegnung mit der Minen-Geschichte Johannesburgs machen. Von der modernen Haupthalle der Standard Bank geht es mit dem Aufzug in die karge, unterirdische Welt eines alten Bergwerkstollens. Ferreira's Stope wurde 1986 entdeckt und zeigt, wenn auch etwas spartanisch, alte Fotos der Mine und des früheren Johannesburgs. Auf dem Weg Richtung Norden kommt man am früheren Postoffice und dem Parlamentsgebäude Gauteng Legislature (Harrison Street) vorbei. Vorbei an der Bibliothek mit dem Africana Museum geht es in östliche Richtung weiter zum Gebäude der ehemaligen Johannesburg Stock Exchange in der Diagonal Street. Hier kommt man vorbei an Straßenhändlern, kann durch interessante Geschäfte bummeln und allerlei Gebrechen mit traditioneller Medizin (»umuthi«) bekämpfen. Der bekannteste Laden dieser Art ist der **Muti Shop,** in dem eine große Auswahl an Pulvern und Tinkturen aus Tierhäuten, Knochen und Wurzeln hergestellt werden. Ein weiterer Höhepunkt und gleichzeitig der Abschluss der empfohlenen Tour ist das **Market Theatre** in der Jeppe Street (Merian-Tipp 7). Der Gebäudekomplex wurde 1913 gebaut und als Obst- und Gemüsemarkt genutzt. Heute beherbergt er einige Museen, Theaterbühnen, Restaurants und Jazzbars. Hier ist ein als relativ sicher geltender Ort für einen Spaziergang.

Sehenswertes
Carlton Centre »Top of Africa«
⇢ S. 89, C 5

Aus 200 m Höhe übersieht man von der Aussichtsplattform des Carlton Center die ganze Stadt.
Ecke Main/Kruis St.; tgl. 8–23.30 Uhr

Diamond Cutting Works
⇢ S. 89, C 4

Hier wird die Geschichte des Diamantenrausches dargestellt, außerdem

gibt es Vorführungen, wie die Edelsteine geschliffen werden.
Ecke Bree/Mooi St.; Mo–Sa 9–17 Uhr

Gold Reef City 👫
⤳ S. 89, südl. b 6

Halb Disneyland, halb historisch – auf dem Gelände der Crown Mines wurde eine viktorianische Goldgräberstadt nachgebaut: Achterbahnen, ein altes Goldgräberdorf, Tanzaufführungen und ein Casino. In der alten Mine kann man die Erzförderung besichtigen – bis zum Guss eines Goldbarrens.
15 km südwestlich der Stadtmitte an der Stadtautobahn M1; Tel. 0 11/4 96 16 00; Di–So 8.30–17 Uhr

Johannesburg Art Gallery
⤳ S. 89, c 4

Alt- und neuzeitliche Exponate südafrikanischer Künstler.
Klein St., Joubert Park; Tel. 0 11/7 25 31 30; Di–So 10–17 Uhr

South African Lipizzaners
⤳ S. 93, b 3

Das Lipizzaner-Gestüt nördlich von Johannesburg wurde 1965 gegründet und ist heute die einzige anerkannte Spanische Reitschule auf der Welt außerhalb von Wien. Jeden Sonntag von 10.30 bis 11.30 Uhr Vorführungen.
Stadtautobahn M1 (Ben Schoeman Highway) nach Pretoria, Abfahrt Alan Dale Rd., Landstraße R561 westlich bis zum Kyalami-Autorennkurs, Schildern »SA Lipizzaners« folgen; www.lipizzaners.co.za; Eintritt: Erwachsene 70 Rand, Kinder 40 Rand; Tickets bei Computicket, Tel. 0 11/7 02 21 03

MUSEEN

Adler Museum of Medicine (Institute for Medical Research)
⤳ S. 89, a 3

Hier werden 100 Jahre südafrikanische Medizin erläutert. Eine Zahnarztpraxis und eine Apotheke sind originalgetreu nachgestellt worden.
7 York Rd., Parktown; Tel. 0 11/7 17 20 81; Mo–Fr 9.30–16 Uhr; Eintritt frei

Apartheid Museum
⤳ S. 89, südl. b 6

Erst Ende 2001 eröffnet, füllt dieses beklemmende Museum eine klaffende Lücke: Der Alltag der Rassentrennung wird hier wieder lebendig. Das fängt schon eindrucksvoll beim Eingang an: Besucher werden in »blankes« und »nie-blankes« separiert und bekommen Billets, die ihre rassische Zuordnung festhalten.
15 km südwestlich der Stadtmitte an der Stadtautobahn M1, neben Gold Reef City; Tel. 0 11/4 96 18 22; www.apartheidmuseum.org; Di–So 10–17 Uhr; Eintritt 25 Rand, Kinder 12 Rand

Museum Africa (Market Theatre)
⤳ S. 89, b 4

Unter den vier Dauerausstellungen befindet sich die sehenswerte Johannesburg Transformations, die die Geschichte der Stadt von den Anfangszeiten des Goldrausches bis hin zur Wahl von 1994 zeigt. Man wandert zwischen nachgebauten Hütten umher und hört ausgewählte Stücke von bekannten Musikern im Hintergrund.
121 Bree St.; Tel. 0 11/8 33 56 24; Di–So 9–17 Uhr; Eintritt 7 Rand, Kinder 2 Rand

ESSEN UND TRINKEN

Linger Longer
⤳ S. 89, nördl. b 1

Viele nehmen den Namen dieses eleganten französischen Restaurants wörtlich: Sie »verweilen länger«. Der Erfindungsgeist von Chefkoch Walter Ulz ist legendär. Unbedingt reservieren!
58 Wierda St.; Tel.; 0 11/8 84 04 65; Mo–Fr 12.30–15, Mo–Sa 19–22 Uhr, So geschl. ●●●● CREDIT

Vilamoura
⤳ S. 89, nördl. b 1

Dieses Restaurant ist über die Grenzen von Jo'burg für seine frischen und lecker zubereiteten Fische und Meeresfrüchte-Spezialitäten bekannt. Es gibt auch »Tochterrestaurants« in Kapstadt und Tshwane (Pretoria).
Ecke William Nicole Hwy./Republic Rd., Hurlingham; Tel. 0 11/7 87 12 23; Mo–Fr 12.30–23, Sa 18.30–23 Uhr ●●●● CREDIT

Karma ⤑ S. 89, nördl. b 1
In Südafrika empfiehlt es sich, auch asiatisch, vor allem indisch essen zu gehen. Die Preise sind oft günstiger als in den Game Restaurants und die Gerichte sehr schmackhaft. Das gilt auch für das Karma mit seiner freundlichen Atmosphäre.
Ecke Barry Hertzog/Gleneagles Rd., Greenside; Tel. 0 11/6 46 85 55; tgl. 12–15 und 18 Uhr bis open end ●●● CREDIT

Le Canard ⤑ S. 89, nördl. b 1
Spitzenlokal, das nahezu jedes Jahr Preise einheimst. Die flambierten Lamm-Medaillons und das Steak tartare sind sehr gut.
163 Rivonia Rd., Morningside; Tel. 0 11/8 84 45 97; www.lecanard.co.za; Mo–Fr 12–15.30 und Mo–Sa 19–22.30 Uhr
●●● CREDIT

Leipoldt's ⤑ S. 89, nördl. b 1
Ein Evergreen für Freunde exzellenter kapholländischer Küche, benannt nach dem Essenskritiker Leipoldt.
Rivonia Rd., Morningside; Tel. 0 11/8 04 70 55; Mo–Fr Lunch, Mo–Sa Lunch und Dinner, So geschl. ●●● CREDIT

Moyo ⤑ S. 89, nördl. b 1
Marokkanisches Lamm, ostafrikanischer Fischcurry, südafrikanischer Ochsenschwanz, nigerianische Gemüsesuppe: Aber keine Sorge, hier wird europäische Kochtechnik mit afrikanischen Zutaten originell verbunden. Gute Weinkarte!
5 Melrose Square, Melrose Arch; Tel. 0 11/6 84 14 77; www.moyo.co.za; tgl. ab 12 Uhr; außerdem Moyo at Market Theatre und Moyo at Zoo Lake
●●● AmEx MASTER VISA

Radium Beer Hall ⤑ S. 89, östl. c 1
Sehr gute mosambikanische Küche. Die Garnelen und Calamari können die Mosambikaner übrigens besonders gut zubereiten. Guter Jazz und Blues.
282 Louis Botha Av., Orange Grove; Tel. 0 11/7 28 38 66; www.theradium.co.za; tgl. 10–1 Uhr ●● ▱

EINKAUFEN

Flohmarkt ⤑ S. 89, a 4
Auf dem Parkplatz gegenüber dem Market Theatre findet Südafrikas größter Flohmarkt statt.
Jeppe St.; Sa 9–16 Uhr

Muti Shop ⤑ S. 89, c 4
Haben Sie ein Zipperlein, das kein Arzt kurieren kann? Vielleicht kann's der Medizinmann.
14 Diagonal St.

Sandton City ⤑ S. 89, nördl. b 1
Von den vielen Einkaufszentren in Johannesburg (z. B. **Rosebank Mall, Hyde Park Corner, The Firs**) ist dieses das größte und beste.
Rivonia Rd., Sandton; auf der Stadtautobahn M1 etwa 15 km nach Norden

AM ABEND
Als größte Stadt südlich der Sahara kann Johannesburg mit dem wohl besten Unterhaltungsangebot und Nachtleben des Landes aufwarten. Durch den internationalen Austausch hat sich ein sehr lebendiges und abwechslungsreiches Angebot auf hohem Niveau entwickelt. Allein zum Abendessen kann man hervorragende und sehr authentische Küche aus aller Herren Länder genießen. Probieren sollte man allerdings unbedingt die traditionelle kapmalaiische Küche, die Spezialitäten aus dem Meer

MERIAN-Tipp
7 Market Theatre

Dieser Theaterkomplex in der kulturellen Metropole Johannesburg hat fünf Bühnen, auf denen oft das neueste und dynamischste Theater Südafrikas geboten wird. Hier wurde das weltbekannte Musical »Sarafina« uraufgeführt.

56 Wolhuter St./Ecke Bree St.; Tel. 0 11/8 32 16 41; www.markettheatre.co.za
⤑ S. 89, a 4

Johannesburg

sowie das Angebot an afrikanischem Wildfleisch in den Game Restaurants. Auf den Bühnen der Theater und Bars spielt nicht nur die einheimische Szene, auch namhafte Künstler aus der ganzen Welt geben Gastvorstellungen. Vor allem Liebhaber der Jazzmusik kommen auf ihre Kosten. Zu empfehlen ist das Bassline und The Blues Room, das außer Jazz auch Blues und Rock im Programm hat. Einer der angesagtesten Stadtteile, um durch die Bars und Clubs zu ziehen, ist derzeit Newtown. Vor allem in den Einkaufszentren haben sich die modernen Multiplexkinos angesiedelt. Es gibt aber auch noch einige kleinere, die neben Mainstream künstlerisch anspruchsvolle Werke zeigen. Zu den Höhepunkten der Unterhaltung gehören die Festivals der Kunstszene. Beim Arts Alive Festival werden drei Wochen lang im September Tanz, Kabarett, Theater und Livemusik auf den Bühnen der Stadt und zum Teil auch in den Townships gezeigt. Afrikas größtes Tanz- und Choreographiefestival »FNB Vita Dance Umbrella« im Februar erfreut sich sogar der Superstars der internationaler Tanzszene und beim Joy of Jazz Festival feiern die Südafrikaner an einem Wochenende im August/September ihre Jazzstars. Für alle Unterhaltungssparten gilt die Empfehlung, sich an den Programmen in den Tages- oder Veranstaltungszeitungen wie *Mail & Guardian* (www.mg.co.za) zu orientieren, um über das aktuelle Programm in der Stadt genau informiert zu sein.

Bassline ....> S. 89, b 4
Fantastische Livemusik-Bar im Newtown Cultural Precinct, Jo'burgs In-Treffpunkt. Auf zwei Bühnen spielen einige der besten Musiker des African Jazz.
Newtown Music Hall, Newtown Cultural Precinct; Tel. 0 11/ 8 38 91 45;
www.basslinejazzclub.co.za

Ganz schön imposant, aber ausgesprochen friedlich sind die bis zu 5,80 Meter großen Giraffen. Sie sind reine Pflanzenfresser.

Cool Runnings Café
⇢ S. 89, westl. a 2
Sehr populäre Jamaica-Bar, wo man selbst trommeln, Komödianten zuhören und gleichzeitig lecker essen kann – und Rum trinken natürlich.
27th Ave., Melville; Tel. 0 11/4 82 47 86; tgl. ab 12 Uhr

Pound and Penny
⇢ S. 89, nördl. b 1
Gemütliche englische Bar in Parktown, im Hotel Sunnyside Park.
2 York St.; Tel. 0 11/6 43 72 26; Mo–Sa 11–22 Uhr

Rockey Street ⇢ S. 89, östl. c 2
Diese Straße im Stadtteil Yeoville ist seit langem bei Nachtschwärmern populär. Restaurants (z. B. **House of Tandoor, Elaine's Curry Bistro**), Pubs und Bars.

Sublime ⇢ S. 89, nördl. b 1
Schicke Disco mit besser angezogenen Gästen und Top-DJs, die Tech-House und HipHop spielen.
130 11th St., Parkmore; Tel. 0 11/8 84 16 49

The Blues Room ⇢ S. 89, nördl. b 1
Empfehlenswerte Bar für Liebhaber der Livemusik. Hat vor allem Jazz und Blues, aber auch Rock im Programm. Das sonntägliche Programm wird live über den Radiosender Khaya ausgestrahlt.
Village Walk Mall, Maude St., Sandton; Tel. 0 11/7 84 55 27; www.bluesroom.co.za; Di–Sa ab 19 Uhr

The Songwriters Club ⇢ S. 89, a 4
Der angesagte Club hat von Mittwoch bis Samstag seine Türen für Tanzfreunde geöffnet. Ab und an gibt es Shows und Tanzwettbewerbe und Livemusik.
Old Mills Building, Ecke Carr/Quinn St., Newtown; Tel. 0 11/8 33 13 17; www.thesongwritersclub.co.za; Mi–Sa ab 17 Uhr

Theater
Windybrow Theatre ⇢ S. 89, c 3
Auf der experimentellen Bühne kann man die innovative Künstler-Szene Johannesburgs bewundern. Mit staatlicher Förderung bekommen meist schwarze, junge Nachwuchstalente eine Chance, ihr Können unter Beweis zu stellen.
161 Pietersen St./Ecke Nugget, Hillbrow; Tel. 0 11/7 20 00 03/4; www.windybrowarts.co.za

Service
Auskunft
Gauteng Tourism
356 Rosebank Craft Market; Tel. 0 11/3 90 36 14; www.gauteng.net; tgl. 9–18 Uhr

Ziele in der Umgebung

Heia Safari Ranch 🛉
---> S. 93, b 2

120 ha Afrika und Wild (Nashörner, Büffel, Giraffen, Zebras, Antilopen) – nur eine Dreiviertelstunde außerhalb von Johannesburg/Pretoria. Zur Heia Safari Ranch mit 45 reetgedeckten, komfortablen Bungalows gehört auch ein echtes Zulu-Dorf, Besichtigung und Tänze nach Absprache. Beobachten Sie Zebras, die Wasser aus dem Pool trinken, während Sie frühstücken oder sich einen Drink genehmigen. Sonntags findet ein typischer »braai« mit viel Grillfleisch statt, anschließend werden die Mzumba Tribal Dances aufgeführt. Für eine Pirschfahrt im offenen Geländewagen ist eine Buchung erforderlich.
Fahren Sie in Richtung Norden, immer auf den Beyers Naude Drive in Richtung Honeydew, dann über die Kruegersdorp/Pretoria Autobahn; Tel. 0 11/ 9 19 50 00, www.heia-safari.co.za
60 km nordwestl. von Johannesburg

Lion Park 🛉
---> S. 93, b 3

In diesem Privatpark, 25 Min. vom Geschäftsviertel Sandton entfernt, leben 80 Löwen, ferner Geparden, Leoparden, Hyänen und zahme Giraffen. Besucher fahren im eigenen Auto durch das Gehege. Übernachten kann man nicht, aber Restaurant, Souvenirladen und Picknickplätze sind vorhanden.
William Nicol Highway bis zum Four Ways Mall Shopping Center, links in die Witkoppen Road, rechts in die Cedar Road, an der T-Kreuzung links, nach 2,5 km links an der Old-Pretoria-Kruegersdorp Road in Nietgedacht; www.lionpark.com; tgl. 8.30–17 Uhr; Tel. 0 11/ 4 60 18 1; Eintritt 65 Rand, Kinder 45 Rand
45 km nordwestl. von Johannesburg

Minenbesichtigungen
---> S. 89, b 5

Mit der Bergwerkskammer kann man von Januar bis November Touren zu Bergwerken unternehmen. Im Gegensatz zu den Minen in Gold Reef City wird hier noch aktiv abgebaut, wodurch man sich ein realistisches Bild machen kann. Außerdem ermöglicht die Bergwerkskammer »echte« Minentänzer zu erleben (1., 2. u. 4. So im Monat). Seit jeher versuchen die Minenarbeiter ihre Kultur in organisierten Tanzgruppen zu pflegen. Die Arbeit in den Minen ist hart und die Unterkünfte in den Hostels zum Teil unerträglich. Die Männer aus über 50 verschiedenen Stämmen holen sich mit den traditionellen Tänzen und Ritualen ein wenig Lebensfreude in ihren Alltag.
Chamber of Mines, 5 Hollard St.; Tel. 0 11/4 98 71 00
50 km Umkreis von Johannesburg

Randburg Waterfront
---> S. 170, B 4

Die Waterfront von Johannesburg liegt an einem künstlich aufgestauten See, etwa 30 km vom Central Business District. Wie das Kapstädter Vorbild ist die Waterfront mit ihren Restaurants, Geschäften, Kinos und Theatern für pures Freizeitvergnügen errichtet worden. Auf dem Kunsthandwerksmarkt finden Sie bestimmt ein Urlaubsandenken.
Randburg; Flohmarkt Di–Fr 10–17, Sa u. So 10–18 Uhr
30 km nordwestl. von Johannesburg

Soweto
---> S. 170, B 4

Der Name Soweto (South Western Townships) wurde am 16. Juni 1976 weltweit bekannt, als schwarze Schüler gegen die Apartheid-Erziehung demonstrierten und hunderte im Kugelhagel der Polizei starben. Ein Gedenkplatz für den 14-jährigen Jungen Hector Pieterson, dessen Bild um die Welt ging, und zahlreiche Zeitungsausschnitte in Containern der Townships erinnern noch heute an das Massaker. Wer sein Bild von Südafrika abrunden möchte, sollte unbedingt an einer geführten Tour teilnehmen. Vor allem hier gilt, bitte nicht auf eigene Faust losziehen! Soweto gilt zwar als die reichste Township Südafrikas, aber es hat auch die weltweit höchste Verbrechensrate im Hinblick auf Mord und Vergewaltigung zu verzeichnen und die Armut ist noch immer erdrückend. Auf 150 qkm leben derzeit zwischen 2 und 3 Millionen Menschen aus allen Stämmen Südafrikas. Auf der Tour fährt man mitten durch das Leben im Township: vorbei an Märkten mit zahlreichen Straßenhändlern, spielenden Kindern, »Straßenküchen«, an denen die Frauen traditionelle Gerichte und Gegrilltes anbieten, Geschäften und Friseurläden in Containern und vielen Menschen, die, ihre Waren tragend, die Straßen entlangwandern.

Für einen intensiveren Blick in die »Wohnverhältnisse« wird man durch eines der typischen Häuschen mit einer Durchschnittsgröße von 56 qm geführt. Obwohl es von ihnen schon 120 000 im Township gibt, hat, durch den permanenten Zuwachs an Arbeitssuchenden im Land des Goldes, die Anzahl für die Wohnungsanwärter noch nie ausgereicht. Noch immer stehen 30 000 Familien auf der Warteliste. Viele der Minenarbeiter, die ihre Familien in der Heimat zurücklassen mussten, leben unter unmenschlichen Bedingungen in Hostels (Wohnheimen), deren Enge Konflikte heraufbeschwört. Ein Resultat ist das Massaker von Boipatong am 17. Juni 1992. Einige der glücklichen Hausbesitzer vermieten Wellblechhütten in ihren Gärten, wodurch sie sich zwar ein paar Rand dazuverdienen können, die Verslumung der Wohngebiete jedoch gefördert wird. Innerhalb Sowetos gibt es so gut wie keine Arbeitsplätze und die Arbeitslosigkeit liegt bei ca. 45 %. Dennoch lassen sich einige sehr erfolgreiche Projekte auf dem Sozial- und Bildungssektor verzeichnen. Das bekannteste ist das 1941 erbaute Krankenhaus, in dem 500 Ärzte rund um die Uhr arbeiten. Mit etwa 3 000 Betten ist das Chris Hani Baragwanath Hospital das größte Krankenhaus der Welt und in jeder angebotenen Tour ein interessanter Stopp.

Durch staatliche Förderung gibt es in Soweto 80 Kindergärten und 90 % der schulpflichtigen Kinder besuchen die Schule. Vor allem in den neuen Wohngebieten haben sich die Wohlhabenden der Township-Bewohner angesiedelt. Sie haben sich ihre stark abgesicherten, schönen Besitztümer vor allem mit Immobilien und dem Taxi-Business erworben. In der Vilakazi Street lebten Nelson Mandela und Desmond Tutu und damit gleich zwei Nobelpreisträger. Noch heute wohnt hier Mandelas geschiedene Frau Winnie in ihrem gesicherten Anwesen. Mandela selbst besitzt in Orlando West ein Haus. Nach wiederholten Überfällen zog er es jedoch vor, im sichereren Sandton zu wohnen. Sein früheres Haus, das er mit seiner ersten Frau Evelyn teilte, beherbergt heute ein Museum. Die größte Nähe zur Bevölkerung kann man bei einem Besuch einer Shebeen (einst illegale Township-Kneipe) erreichen. Die Reiseführer folgen ähnlichen Routen und Touristen sind hier gern gesehene Gäste, mit denen man bei einem Bier schon mal einen interessanten Plausch über das persönliche Leben im Township beginnt.

**Die beiden bekanntesten Tourenanbieter sind Jimmy's Face to Face Tours Tel. 0 11/3 31 61 09; www.face2face.co.za und Imbizo Cultural Tours Tel. 0 11/8 38 26 67; www.imbizo.co.za; Imbizo bietet auch abendliche Touren durch die Shebeens (Township-Kneipen) an.
25 km südl. von Johannesburg**

Soweto – Tshwane (Pretoria) 97

Blühende Jakaranda-Bäume sind im September und Oktober das Wahrzeichen Tshwanes. Sie tauchen die gesamte Stadt in ein lila leuchtendes Licht.

Sterkfontein Cradle of Humankind
⇢ S. 93, b 3

In diesen Kalksteinhöhlen wurde 1936 der Schädel von »Frau Ples« entdeckt, **6** ein weiblicher *plesianthropus*, der vor einer Million Jahren hier lebte. Seitdem wurden hunderte Hominiden-Fossilien geborgen: Sterkfontein gilt als Wiege der Menschheit und wurde von der UNESCO zum Weltkulturerbe erklärt. In jüngerer Zeit wurde der vielleicht bedeutendste Fund freigelegt: das erste komplett erhaltene Skelett eines mindestens 3 Millionen Jahre alten Affenmenschen, das 1998 zufällig gefunden wurde.
R24 oder R47; Tel. 0 11/6 68 32 00; www.palaeotours.com; Mo–Fr 9–15, Sa und So 9–16 Uhr; ständig Führungen; Eintritt 35 Rand, Kinder 20 Rand
40 km westlich von Johannesburg

Transvaal Snake Park
⇢ S. 93, b 3

Reptilienpark mit Hunderten von Schlangen, dazu Krokodile und Affen. Um 11 und 15 Uhr finden Vorführungen mit riesigen Pythonschlangen statt.
Stadtautobahn M1 (Ben Schoeman Highway) Richtung Tshwane (Pretoria), dann auf die R561 Richtung Halfway House; Tel. 0 11/8053116; tgl. 9–16.30 Uhr; Eintritt 15 Rand
25 km südl. von Johannesburg

Tshwane (Pretoria)
⇢ S. 170, B 3

1 Mio. Einwohner
Stadtplan: → S. 99

Ursprünglich benannt nach den Burenpionieren Andries und Wessel Pretorius, ist der Regierungssitz besser als sein alter Ruf einer grauen, langweiligen Stadt. Es gibt viele Parks und Seen, und im September/Oktober tauchen die Blüten von über 50 000 **Jakaranda-Bäumen** die Straßen in ein blasslila Licht. Tshwane zeigt internationales Flair, seitdem Südafrikas Isolation endete; in der Diplomatenstadt findet man heute ein Dutzend erstklassiger Hotels, Restaurants und Nightclubs.
Über zehn Jahre nach der Apartheid wird das Stadtbild jedoch noch immer

von der Burengeschichte beherrscht: Straßen, Denkmäler, Friedhöfe und Gebäude erinnern an frühere Staatsoberhäupter und Helden des Widerstandskampfes gegen die Briten. Nur der schwarzgläserne Wolkenkratzer der Notenbank fällt aus dem Rahmen.

Vor den Toren der Hauptstadt prunkt das Voortrekker-Monument, ein viereckiger, urgermanisch anmutender Granitbau, der an den großen Treck von 1835 erinnert. Schräg gegenüber liegt die University of South Africa (Unisa) mit 105 000 Studenten, die größte Fernuniversität der Welt.

Hotels/andere Unterkünfte

Illyria House ···> S. 99, östl. c 3
Eines der schönsten und teuersten Gästehäuser. Dafür stimmt wirklich alles: ausgesprochen netter Service, Kolonialstil-Ambiente, Wellnessbehandlungen im Garten und exzellentes Dinner bei Kerzenschein.
327 Bourke St., Muckleneuk; Tel. 0 12/34 451 93; www.illyria.co.za; 6 Zimmer ●●●● CREDIT

Burgerspark Hotel ···> S. 99, b 2
In diesem Vier-Sterne-Hotel steigen oft auch afrikanische Regierungsgäste und Diplomaten ab. Das Restaurant **Garden Grill** ist ordentlich.
Ecke Van der Walt/Minnaar St.; Tel. 0 12/3 22 75 00; 240 Zimmer ♿ ●●● CREDIT

Centurion Lake Hotel ···> S. 99, b 2
Dieses schöne Hotel liegt 10 km südlich von Pretoria, im Zentrum der Kleinstadt Centurion, an einem kleinen See. Pool, Restaurant und Bar.
1001 Lenthen Ave. North; Tel. 0 12/6 63 18 25; www.centurionlakehotel.co.za; 160 Zimmer ♿ Mo–Fr ●●● Sa/So ●● CREDIT

Isiphiwo Guest House ···> S. 93, c 2
Nach einer Sightseeing Tour in der Stadt können Sie hier in wunderschöner, ruhiger Buschlandschaft entspannen. Das Gästehaus ist im afrikanischen Stil eingerichtet, hat einen schönen Pool und bietet Abendessen unter dem afrikanischen Sternenhimmel.
Nähe Roodeplaat Dam, N1 nördlich bis Zambesi, rechts nach Derdepoort, 5. Straße rechts und den Schildern folgen; Tel. 0 12/8 08 23 28; www.isiphiwo.co.za; 11 Zimmer ●●● MASTER VISA

Court Classique Hotel ···> S. 99, c 2
In einem der besten Stadtteile bietet dieses attraktive Gartenhotel geräumige Zimmer. Im Restaurant **Bistango** bekommt man mediterrane Gerichte.
Ecke Schoeman/Beckett St., Arcadia; Tel. 0 12/3 44 44 20; 58 Zimmer ♿ ●● CREDIT

La Maison ···> S. 99, östl. c 1
Schönes Gästehaus im Botschaftsviertel, nahe den Regierungsgebäuden. Geräumige Zimmer mit Balkonen, Schwimmbad. Gutes Preis-Leistungs-Verhältnis, zumal ein großes Frühstück inbegriffen ist.
235 Hilda St., Hatfield; Tel. 0 12/4 30 43 41; 5 Zimmer ●● CREDIT

Spaziergang

Die Innenstadt Tshwanes ist architektonisch sehr interessant und kann sicher zu Fuß erkundet werden. Am besten beginnt man im Herzen der Stadt, auf dem geschichtsträchtigen Church Square. Vor einem Jahrhundert trafen sich auf diesem Platz die burischen Farmer, um in die kleine, schlichte Kirche zu gehen, und die Händler, um ihre Waren anzubieten. Im Laufe der Jahre wurden hier zahlreiche Flaggen zum Regierungswechsel eingeholt und gehisst sowie politische Persönlichkeiten von den Buren oder den Briten gefeiert und betrauert. Die über dem Platz thronende Statue von Paul Kruger erinnert an die bewegende Geschichte. Von dem Buren Anton van Wouw schon 1899 gefertigt, wurde sie aufgrund des Burenkrieges erst 14 Jahre später im Prince's Park aufgestellt. Erst 1954 wurde sie auf den für sie vorgesehenen Sockel auf dem Church Square umgesiedelt. Für die schwarze Bevölkerung ist die Statue wohl eher ein trauriges Relikt aus einer unglücklichen Zeit. Heute lädt der Platz mit seiner eindrucksvollen Architektur, seinen grünen Rasenflächen und netten Cafés zum entspannenden Verweilen ein. Im Café Riche gibt es nicht nur Kaffee, sondern auch ein kleines Buch über die Architektur des Platzes. Eindrucksvoll sind an der südwestlichen Ecke des Platzes der Raadsaal (Ratssaal/Parlament), dessen Grundstein 1889 Präsident Kruger legte, und der Justizpalast an der nordwestlichen Seite. Letzterer diente im 2. Burenkrieg als Krankenhaus, bevor 1902 der Oberste Gerichtshof einzog. Innerhalb seiner Mauern wurde 1963/1964 im Rivonia-Prozess die lebenslange Haftstrafe gegen Nelson Mandela sowie weitere Führer des ANC ausgesprochen. Ein weiteres interessantes Gebäude am Platz ist die im klassizistischen Stil errichtete Standard Bank. Folgt man dann der Church Street in westlicher Richtung, kommt man zum 1884 erbauten **Kruger House**. Der englische Architekt Charles Clark nutzte zum Bau des Hauses ungewöhnlicherweise Milch anstatt Wasser, die den Zement angeblich besser binden sollte. Das Haus beherbergt heute ein Museum, in dem man persönliche Gegenstände des ehemaligen Präsidenten, wie seine Pfeife, seine Sammlung an Messing-Spucknäpfen sowie seine Staatskarosse betrachten kann. Im Hof steht Krugers privater Eisenbahnwaggon zur öffentlichen Besichtigung. Eine Straße weiter nördlich, in der Vermeulen Street, steht die Groot Kerk, deren Kirchturm zu den schönsten Südafrikas zählt. Zwei Straßen südlich der

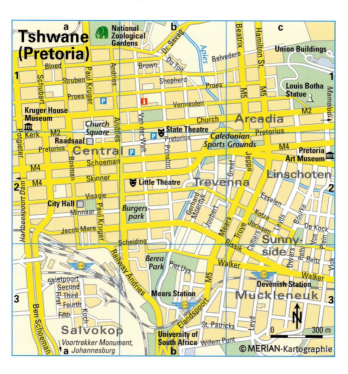

Kirche befindet sich das Police Museum (Pretorius Street), in dem man auf etwas makabere Weise Rekonstruktionen berühmter Mordfälle des Landes betrachten kann. Folgt man dann der Paul Kruger Street bis zur Visagie Street Richtung Süden, erreicht man das Transvaal Museum mit Ausstellungen zur Naturkunde des Landes. Interessant ist die sehr umfangreiche Sammlung südafrikanischer Vögel und der von 1947 stammende Fund des Schädels eines Australopithecus Africanus, eines vor 2,5 Millionen Jahren lebenden Bewohners dieser Erde.

Bevor man zur nächsten Gebäudebesichtigung übergeht, kann man unterwegs im friedlichen Burgers Park mit seinem schönen botanischen Garten etwas entspannen. An seinem südlichem Ausgang liegt das sehenswerte **Melrose House** in der Jacob Maré Street, die letzte Station auf dem Spaziergang. In 1884 für einen reichen Geschäftsmann erbaut, gehört es heute nicht nur zu den schönsten Beispielen für viktorianische Architektur, sondern ist auch Zeuge eines freudigen Ereignisses der südafrikanischen Geschichte. 1902 wurde hier von Buren und Briten der Friedensvertrag von Vereeniging unterzeichnet, der dem Burenkrieg ein Ende bereitete. Im Inneren sind einige Originalgegenstände der damaligen Bewohner und ein Laden für afrikanisches Kunsthandwerk zu sehen. Den schönen Garten kann man bei Kaffee und Kuchen sowie kleinen Gerichten genießen.

Sehenswertes

Melrose House ⟶ S. 99, b 2
Eines der schönsten und prachtvollsten Beispiele für die viktorianische Architektur des Landes. Hier wurde im Jahre 1902 der Friedensvertrag von Vereeniging unterzeichnet.
275 Jacob Maré St.; Tel. 0 12/3 22 28 05; www.melrosehouse.co.za; Di–So 10–17 Uhr; Eintritt ca. 6 Rand

Pretoria Zoological Gardens ⟶ S. 99, a 1
Die riesigen National Zoological Gardens sind vermutlich der einzige Zoo in ganz Afrika, den man sich ansehen sollte. Seltene Antilopen, ein weißes Nashorn, Dschungeltiere aus Südamerika und, ja, Eisbären in Afrika. Eine Gondel ermöglicht eine Art Luftpirsch. Die Nachttouren (Mi, Fr, Sa ab 18 Uhr) sind ein Erlebnis.
Paul Kruger St., Tel. 012/3 28 32 65; tgl. 8–18 Uhr; Eintritt ca. 30 Rand, Kinder 20 Rand

Townships ⟶ S. 99, östl. c 1
Mamelodi heißt die größte Schwarzensiedlung bei Pretoria. Wer keine Soweto-Tour mitgemacht hat, kann mit Nomaxhosa Jongilanga mitfahren und dabei die Bewohner der Siedlung kennen lernen.
Tel. 0 12/3 10 36 14

Union Buildings ⟶ S. 99, c 1
Die imposanten Regierungsgebäude sind das Werk von Südafrikas berühmtestem Architekten, Sir Herbert Baker. Sie thronen auf dem Meintjieskop über einem Park.
Church St.

Voortrekker Monument
⟶ S. 99, südl. a 3
Das 1949 eingeweihte Denkmal ist heute eines der wichtigsten Mahnmale der südafrikanischen Geschichte. Es liegt 6 km außerhalb der Stadt auf einem kleinen Hügel und soll an den Treck und die blutige Entscheidungsschlacht zwischen Buren und Zulus vom 16. Dezember 1838 erinnern. Ein weiteres Denkmal, das Blood River Monument, wurde direkt am Schlachtfeld, am Blood River in KwaZulu-Natal, aufgestellt. Ihren »Siegestag« ließen die Buren damals zum Nationalfeiertag erklären. Noch heute nutzen viele Südafrikaner den jetzigen »Day of Reconciliation« (Tag der Versöhnung), um zum Voortrekker Monument zu pilgern, aber heute

viel mehr, um der traurigen Ereignisse zu gedenken. Das Monument hat einige architektonische Details, die Einzelheiten der Geschichte erzählen: Die Ringmauer symbolisiert 64 Ochsenwagen, am Aufgang beschützt eine Voortrekker-Frau ihre Kinder und an den vier Ecken des Denkmals thronen die Köpfe der Treckführer.

Über die R102 der Ausschilderung folgen; Tel. 0 12/3 26 67 70; www.voortrekkermon.org.za; tägl. 8–17 Uhr

Museen
Kruger House Museum ---> S. 99, a 1
Das Haus, in dem Paul Kruger lebte, zeigt persönliche Andenken aus der Amtszeit des Burenpräsidenten (1883–1904) und Geschenke, die er teilweise auch aus dem deutschen Kaiserreich erhielt.
60 Church St.; Mo – So 10 – 16 Uhr; Eintritt 16 Rand, Kinder 7 Rand

Pretoria Art Museum ---> S. 99, c 2
Ständige und wechselnde Ausstellungen südafrikanischer Künstler der alten und neuen Zeit.
Ecke Schoeman/Wessels St., Arcadia Park; Tel. 0 12/3 44 18 07; Di–So 10–17, Mi bis 20 Uhr; www.pretoriaartmuseum.co.za; Eintritt 5 Rand, Kinder 3 Rand

Essen und Trinken
Gerard Moerdyk Restaurant
---> S. 99, c 2
Hier gibt es exzellent zubereitetes Wildfleisch wie Springbock, Krokodil und Strauß in gemütlicher Atmosphäre. Ausgezeichneter Ort, um die südafrikanische Küche und Weine zu probieren.
752 Park St., Arcadia; Tel. 0 12/3 44 48 56; Mo–Fr 12–14 und Mo–Sa 18–21 Uhr ●●● CREDIT

La Perla ---> S. 93, c 2
Französisches Lokal unter schweizerischer Leitung, seit Jahren in den Top-100-Restaurants Südafrikas. Die Gerichte sind schmackhaft und großzügig bemessen.

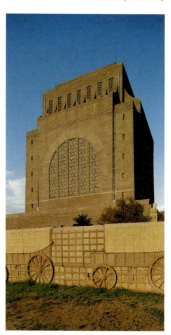

Das Voortrekker Monument bei Tshwane erinnert an den großen Treck der Jahre 1835 bis 1840, als viele Buren ins Hinterland zogen.

Bronkhorst St., New Muckleneuk; Tel. 0 12/4 60 12 67; Mo–Sa 12–14 Uhr und 18–22.30 Uhr ●●● CREDIT

Pride of India ---> S. 99, südl. c 3
Nordindische Gerichte in exotischem Ambiente mit hervorragendem Service. Gehört zu den 100 besten Restaurants Südafrikas. Leckere Desserts und gute Weinauswahl.
43 George Strorrar Dr., Groenkloof; Tel. 012/3 46 36 84; Mo–Sa 12–14 und 18–22.30 Uhr ●●● AmEx MASTER

Cynthia's ---> S. 99, südl. c 3
Ein populäres Steakrestaurant, man bekommt aber auch gute Meeresfrüchte und Wild (Kudu, Strauß).
Maroelana Center; Tel. 0 12/4 60 32 29; tgl. 12–15 und 18–22.30 Uhr ●● ♿ CREDIT

Beeindruckend, auch wenn es nicht jedem gefällt: Das Hotel The Palace in Sun City.

Giovanni's ⇢ S. 99, westl. c 2
Guter Italiener, wo man am besten das Vincis Grassi (Lasagne) oder die kalten Antipasti probiert. Oder die Kalbsleber Fegato a la Veneziana. Geräumiges, gemütliches Lokal.
Brooklyn Mall, Shop 118; Tel. 0 12/3 46 33 44; tgl. geöffnet ●● CREDIT

AM ABEND

Zwar ist Tshwanes Nachtleben nicht mit dem von Johannesburg vergleichbar, aber vor allem die Stadtviertel Hatfield und Brooklyn haben sich in den letzten Jahren zu lebendigen Szenetreffs entwickelt. Hier befinden sich zahlreiche Cafés, hervorragende Restaurants, Bars und Clubs, die durch die nahe gelegene Universität studentischen Charakter haben. Wer an Livemusik und Kultur interessiert ist, wird mit dem Veranstaltungskalender der Pretoria News oder der regionalen Mail & Guardians (www.mg.co.za) über die aktuellsten Veranstaltungen auf dem Laufenden gehalten.

Boere Bar ⇢ S. 99, östl. c 2
Eine typisch südafrikanische Bar mit studentischem Publikum und Livemusik. Einfache und günstige Küche.
The Yard, Ecke Duncan/Burnett St., Hatfield; Tel. 0 12/3 42 99 50; Mo–So 10–23, So bis 21 Uhr

Boston Tea Party ⇢ S. 99, östl. c 2
Live-Entertainment-Restaurant mit Bands (oft Oldies), Comedy, am Wochenende ab 22 Uhr DJs und Tanz.
Ecke Lewis/Glen Manor Ave., Glen Galeries, Menlyn; Tel. 0 12/3 65 36 25; Mo–So 11–open end

Tings An' Times ⇢ S. 99, östl. c 2
Chill-out-Bar mit funky Live-Bands. Junges und jung gebliebenes Publikum.
Hatfield Galleries, Burnett St., Hatfield; Tel. 0 12/3 62 55 37; Mo–Sa 11–1, So 18–24 Uhr

Zeplin's ⇢ S. 99, östl. c 1
Angesagter Gothic-Club mit ganzen 5 Tanzflächen und sage und schreibe 7 Bars! Eine Bar bietet Livebands.

384 Pretorius St.; Tel. 0 82/8 69 88 94; www.zeplins.co.za

Theater
Basement Theatre ⸺⟩ S. 99, a 1
Die Bühne unter dem Café Riche am Church Square zeigt ein vielfältiges Programm, unter anderem auch experimentelle und gewagte Stücke.
Church Square; Tel. 0 12/3 28 31 73

State Theatre ⸺⟩ S. 99, b 1/2
Die klassische Bühne der Stadt, auf der Theater, Oper, Tanz und Konzerte gezeigt werden. Schauen Sie im Veranstaltungskalender, ob gerade eine Produktion von schwarzen Südafrikanern auf dem Programm steht!
Church St.; Tel. 0 12/3 92 40 27; www.statetheatre.co.za

Ziele in der Umgebung

Cullinan Mine ⸺⟩ S. 93, c 2

In dieser Mine wurde einstmals der größte Diamant der Welt gefunden. Der Cullinan wog 3106 Karat. In Cullinan, über die R513; Führungen Di–Fr 9.30 und 11 Uhr.
30 km östl. von Tshwane

Magaliesberge/ Hartbeespoort-Staudamm ⸺⟩ S. 93, a/b 2

In den Magaliesbergen (etwa 1 600 m hoch) nisten rund 500 Kapgeier; man kann sie durchaus häufig beobachten. Am Damm, in den Dörfern Schœmansville und Hartbeespoort, gibt es einen Schlangen- und Tierpark.
Eine Seilbahn führt hinauf, wo man die Aussicht genießen und lange Wanderungen unternehmen kann. Auf dem Stausee lässt sich segeln, angeln und Wasserski fahren. Anfahrt ca. 1 Std.; R27 von der Stadtmitte.
100 km südwestl. von Tshwane

Sun City und Pilanesberg National Park 🍴
⸺⟩ S. 93, a 1

Zwei Autostunden nordwestlich von Tshwane stößt man in den Pilanesbergen auf das größte Vergnügungszentrum der Südhalbkugel: zwei Golfplätze und ein großer See. Dazu ein Wasserparadies mit Rutschen, Wellenbad und Sandstrand sowie einem Regenwalddschungel mit Seilbrücken.

Hier befindet sich auch das sagenhafte Hotel **The Palace of the Lost City**. Sportmöglichkeiten, Konzerte und Glücksspiel – das mag bei manchen auf Ablehnung stoßen, doch langweilig wird es nicht, schon gar nicht mit Kindern. Der Gast kann, je nach Budget, unter vier Hotels wählen: Cabanas (preiswert), Main Hotel, Cascades und Palace. Das Palace ist eine spektakuläre Mischung aus Luxor und afrikanischer Fantasie, mit Zinnen und Türmen, in denen nachts Feuer lodern. Gästen steht exklusiv ein 65 m langer Pool zur Verfügung (www.suninternational.com; 334 Zimmer, 4 Suiten ●●●●). Abends hat man die Auswahl zwischen vielen Restaurants, wobei das Peninsula im Cascades-Hotel und das Villa de Palazzo im Palace-Hotel Spitzenqualität bieten.

Wer des Glitzerwelt müde wird, kann binnen fünf Minuten den landschaftlich sehr schönen **Pilanesberg National Park** (55 000 ha, 8 800 Tiere) erreichen, wo u. a. Antilopen, Zebras, Giraffen und Nashörner leben. Er grenzt direkt an Sun City, so dass ein Besuch sich fast zwangsläufig ergibt. (Man kann auch hier in Bungalows anstatt in Sun City übernachten!) Sehenswert sind auch die erloschenen Vulkane auf dem Gelände. Ein einmaliges Erlebnis ist eine lautlose Ballonfahrt über den Park. Reservierungen: **Gametrackers**, im Welcome Centre Sun City; Tel. 0 14/5 52 15 61; www.gametrac.co.za.
120 km nordwestl. von Tshwane

Tierparadiese Nationalparks

7 Prozent der Landfläche Südafrikas stehen unter Naturschutz – und es sollen noch mehr werden.

In Südafrika liegen einige der schönsten Wild- und Naturreservate der Welt. In den 20 Nationalparks und 7 Parks in der Provinz KwaZulu-Natal erspäht man – allen voran natürlich im grandiosen Greater Limpopo Transfrontier Park– das Großwild, für das dieses Land weltberühmt geworden ist. Dazu kommen nochmals etwa 500 kleinere Reservate, in denen die Natur ebenfalls gesetzlich geschützt wird. Die Auswahl für den Touristen ist also fast unbegrenzt – deshalb hier die persönlichen »Big Five« des Autors.

Greater Limpopo Transfrontier Park (ehem. Kruger National Park)
⇢ S. 171, E 1–3

Mit seinen 200 000 Säugetieren und 150 Arten, darunter 11 500 Elefanten, 25 000 Büffel und fast 2 000 Löwen, ist das älteste Tierreservat Afrikas bis heute eine Klasse für sich geblieben. Man sollte mindestens drei Tage in einem der 24 Camps bleiben; wer den 350 km langen Park komplett erleben will, muss 14 Tage einplanen. Skukuza ist das größte Camp, mit einem Museum und einem Golfplatz, Satara bietet das meiste Wild, Olifants hat schöne Aussichten, Mopani den größten Luxus. Bei Punda Maria, hoch im Norden, befindet sich Thulamela, eine sehenswerte Siedlung aus der Eisenzeit. Morgens und abends werden Pirschfahrten in offenen Geländewagen angeboten, ferner dreitägige Wilderness Trails, bei denen man mitten im Busch in Zelten übernachtet. Diese Offerten werden besonders von denjenigen Besuchern geschätzt, denen der Andrang vor allem während der Ferien über Ostern und Weihnachten zuwider geworden ist: Vor manchen Wasserlöchern kommt es dann zu Staus, weil sich die Besucher per Handy darüber verständigen, dass soeben eine Löwenfamilie aufgetaucht ist. Der Park soll in Zukunft nach Osten und Norden hin grenzüberschreitend ge-

MERIAN-Spezial

öffnet werden – der Greater Limpopo Transfrontier Park wäre dann mit 38 000 qkm das größte Tierparadies der Welt.

Umfolozi-Hluhluwe Park
⇢ S. 177, E 13

Dieser relativ kleine Park in der Provinz KwaZulu-Natal gehört zum Besten, was das südliche Afrika anzubieten hat. Nirgends auf der Welt findet man mehr Nashörner: fast 2 000 auf nur 96 000 ha. Aber auch Löwen, Büffel, Giraffen und die seltene Nyala-Antilope sieht man im Umfolozi-Hhluhluwe (Schlu-schlu-we ausgesprochen) viel leichter als etwa im Greater Limpopo Transfrontier Park. Das Wasserloch Bekaphanzi ist traumhaft für die Wildbeobachtung. Dazu kommt noch das ausgezeichnete Hilltop Camp: strohgedeckte Luxuschalets, ein gutes Restaurant und eine Bar – für das leibliche Wohl wird hier genauso gut gesorgt wie in den (viel teureren) privaten Reservaten.

Frühwanderungen, Nachtfahrten und Bootsfahrten auf dem Hluhluwe (Fischadler, Flusspferde, Krokodile) stehen auf dem Programm. Wer von Süden her durch den Nyalazi Eingang in den Park fährt, sollte dort gleich das Centenary Centre besuchen: dort findet alljährlich die größte Wildauktion Afrikas statt, man kann Nashörner und Antilopen oft hautnah erleben, bevor sie in andere Reservate verfrachtet werden. Die beiden Bush Lodges Muntulu und Munyawaneni sind oberhalb eines Flusses gebaut worden und können komplett gebucht werden; dann lebt man wirklich feudal, mit eigenem Ranger und Servicepersonal.
www.kznwildlife.com

Addo Elephant National Park
⇢ S. 181, D 23

Der kleine Elefantenpark, der 1931 nur deshalb gegründet wurde, um die letzten 15 Dickhäuter einer großen Herde vor erbosten Landwirten zu retten, wird nun ein richtig guter Wildpark: Das umliegende Farmland wurde aufgekauft und alle Zäune abgerissen. 2006 wird der Addo vier Mal so groß sein wie früher und damit der drittgrößte Nationalpark Südafrikas. Neben Büffeln, Nashörnern, Flusspferden, Leoparden (und natürlich Antilopen, Giraffen und Zebras) wurden auch Löwen ausgesetzt – damit sind erstmals seit über hundert Jahren wieder die »Big Five« anwesend.

Verdauungspause im Schatten nach einem erfolgreichen Riss. Bei den Löwen sind die Weibchen für die Jagd zuständig.

Tierparadiese Nationalparks

Im Pilanesberg National Park gibt es auf Pirschfahrten viel zu entdecken.

Nicht nur das: In Zukunft wird der Park bis in den Indischen Ozean hineinreichen. Dann kann man hier neben dem größten Landsäuger, dem Elefanten, auch eines der größten Meerestiere, nämlich den Südkaper-Wal sowie den Weißen Hai erleben. Weitere Pluspunkte: Über die malerische Garden Route fährt man in neun Stunden bis Kapstadt, die Malaria ist im Addo unbekannt. Man übernachtet auch hier in den bequemen und sauberen Bungalows, die man in fast allen Parks Südafrikas antrifft. Nächtliche Pirschfahrten werden angeboten. In der Hafenstadt Port Elizabeth, nur 40 Minuten entfernt und bisher ein touristisches Stiefkind, freut man sich schon: Der Greater Addo National Park wird sehr bald eine der Top-Attraktionen des Landes sein.

Pilanesberg National Park
⤑ S. 170, A 3

Zwei Autostunden nordwestlich von Johannesburg stößt man nicht nur auf das Vergnügungszentrum Sun City, sondern auch auf den landschaftlich sehr schönen Pilanesberg Nationalpark. Es handelt sich um ein großes, ringförmiges Vulkanbecken; vor Jahrmillionen stand hier noch einer der größten Berge des gesamten Kontinents. In der nach Regengüssen saftig grünen Senke (keine Malaria!) leben Nashörner, Elefanten, Wasserböcke, Zebras, Kudus, Giraffen sowie Löwen, Geparden und Hyänen. Und die Tsesswebe, die schnellste Antilope der Welt. Mit nur 55 000 ha ist der Park zwar kleiner als so manche Farm in Südafrika. Aber dank stetiger Aufstockung leben hier nun mehr als 6 000 Säugetiere, darunter sogar die seltenen Wilden Hunde. Vogelfreunde dürfen sich freuen: Adler, Sekretäre, Bussarde und Hornvögel gehören zu den Arten, die man häufig sieht. Die Nähe zu Johannesburg macht den Park zum beliebten Reiseziel: Man sollte möglichst während der Woche kommen. Grandios ist eine Fahrt mit einem Heißluftballon. Dann erlebt man das Wild auf einmalige Weise: Fast lautlos über der Savanne schwebend, erspäht man unten Nashörner und Elefanten! Die Übernachtungsmöglichkeiten reichen von luxuriösen Lodges (Bakubung, Kwa Maritane Bush und Tshukudu Bush) bis zu einfacheren Unterkünften (Manyane und Bakgatla).

MERIAN-Spezial

Kgalagadi Transfrontier Park
⟶ S. 173, E/F 5–6

Das riesige Reservat im Nordwesten wurde 2000 der erste grenzüberschreitende Nationalpark der Welt – Grenzformalitäten mit Botswana entfallen seitdem. Kgalagadi ist ein Wort aus der Sprache der Ureinwohner (San). Tausend Kilometer weit von Kapstadt im Süden und Johannesburg im Osten ist dieser Park wohltuend frei von Stress und Hast. Das Handy kann man getrost wegpacken, eigentlich auch die Armbanduhr. Man sitzt abends am Campfeuer und starrt fasziniert in den Sternenhimmel: Afrika pur. Wer nachts einmal die Löwen brüllen gehört hat, wird den Aufenthalt hier nie mehr vergessen. Neben Springböcken, Gemsböcken, Gnus und Kuhantilopen wird man – mit Geduld! – auch Löwen, Hyänen, Schakale, Leoparden und Geparden erspähen. Die Pirschfahrten führen meist entlang der trockenen Flussbetten des Nossob und des Auob. Auf den Bäumen sitzen häufig Adler; insgesamt gibt es über 200 Vogelarten in dieser Trockensavanne. Rustikale Unterkünfte bieten die Bungalows in Twee Rivieren (mit Restaurant), Mata Mata und Nossob. Oder man bucht eines der Luxuszelte im Kalahari Tent Camp, auf einer Sanddüne oberhalb des Auob Flusses gelegen. Super! Außer in Twee Rivieren muss man sich überall selbst verpflegen, im Botswana-Teil sind die Einrichtungen sehr einfach.

Reservierungen für Nationalparks:
⟶ reservations@sanparks.org;
⟶ www.sanparks.org

Reservierungen für Pilanesberg, Manyane und Bakgatla:
⟶ goldrif@iafrica.com
Bakubung, Kwa Maritane und Tshukudu:
⟶ www.legacyhotels.co.za

Reservierungen für Parks in KwaZulu-Natal:
⟶ bookings@kznwildlife.com;
⟶ www.kznwildlife.com

Die schön gezeichneten Springböcke sind in den Savannen weit verbreitet.

Die Provinz KwaZulu-Natal

Safaris, Bergsteigen oder Korallentauchen: Die kleine Provinz besticht durch große Abwechslung.

Die traditionsbewussten Zulus sind stolz auf ihre ruhmreiche und kriegerische Vergangenheit, die sie mit rituellen Tänzen feiern.

Durban

Der Seefahrer Vasco da Gama gab der Provinz den Namen: Weihnachten 1497 tauchte der fromme Portugiese an dieser Küstengegend auf und nannte sie »Natal« – nach der Geburt Christi. In den Jahrhunderten danach konnte die Region ihrem frommen Namen nur selten genügen. Keine Landesprovinz wurde so von der Geschichte gebeutelt wie diese. Von 1816 bis 1828 unterwarf der Zulu-König Shaka mit genialer Kriegstaktik – und Brutalität – alle anderen schwarzen Stämme; es war die »Mfecane« (wörtlich: die Zertrümmerung). Nach Shakas Tod kam es zu Gefechten zwischen Zulus und Burenpionieren. Tausende Zulus verbluteten im Blood River, während auf der Seite der 470 Buren kein einziges Opfer beklagt werden musste. Die siegreichen »Voortrekker« sahen darin den Beistand Gottes und machten den 16. Dezember 1838 zum »Tag des heiligen Bundes«; heute ist es der »Tag der Versöhnung«. Danach kamen die Briten: Sie vertrieben erst die (meisten) Buren und zerschlugen dann das Königreich der Zulus. Und von 1984 bis 1994 tobte hier ein mörderischer Bruderkampf zwischen den Anhängern der Zulu-Partei Inkatha und denen der Befreiungsbewegung ANC. Der weise Nelson Mandela nahm den Inkatha-Führer Mangosuthu Buthelezi in sein Kabinett auf; seitdem ist die Provinz einigermaßen friedlich geblieben.

Genießen Sie also: die herrlichen Feuchtgebiete und Strände im **Greater St. Lucia Wetland Park** (Weltnaturerbe), die Wildreservate, allen voran **Umfolozi-Hluhluwe**, die Midlands und die grünen Hügel, über die der Schriftsteller Alan Paton einst schrieb: »... lieblicher, als jeder Gesang sie beschreiben könnte. Behaltet es und beschützt es.«

Der **Midlands Meander** (etwa: Schlendern durch die Mitte des Landes) entlang der Autobahn N3 oberhalb von Pietermaritzburg ist eine sehenswerte Kunst- und Handwerksroute. Über 100 Töpfer und Weber, Bildhauer und Drechsler, Lederverarbeiter und Möbelhersteller warten entlang der ausgeschilderten Strecke auf Sie. Die Unterkünfte reichen von einfach bis luxuriös: Besorgen Sie sich die hervorragende Broschüre *The Midlands Meander* kostenlos im Tourismusbüro.

Dazu kommen noch die **Drakensberge** im Westen, Südafrikas Alpen, wo Wanderer und Kletterer Wasserfälle, Adler und Lämmergeier erleben – und Schnee im Winter (Juli)! Eine Nacht im **Royal Natal National Park**, vorzugsweise in dem reizvollen Tendele Camp, sei jedem anempfohlen, der von hier aus weiter nach Bloemfontein fährt.

Die KwaZulu-Natal-Tourismusbehörde vermarktet die gesamte Provinz unter dem Slogan »Königreich der Zulus«. Man hat seine eigenen »Big Five« ersonnen: Battlefields, Beach, Bush, Berg, Buzz. Das steht jeweils für die Schlachtfelder, die Strände, die Wildparks, die Drakensberge und die pulsierende Stadt Durban. Die Website, unter der man alles findet, lautet ganz einfach: www.zulu.org.za.

Durban ⤳ S. 177, D 15
3 Mio. Einwohner
Stadtplan → S. 111

Das Stadtbild wird von drei kulturell unterschiedlichen Bevölkerungsgruppen geprägt, die, jede für sich, ihren Anteil an der lokalen Geschichte haben: den Zulus, den Ureinwohnern, die immer die mit Abstand größte Gruppe waren (heute 9 Mio.), ferner den Nachkommen erst burischer und dann englischer Kolonialisten; und schließlich den Indern, die ab 1860 ins Land kamen, um im Zuckerrohranbau zu arbeiten (eine Arbeit, der sich die stolzen Zulus verweigerten). Ihr bekanntester Vertreter war **Mahatma Gandhi**, der sich hier 21 Jahre lang für die Rechte der indischen Einwanderer einsetzte und die Form des gewaltlosen Widerstandes ersann.

In Durban findet sich so ein aufregendes Gemisch aus Zulu-Frauen, Rikscha-Kutschern und dem »British way of life«, aus vornehmen Klubs, Moscheen und Märkten, der **Goldenen Meile**, wie die von Geschäften und Restaurants geprägte Stadtküste genannt wird, und dem wichtigsten Hafen des gesamten Kontinents.

HOTELS/ANDERE UNTERKÜNFTE
The Royal Hotel ·····⟩ S. 111, b 3
Für viele noch immer das beste Hotel am Platz. Ähnlich dem Mount Nelson in Kapstadt, verbindet das Royal den Stil der alten Zeit mit allem modernen Komfort und Service. Der **Royal Grill** gilt als das feinste Lokal der Stadt, das **Ulundi** als gutes Curry-Restaurant.
267 Smith St.; Tel. 0 31/3 33 60 00;
271 Zimmer ♿ ●●●● (am Wochenende verbilligt) CREDIT

Holiday Inn Durban Elangeni
·····⟩ S. 111, c 1
Meeresblick von vielen Zimmern, gleich drei gute Restaurants (japanisch, indisch, kontinental) und zwei Schwimmbäder, sodass man sowohl morgens als auch nachmittags in der Sonne baden kann.
63 Snell Parade; Tel. 0 31/3 62 13 00;
450 Zimmer ♿ ●●● CREDIT

The Edward ·····⟩ S. 111, c 2
Haus mit Meeresblick, direkt am Strand, gegenüber von Seaworld. Drei Restaurants, eines mit chinesischen Spezialitäten.
149 Marine Parade; Tel. 0 31/3 37 36 81;
101 Zimmer ♿ ●●● CREDIT

City Lodge Durban ·····⟩ S. 111, b 2
Unterkunft ohne besonderen Luxus, allerdings mit Telefon, TV und Bad in jedem Zimmer. Zwei Blocks vom Strand entfernt, ordentliches Preis-Leistungs-Verhältnis.
Ecke Brickhill/Old Fort; Tel. 0 31/ 3 32 14 47; www.citylodge.co.za;
161 Zimmer ♿ ●● CREDIT

Ein Zimmer mit Meerblick empfiehlt sich an der Golden Mile, Durbans Stadtstrand.

Essenwood House

⇢ S. 111, westl. a 3

Ein stilvolles kleines 5-Sterne-Gästehaus im »Edel-Viertel« Berea. Hier kann man im großen Garten mit Pool entspannen und ist dennoch nur wenige Autominuten vom Trubel des Zentrums entfernt. Zimmer mit Klimaanlage, Blumen und Obst.

630 Essenwood Rd., Berea; Tel. 0 31/ 2 07 45 47; www.essenwoodhouse.co.za; 7 Zimmer ●● CREDIT

Holiday Inn Garden Court Marine Parade

⇢ S. 111, c 2

Alle Zimmer mit Meeresblick, zwei Restaurants, eine Bar.

167 Marine Parade; Tel. 0 31/3 37 33 41; 344 Zimmer ♿ ●● CREDIT

Sica's Guest House

⇢ S. 111, westl. a 3

1886 als Farm erbaut, ist Sica's heute ein familienbetriebenes, sehr charmantes 4-Sterne- Gästehaus mit Pool

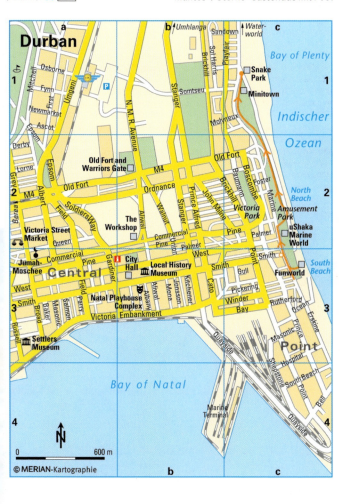

und Tennisplatz. Eine nette Alternative zu den großen Hotels der Beach Front.
19 Owen Av., Berea; Tel. 0 31/2 61 27 68; www.sica.co.za; 48 Zimmer ●● CREDIT

SPAZIERGANG

Wer in einem der vielen Hotels an der Strandpromenade **Golden Mile** wohnt, kann von hier aus innerhalb einer Stunde zu Fuß das pulsierende Herz Durbans erkunden. Oder man nimmt eine Rikscha-Kutsche, der Träger hält auf Wunsch an, und geht zu Fuß zurück. Fangen Sie in Höhe der Smith Street, am unteren Ende der Marine Parade, an: Dort liegt auch das Royal Hotel, Durbans feinste Herberge. Dann schlendern Sie zur uShaka Marine World und zum North Beach, einem der großen Sandstrände Durbans, die während der Schulferien im Dezember und Januar täglich von Tausenden bevölkert werden. Das Ende des Spaziergangs bilden der Snake Park, in dem 80 verschiedene, meist einheimische Schlangen zu besichtigen sind, und Minitown, wo alle bekannten Gebäude Durbans, dazu der Flughafen und der Hafen, nachgebildet wurden. Wer noch immer nicht genug hat, findet ein Stück weiter an der Snell Parade noch Waterworld (Bootsfahrten etc.).

SEHENSWERTES

Botanischer Garten
⤳ S. 111, westl. a 3
Diese schöne Grünanlage liegt in Durbans ältestem und beliebtestem Wohngebiet Berea. Sehenswert sind vor allem die Palmfarne (Zykadeen) und die Orchideensammlung. Mit seinen schattigen Wegen und den schönen Picknickplätzen bietet der Park eine willkommene Abwechslung inmitten der heißen, geschäftigen Großstadt. Am Eingang gibt es Informationen zu den regelmäßig stattfindenden Konzerten. Wenn Sie Glück haben, steht gerade das Natal Philharmonic Orchestra auf dem Programm.
Kreuzung Edith Benson/St. Thomas Rd., Berea; tägl. 7.30–17.15 Uhr

Jumah Moschee ⤳ S. 111, a 3
Größtes muslimisches Gotteshaus des Landes, mit goldener Kuppel.
Ecke Grey/Queen St.; Besuch erlaubt, Führungen nur nach Voranmeldung Islamic Propagation Centre; Tel. 0 31/3 06 00 26

Old Fort and Warriors Gate
⤳ S. 111, b 2
Britisches Fort, das 1842 belagert wurde und heute ein Kriegsmuseum beherbergt.
Ecke Old Fort/N.M.R. Ave.; Mo–Fr 8.30–17 Uhr

Sugar Terminal ⤳ S. 111, a 4
Die Zuckerindustrie ist einer der Hauptwirtschaftszweige Durbans. Ihre rasche Expansion Mitte des 19. Jh. brachte hunderte indischer Arbeiter in die Region, um auf den Zuckerrohrplantagen zu schuften. Sie sind heute die zweitgrößte ethnische Gruppe der Stadt und prägen maßgeblich ihr kulturelles Gesicht. Der Sugar Terminal ist einer der größten Zuckerumschlagplätze der Welt. 750 Tonnen Zucker werden hier täglich umgeschlagen. Direkt am Hafen kann man die beeindruckenden Silos besichtigen und an einer organisierten Tour durch die Anlage teilnehmen.
51 Maydon Rd.; Anmeldung empfohlen: Tel. 0 31/3 65 81 53; www.sasa.org.za; Mo–Do 8.30, 10, 11.30, 14, Fr 8.30, 10, 11.30 Uhr; Eintritt 13 Rand

Temple of Understanding
⤳ S. 111, südöstl. a 4
Der prachtvolle Hindutempel wurde 1985 fertig gestellt und gilt als der größte der Südhalbkugel. Auf Wunsch wird eine interessante Führung durch das Gebäude veranstaltet. Einmal im Jahr, Anfang Dezember, feiern die Hare-Krishna-Jünger an Durbans Beachfront und versuchen den Badegästen ihren Glauben näher zu bringen. Es

Durban 113

Die ethnische Vielfalt in Durban ist groß, fast die Hälfte der Einwohner sind Asiaten, vor allem Inder. Im indischen Geschäftsviertel befindet sich die prächtige Jumah Moschee.

gibt kostenloses vegetarisches Essen, Tanz und Gesang und ein großes Feuerwerk.
50 Bhaktivedanta Swami Circle, Unit 5, Chatsworth; Tel. 0 31/4 03 33 28; tgl. ab 10 Uhr

uShaka Marine World
⇢ S. 111, C 2

Seit April 2004 hat Durban eine neue Attraktion zu bieten: 16 ha Freizeitspaß direkt an der Promenade der Stadt! Highlight ist das täuschend echt nachgebaute Wrack eines 1920 gestrandeten Frachters. uShaka Marine World ist eine Mischung aus Aquarium und Freizeitpark und gilt als die fünftgrößte dieser Art weltweit. Zusammen mit dem Casino und dem weiteren Ausbau der Promenade zur Flaniermeile, ist uShaka das Kernstück verschiedenster Modernisierungsmaßnahmen der Stadt. Im Inneren des Frachters kann man in Großaquarien die faszinierende Unterwasserwelt des Indischen Ozeans von außen betrachten oder selbst in sie eintauchen. Mit einer Taucherglocke auf dem Kopf geht's zu den Sandtigerhaien und Rochen und durch einen stabilen Käfig geschützt trauen sich Mutige sogar zu den gefährlichen Bullenhaien ins Becken. Wer es etwas weniger abenteuerlich mag, kann mit friedlichen Meerestieren in der Lagune schwimmen oder zwischen tropischen Korallen und Fischen schnorcheln. Die gigantischen Wasserrutschen der angrenzenden uShaka Wet 'n' Wild sind nicht nur bei den Kleinen ein Spaß-Hit. Im Delfin- und Robben-Stadion bietet Sea World täglich interessante Trainingsvorführungen und bei den Pinguinen und Haien wird öffentlich gefüttert. Am uShaka Beach kann man aus einem unglaublich vielfältigen Aktivitätenpool auswählen: Windsurfing, Drachensurfing, Kayaking, Jet-Ski-Boote und Beach-Volleyball sind nur einige Beispiele. Da so viel Spaß auch hungrig macht, gibt es im Heck des Frachters

ein Restaurant – natürlich mit Blick in die Unterwasserwelt.
Lower Marine Parade; tägl. 9–18 Uhr, in den Wintermonaten 10–17 Uhr, Schnorchel-Lagune Mo geschlossen; Tel. 0 31/3 28 80 00; www.ushakamarineworld.co.za; Eintritt Sea World 85, Kinder 55 Rand, Eintritt Wet 'n' Wild 60, Kinder 45 Rand, Kombitickets erhältlich

Victoria Street Market ⋯⋯> S. 111, a 2
Besser bekannt als Indian Market, beherbergt dieser Markt 200 Stände mit exotischen Gewürzen, frischen Früchten, afrikanischem Schmuck, interessanten Kunstgegenständen. Handeln erlaubt!
Victoria St.; ganztägig geöffnet

Weitere Märkte findet man in der Warwick Street und in der Oriental Arcade an der Cathedral Road.

MUSEEN
City Hall: Art Museum, Natural History Museum
⋯⋯> S. 111, b 3
Im zweiten Stock der City Hall (Rathaus) befindet sich eine der besten Kunstsammlungen Südafrikas; im ersten Stockwerk ist unter anderem der ausgestorbene Laufvogel Dodó ausgestellt.
City Hall, Smith St.; Mo–Sa 8.30–17, So 11–17 Uhr

Kwa Muhle Museum ⋯⋯> S. 111, b 2
Fotografien und andere Ausstellungsstücke erzählen spannend die Geschichte der Apartheid in der Stadt. Empfehlenswert für jeden, der sich für die jüngste Vergangenheit Südafrikas interessiert.
130 Ordinance Rd.; Mo–Sa 8–16, So 11–16 Uhr

ESSEN UND TRINKEN
Durban ist der Ort außerhalb Asiens, an dem der Besucher hervorragend und sehr authentisch die indische Küche genießen kann. Was nicht weiter verwunderlich ist, da schließlich die Inder einen Großteil der Bevölkerung ausmachen. Die größte Auswahl an indischen Restaurants und originellen Imbissen gibt es im indischen Viertel in der Gray Street. Nehmen Sie nach Einbruch der Dunkelheit aber bitte ein Taxi! Auch einige Hotels beherbergen vorzügliche indische Restaurants, die selbst von den Einheimischen empfohlen werden. Als Hafenstadt bietet Durban herrlich frisch zubereitete Fische und Meeresfrüchte. Aber auch der nahbar Mosambik hat seine Spuren in der Restaurantlandschaft der Stadt hinterlassen. Es gibt einige gute Lokale mit mosambikanisch-portugiesischer Küche, die das typische Peri-Peri-Chicken und leckere Calamares anbieten. Die besten Gegenden, um Essen zu gehen, sind die Beachfront, das Zentrum und das beliebte Wohnviertel Berea.

Jewel of India ⋯⋯> S. 111, c 1
Hier ist nicht nur die nordindische Küche authentisch, sondern auch das Ambiente. Man verzehrt das ausgezeichnete Curry ganz gemütlich an niedrigen Tischen, auf Kissen sitzend und von plüschig-exotischer Deko umgeben.
63 Snell Parade (im Holiday Inn); Tel. 0 31/3 32 77 58; tägl. Lunch u. Dinner
●●● MASTER VISA

Rainbow Terrace ⋯⋯> S. 111, b 2
In diesem eleganten Restaurant im Hilton Hotel bekommt man den ganzen Tag lang hervorragendes Essen vorgesetzt. Wird oft als angenehmer Treffpunkt benutzt.
12–14 Walnut Rd.; Tel. 0 31/3 36 82 32; tgl. ganztägig ●●● CREDIT

The Famous Fish Company
⋯⋯> S. 111, südl. c 4
Am North Pier, also direkt dort, wo die Schiffe in den größten Hafen Afrikas einlaufen, befindet sich dieses ausgezeichnete Fischrestaurant. Die Aussicht ist grandios. Neben Meeres-

Das eindruckvollste Gebäude im Stadtzentrum Durbans ist die City Hall, das Rathaus. Es wurde 1910 nach dem Vorbild des Rathauses in Belfast erbaut.

früchten gibt es auch ein leichtes Menü mit anderen Gerichten. Eine kleine Bar rundet dieses kulinarische Vergnügen ab.
Am Ende der Point Rd., Waterfront; Tel. 0 31/3 68 10 60; tgl. mittags und abends ●●● CREDIT

Bean Bag Bohemia ⸺⟩ S. 111, nördl. b 1
Trendiges Restaurant mit Bar und Coffee Shop in einem zweistöckigen Haus. Moderate Preise, gute Weinkarte und hippes Publikum.
18 Windermere Rd., Greyville; Tel. 0 31/3 09 60 19; tägl. Lunch u. Dinner
●● AmEx DINERS MASTER

Café Fish ⸺⟩ S. 111, a 4
Schön gemachtes, herrlich gelegenes Restaurant am Hafen, wo die Meeresfrüchte noch zu vernünftigen Preisen zu haben sind.
Yacht Mole, Viktoria Embankment; Tel. 0 31/3 05 50 62; tgl. mittags und abends
●● CREDIT

Roma Revolving Restaurant
⸺⟩ S. 111, b 3
Italienisches »Drehrestaurant« an der Bucht. Vorzügliche Fischgerichte.
Victoria Embankment, John Ross House (32. Stock); Tel. 0 31/3 68 22 75; Mo geschl. ●● CREDIT

Patel's Vegetarian House
⸺⟩ S. 111, a 2
Eine gute Adresse für die indische Fastfood-Spezialität »bunny chow«, Brot mit Curry-Bohnen gefüllt. Hier trifft man auch die Inder Durbans an.
Rame House, 202 Grey Street; Tel. 0 31/3061774; Mo–Fr 6–16.30, Sa 6–14 Uhr
●

EINKAUFEN

African Art Center ⸺⟩ S. 111, b 2
Gute Lage unter der Tourist Junction. Man wird keinen besseren Laden für echtes Zulu-Handwerk finden. Holzarbeiten, Perlenketten und sogar alte Schmuckstücke zu guten Preisen.
160 Pine St.; So geschl.

Durban hat am Abend nicht nur an der Golden Mile Unterhaltung zu bieten, auch in Berea und Morningside gibt es gute Jazzlokale und Restaurants.

The Bat Center ⇢ S. 111, b 3

Im Bat (Bartle Arts Trust) stellen junge Künstler aus KwaZulu-Natal ihre Arbeiten aus. Einheimische Kunstliebhaber schätzen diese Galerie. Dort findet man auch das Zansi Bar Restaurant sowie den Intensive Care Coffee Shop.
45 Maritime Place; tgl. geöffnet

The Workshop Mall ⇢ S. 111, b 2

Das Einkaufszentrum im viktorianischen Stil – mit mehr als 100 Läden – ist in jedem Fall einen Besuch wert, wenn man bestimmte Artikel woanders nicht gefunden hat.
99 Aliwal St.; tgl. geöffnet

Am Abend

Zum Ende der Point Road hin tut sich die neue Waterfront mit Restaurants, Pubs (z. B. Thirsty's Dock Side Tavern, George's Cinq) und Flohmärkten auf; auch rund um den Yacht Club am Victoria Embankment ist bei Tag und bei Nacht immer etwas los. In Berea findet der Nachtschwärmer schicke Restaurants und Bars, in Morningside trifft sich die Szene der Stadt. Falls Sie ein Fan von Livekonzerten sind, können Sie in Durban von Klassik über Independent bis hin zu Jazz aus dem Vollen schöpfen.

Ist die Independent-Musik europäisch/nordamerikanisch geprägt, so hat Durbans Jazz-Musik einen kräftigen Schuss an Zulu-Kultur abbekommen und ihren ganz eigenen Charakter entwickelt. Die reine Zulu-Musik wie Maskanda und Isicathamiya ist absolut hörenswert, aber meist nur in den Bars der Townships zu finden. Fragen Sie am besten Ihren lokalen Tour Guide nach den besten und sichersten Bars, falls Sie eine Township-Tour gebucht haben.

Ein guter Tipp für guten Jazz und ab und an auch für Zulu-Musik ist auf alle Fälle das BAT Centre mit dem BAT Café an Durbans Hafen.

BAT Café ⇢ S. 111, b 3
Einer der besten Orte, um lokale Jazz-Bands zu erleben. Ab und an stehen Maskanda-Musiker auf dem Programm und sonntags geben sich Durbans Trommler die Ehre. Toller Blick auf den Hafen.
45 Marine Place, BAT Centre, Small Craft Harbour; Tel. 0 31/3 32 04 51; www.allaboard.co.za/bat; Do–So 11 Uhr bis open end

Billy the Bums ⇢ S. 111, nordwestl. a 1
Populär bei Singles. Man sieht den Barkeepern beim Jonglieren mit den Cocktails zu und kann nach einem Drink auch noch gut essen.
504 Windermere Rd., Greyville; Tel. 0 31/3 03 19 88; So geschl.

Club 330 ⇢ S. 111, c 3
Laut und heavy. Durbans definitiver Techno-Club. Vier Bars, davon eine für Schwule. Ein Event, der auf Samstagnacht beschränkt ist, aber dafür von 22 bis 8 Uhr morgens dauert.
330 Point Rd.; Tel. 0 31/3 37 71 72; www.330.co.za

Cool Runnings ⇢ S. 111, b 2
Cooler Reggae-Pub mit Rastalöckchen-Publikum. An den Wochenenden auch Livemusik.
49 Milne St.; Tel. 0 83/36 483 12, Mo–So 12–6 Uhr

Jazzy Rainbow ⇢ S. 111, nördl. b 1
Schicke Cocktail-Bar im modernen African-Style mit urbaner Note. Ein Ort, wo das neue Südafrika gelebt wird – Jazz-Freunde jeder Hautfarbe genießen die gute Musik von Top-DJs oder Livebands.
93 Goble Rd., Morningside; Tel. 0 31/3 03 83 98; tägl. ab 18 Uhr

Joe Kool's ⇢ S. 111, c 2
Restaurant und Action-Bar direkt an der North Beach. Dienstags mit Tanz.
137 Lower Marine Parade; Tel. 0 31/3 33 96 97; tgl. geöffnet

Legend's Café ⇢ S. 111, westl. a 2
Bis 3 Uhr morgens kann man hier essen, trinken und Musik hören. Motto: Für alle ist etwas dabei, wenn die Eltern nach Hause gehen, kommen die Kinder.
105 Musgrave Rd., Berea; tgl. geöffnet

Tilt ⇢ S. 111, b 2
Durbans Edel-Club! Hier heißt es sich schick machen, zu funky Rhythmen abhotten, einen Cocktail an der glamourösen VIP-Bar schlürfen – und natürlich alles, um zu sehen und gesehen zu werden.
11 Walnut Rd.; Tel. 0 31/3 06 93 56; Fr und Sa 21–7 Uhr

Wonder Bar ⇢ S. 111, nördl. b 1
Die Institution in Durbans Club-Szene. Hightech- und Edelstahlambiente erfreuen das »gehobene« Publikum. Samstags legen bekannte DJs groovige House-Rhythmen auf.
510 Windermere Rd., Morningside; Tel. 0 31/3 03 14 44; www.wonderbar.co.za; Di, Do, Fr, Sa Musik ab 21 Uhr

---

MERIAN-Tipp

8 Tala Private Game Reserve

Dieses private Naturreservat zwischen Durban und Pietermaritzburg hat neben den hier lebenden Wildtieren (Nashörner, Flusspferde, Giraffen, Zebras und Antilopen) auch ein exzellentes Restaurant und herrliche Aussichten über die Savanne zu bieten. Man schläft in afrikanisch eingerichteten Zimmern. Im Preis sind alle Mahlzeiten und Wildfahrten inbegriffen.

Anfahrt: N3, Exit R603 nach Eston, dann Schildern folgen. Cascades, P.O. Box 13665; Tel. und Fax 0 31/7 81 80 00; info@tala.co.za; www.tala.co.za; 35 Luxussuiten ●●● CREDIT
⇢ S. 177, D 14

Die Provinz KwaZulu-Natal

Theater
Elizabeth Sneddon Theatre
⤳ S. 111, westl. a 2

Moderner Aufführungsort für Produktionen des studentischen Ensembles und von Gasttruppen. Neben Dramen auch Musikdarbietungen wie traditionelle »maskanda« der Zulus, aber auch Klavierkonzerte.
In der University of Natal, South Ridge Rd.; Tel. 0 31/2 60 22 96; www.sneddontheatre.co.za

Playhouse Company Complex
⤳ S. 111, b 3

Theater, Oper und Konzerte auf fünf Bühnen. Aktuelle Vorstellungen entnimmt man am besten der Tageszeitung *Mercury*.
Playhouse Company Complex, 29 Acutt St.; Tel. 0 31/3 06 95 40; www.playhousecompany.com

SERVICE
Auskunft   ⤳ S. 111, b 2–3
Tourist Junction
160 Pine St., Old Station Building, 1. Stock; Tel. 0 31/3 04 49 34

Polizei
Tel. 1 01 11

KwaZulu-Natal Wildlife
Mo–Fr 8–18, Sa, So 8–12 Uhr; für Reservierungen in den Wildreservaten: Tel. 033/8 45 10 03; www.kznwildlife.com

Ziele in der Umgebung

Greater St. Lucia Wetland Park
⤳ S. 177, F 13

Dieses Feuchtgebiet umfasst insgesamt 280 km Strand und Sanddünen, von St. Lucia bis fast an die mosambikanische Grenze. Die Artenvielfalt in diesem Weltnaturerbe ist atemberaubend: Im Meer findet man Wale, Delfine, Haie, riesige Wasserschildkröten sowie die einzigen Korallenriffe Südafrikas, in und an den Seen leben Krokodile, Flusspferde und Wasserbüffel, an Land Nashörner, Elefanten, Zebras, Gnus, Kudus, Nyalas, Buschböcke, Riedböcke und Wasserböcke – und mit ein wenig Glück kann man auch Leoparden und Löwen sichten. Geduldige Vogelfreunde können über 500 unterschiedliche Arten erspähen.

Delfine kann man ganzjährig im Greater St. Lucia Wetland Park beobachten.

Es gibt wunderbare Übernachtungsmöglichkeiten, etwa in Blockhütten am Strand von Cape Vidal. Im Dorf St. Lucia ist das St. Lucia Wetlands Guesthouse zu empfehlen (20 Kingfisher Street, Tel./Fax 0 35/5 90 10 98, www.stluciawetlands.com). Lebendige Zulu-Kultur findet man im Khula-Dorf (kurz vor St. Lucia, links in die R618 abbiegen). Die Veyane Cultural Tours unterscheiden sich angenehm von üblichen Touristen-Tänzen. Tel. 083/5 2502 28.
210 km nordöstl. von Durban

Hai-Museum in Umhlanga Rocks
⇢ S. 177, D 14

Umhlanga Rocks ist mit seinen Stränden und Hotels an sich schon eine Reise wert. Aber wer sich für Haie interessiert, sollte auf keinen Fall das Hai-Museum verpassen. Die Videoshow und die anatomischen Studien sind überaus lehrreich und faszinierend. 1a Herrwood Drive; Tel. 0 31/5 66 04 00; Shows: Di, Mi, Do 9, Mi 9 und 14, So nur 14 Uhr; Eintritt 12, Kinder 7 Rand; Anfahrt: N2 nach Norden, bei Umhlanga Rocks abfahren.
25 km nördl. von Durban

Shakaland und Dingaans Kraal
⇢ S. 177, E 14

Bei Eshowe, einem alten Zulu-Dorf, liegt das für die TV-Serie *Shaka Zulu* erbaute **Shakaland** (www.shakaland.com; mit angeschlossenem Hotel). Gleich daneben befindet sich der authentische Kraal von Kwabhekithunga. 100 km weiter kommt man zu **Dingaans Kraal** (Umgungundhlovu). Dort ließ König Dingaan am 3. Februar 1838 eine Delegation von Buren grausam ermorden. Anfahrt über die N2 in nördlicher Richtung, bei Gingindlovu links auf die R 68 Richtung Eshowe.
140/240 km nordöstl. von Durban

Im Shakaland werden Tänze und Gebräuche der Zulus vorgeführt.

Umfolozi-Hluhluwe und Mkuze Wildparks
⇢ S. 177, E 13

Im ältesten Wildpark ganz Afrikas leben weltweit die meisten Nashörner: fast 2000 auf nur 960 qkm. Aber auch Löwen, Büffel, Giraffen und die seltene Nyala-Antilope sieht man im Umfolozi-Hluhluwe viel leichter als etwa im Greater Limpopo Park. Das ausgezeichnete Hilltop Camp bietet Luxuschalets und Restaurant. Frühwanderungen, Nachtfahrten und Bootsfahrten stehen auf dem Programm. Das Wasserloch Bekapanzi eignet sich traumhaft für die Wildbeobachtung.

Mkuze zeichnet sich vor allem durch seine Vogelwelt aus (Fischadler, Pelikane, Wildgänse), aber auch Nashörner und Wasserböcke sind anzutreffen. Der Park bietet schöne Wildansitze, beispielsweise das Kumasinga, und erlaubt weite Aussichten.

Im Mantuma Camp kann man wunderbar in geräumigen Safarizelten (mit Küche) übernachten – Antilopen spazieren draußen vorbei! Anfahrt: N2, links ab bei Mtubatuba zum Nyalazi Gate. Knapp vier Autostunden von Durban, Mkuze eine Stunde weiter nördlich.
www.kznwildlife.com
245/300 km nordöstl. von Durban

Pietermaritzburg
···> S. 177, D 14

200 000 Einwohner

Ungefähr 80 km westlich Durbans lohnt sich ein kleiner Spaziergang durch die attraktive, viktorianische Stadt Pietermaritzburg. Im architektonischen Stadtbild haben zunächst die Buren und später die Briten deutlich ihre Handschrift hinterlassen. Heute bringen die Zulus, gefolgt von den Indern, als größte ethnische Gruppe das afrikanische Flair in die Straßen. 1839 gründeten die Voortrekker die Hauptstadt von KwaZulu, aber schon 1843 übernahmen die Briten die Regierung. Heute ist Pietermaritzburg Sitz der Verwaltung, des Gerichtshofs und der Universität von KwaZulu-Natal. Ein sehenswertes Beispiel für die Voortrekker-Architektur ist das Old Voortrekker House in der Boom Street. Das Old Natal Parliament Building zeigt hingegen die Architektur der britischen Zeit (Ecke Longmarket/Commercial Street). Das Rathaus der Stadt (City Hall) ist angeblich das größte aus Backsteinen erbaute Gebäude der Südhalbkugel und mit seinem 42 m hohen Glockenturm nicht zu übersehen (Commercial Road). Ein weiterer Höhepunkt ist die gegenüberliegende Tatham Art Gallery. Sie beherbergt eine der besten internationalen und afrikanischen Kunstsammlungen des Landes, außerdem ein nettes Restaurant für die Mittagspause (Di–So 10–18 Uhr). In der Church Street erinnert eine Statue an einen berühmten Bewohner, der seine Philosophie des passiven Widerstandes auf ein Schlüsselerlebnis in der Stadt zurückführte: Am 6. Juni 1893 wurde Mohandas Gandhi aufgrund seiner Hautfarbe am Bahnhof aus der 1. Klasse des Zuges verwiesen. Genau 100 Jahre später wurde feierlich seine Statue enthüllt.

Vor allem entlang der Commercial Road gibt es nette Cafés, gute Restaurants und Bars.

Ziele in der Umgebung

Howick
···> S. 177, D 14

Der kleine Ort in den Midlands gilt als historisch wertvoll. Nicht etwa, weil er vor interessanter Architektur strotzt, sondern weil hier **Nelson Mandela** 1962 für 27 Jahre seine Freiheit verlor. Verkleidet als Chauffeur eines weißen Freundes, wurde er an der R103, kurz hinter Howick, verhaftet. Ein Denkmal, das 1996 von Mandela selbst enthüllt wurde, markiert diesen geschichtsträchtigen Ort.
20 km von Pietermaritzburg

Nottingham Road
···> S.176, C 14

Landschaftlich wirken die Midlands mit ihren sanften grünen Hügeln und lieblich plätschernden Bächen unglaublich friedlich. Kaum zu glauben, dass sich hier Mitte des 19. Jh. die Briten zunächst mit den Zulus und später mit den Buren blutige Schlachten geliefert haben. Heute ist die Gegend eher ein hübsches Gebiet auf der Durchfahrt zu den Drakensbergen. Um die Touristen doch von dem einen oder anderen Stopp zu überzeugen, haben sich die Verantwortlichen der Midlands ein besonderes Konzept ausgedacht: die »**Midlands Meander**«, eine Route über die Nebenstra-

ßen der Region, vorbei an Antik- und Kunsthandwerksläden, urigen Landgasthöfen und englischen Teestuben. Ein kühles Bier und schöne Holzarbeiten gibt es in der Nottingham Road Brewing Company (R103; Tel. 0 33/ 7 02 11 58)! Die Landkarte mit allen Attraktionen der »Midlands Meander« erhalten Sie kostenlos in den Touristeninformationen der Region.
45 km von Pietermaritzburg

Drakensberge ---> S.176, C 14

Es ist wohl nicht übertrieben zu sagen, dass das größte und im Jahre 2000 zum Weltnaturerbe erklärte Bergmassiv Südafrikas einige der spektakulärsten Szenerien des Landes bietet: massive Felstürme, wilde Wasserfälle und bizarre Steinformationen; dazwischen liebliche Täler mit hügeligen Graslandschaften und friedlich plätschernden Bächen. Bis auf einige Zulu-Dörfer ist die Gegend wild und unbewohnt. Die Überquerung nach **Lesotho** ist nur in einer abenteuerlichen Fahrt über den Sani Pass im südlichen Teil der Gebirgskette möglich. Eine Straße zur Durchquerung der Drakensberge vom südlichen zum nördlichen Teil gibt es gar nicht. Nur wenige Straßen führen von der N3 zu den Camps von KZN Wildlife, von denen der Besucher Tagesausflüge oder auch mehrtägige Wanderungen unternehmen kann. Die beliebtesten Wanderrouten mit den spektakulärsten Aussichtspunkten befinden sich im zentralen und nördlichen Abschnitt der Drakensberge. Hier ist auch die beste Zugangsmöglichkeit zu den Felsmalereien der San. Über 600 Fundstellen mit mehr als 20 000 Kunstwerken wurden bisher entdeckt. Übernachtungsmöglichkeit bieten die Camps von KZN Wildlife mit Bungalows und Zeltplätzen für Selbstversorger. Wer auf Luxus nicht verzichten möchte, findet auch einige Hotels, allerdings eher am Rande des Gebirges. Wer allein auf mehrtägige Wanderungen gehen möchte, sollte die üblichen Regeln für das Gebirge beachten: immer eine aktuelle Wanderkarte, genügend Proviant, Trinkwasser und warme Kleidung mitnehmen, da das Wetter sehr schnell umschlagen kann. An einigen Trail-Zugängen muss man sich aus Sicherheitsgründen vor dem Aufbruch in eine Liste eintragen. Falls

Die Drakensberge bieten tolle Möglichkeiten für Wanderungen und Trekkingtouren.

Wasserreichtum prägt das Bild der nördlichen Drakensberge.

dies nicht der Fall ist, empfehlen wir, die Mitarbeiter der Camps oder Ihres Hotels über Ihre Pläne zu unterrichten. Informationen zu Wanderungen und Übernachtungsangeboten sowie aktuelle Landkarten bekommt man bei den Touristeninformationen www.drakensberg-tourism.com (südliche Drakensberge: Underberg Tel. 0 33/7 01 14 71; zentrale und nördliche Drakensberge: Winterton Tel. 0 36/4 88 12 07, Bergville Tel. 0 36/ 4 48 15 57) oder in den Camps von KZN Wildlife (www.kznwildlife.com).

Ziele in der Umgebung

Nördliche Drakensberge

⇢ S. 176, C 14

Die spektakulärste Kulisse auf der Reise durch die Drakensberge offenbart sich dem Besucher sicher im **Royal Natal National Park**. Zwischen Sentinel (3165 m) und Eastern Buttress (3047 m) erstreckt sich eine 5 km lange, halbmondförmige Felswand und erweckt das eindrucksvolle Bild eines überdimensionalen Amphitheaters. In westlicher Richtung liegt mit 3282 m der höchste Berg Südafrikas. Seinen Namen hat der Mont-aux-Sources (Quellenberg) von den zwei französischen Entdeckern Thomas Arbousset und François Daumas aufgrund seines Quellenreichtums erhalten. In seinem Innern entspringt der Tugela River, der sich über die steile Kante des Amphitheaters in mehreren Stufen 800 m in die Tiefe stürzt. Um dieses Schauspiel aus nächster Nähe betrachten zu können, nehmen Sie von Tendele aus die Route zur Tugela Gorge. In einer sechsstündigen Wanderung bieten sich Ihnen faszinierende Ausblicke auf das Amphitheater und die Tugela Falls. Auch der Gipfel des Mont-aux-Sources lässt sich auf einem Wanderpfad erklimmen. Die Gebirgsregion wurde 1906 zum National Park erklärt und hat durch den Besuch der königlichen Familie 1947 den Titel »Royal« erhalten.

270 km nordwestl. von Durban

Südliche Drakensberge
⤳ S.176, C 14

Ausgerüstet mit Reisepass und Allradantrieb kann man den Grenzübergang (von 8–16 Uhr) nach **Lesotho** über den Sani Pass, einen der sensationellsten Bergpässe Südafrikas, antreten. Anfang des 20. Jh. bezwangen Händler mit Packmulis den Anstieg, um ihre Waren ins Basutoland zu bringen. Die unbefestigte Hochgebirgsstraße schraubt sich in atemberaubend steilen Serpentinen nach oben und ist teilweise auch noch im Sommer von Schnee und Eis bedeckt. Am höchsten Punkt, auf 2865 m, kann man sich mit einem Bier im höchsten Pub Südafrikas belohnen und die atemberaubende Aussicht genießen (Sani Top Chalet; Tel. 0 33/ 7 02 11 58). Wer kein allradgetriebenes Fahrzeug besitzt, kann sich bei der Touristeninformation von Underberg über organisierte Touren erkundigen (Tel. 0 33/7 01 14 71; Mo–Fr 8–16 Uhr).
160 km westl. von Durban

Zentrale Drakensberge
⤳ S.176, C 14

Im mittleren Abschnitt gibt es aufgrund bizarrer Landschaften und gut zugänglicher Höhlen mit San-Zeichnungen einige der beliebtesten Wanderungen der Drakensberge. Die vier interessanten Ausgangspunkte sind jeweils von der N3 erreichbar und gut ausgeschildert. Eine der drei großen Fundstätten für San-Kunst befindet sich in den Main Caves in Giant's Castle. Über 500 Werke schmücken die kargen Felswände. Der Game Park Giant's Castle bietet etwa 50 Säugetier- und 150 Vogelarten ein sicheres Zuhause.

Die Attraktion des Parks sind die beeindruckenden Raubvögel und Aasfresser wie Schwarzadler, Schakalbussard, Lannerfalke sowie der Bartgeier, der schon als ausgestorben gegolten hat (Tel. 0 36/3 53 37 18; tägl. 6–18 Uhr).

Auf der Fahrt nach Injisuthi kann man rechts und links nach Zulu-Dörfern mit den traditionellen Rundhütten Ausschau halten. Der Ort selbst ist ein guter Ausgangspunkt für herrliche Wanderungen in die einsame Wildnis und bietet die zweite leicht zugängliche Möglichkeit zu Felsmalereien. Die Wanderung inklusive Besichtigung der über 750 San-Zeichnungen in der Battle Cave dauert ca. drei bis vier Stunden und sollte einen Tag im Voraus gebucht werden (Tel. 0 36/4 31 78 48). In Champagner Valley kann man den Proviant für die kommenden Exkursionen aufstocken und die berühmteste Aussicht auf die Drakensberge genießen. Der Champagner Castle ist der Wächter des Tals und der zweithöchste Berg Südafrikas. **Champagner Valley** hat sich zu einem regen Touristenort entwickelt und bietet zahlreiche Hotels, B & Bs, Supermärkte und Restaurants. Als Ausgangspunkt für Wanderungen ist das Tal nicht zu empfehlen, da man erst einen Shuttle-Service in Anspruch nehmen muss. Dafür ist die etwas nördlich gelegene Cathedral Peak Region mit sensationellen Landschaften und den größten Funden an San-Zeichnungen mehr als eine Entschädigung. Hier kann man die Exkursionen direkt vom Cathedral Peak Hotel starten. Zu den beliebtesten Zielen zählt die weltweit bekannte Ndedema Gorge, deren Höhlen und Sandstein-Überhänge 4000 Kunstwerke der Buschmänner zieren. Das Hotel verkauft Landkarten zur Region, hier kann man auch spektakuläre, lohnenswerte Hubschrauber-Rundflüge über die Drakensberge buchen (Tel. 0 36/4 88 18 88). Ein schönes Ausflugsziel ist der Mike's Pass, der ein herrliches Panorama über die umliegende Berglandschaft bietet.
200 km nordwestl. von Durban

Der einsame Norden

Karoo und Kalahari: Wildblumen, Wüstenlöwen und eine raue Diamantenküste im endlosen Nordkap.

Die einsame Goegab Nature Reserve bei Springbok kann man erwandern und per Mountainbike oder Geländewagen erfahren. Zwischen Felsbrocken und Köcherbäumen trifft man auf Zebras, Gems- und Steinböcke.

Der einsame Norden

Etwas größer als Deutschland, umfasst das Nordkap fast ein Drittel der nationalen Landesfläche und hat gleichzeitig mit nur 830 000 Menschen die geringste Bevölkerungsdichte. **Kimberley** an der Ostgrenze und **Upington** sind die einzigen nennenswerten Städte. Hoch im Norden liegt der Kgalagadi Transfrontier Park, im Nordwesten der Richtersveld Nationalpark, im Westen die kalte, diamantenreiche Atlantikküste, angrenzend an das wildblumenreiche **Namaqualand** (August/September Wildblumenblüte). Der Augrabies Falls Nationalpark bietet Südafrikas imposantesten Wasserfall (März–Mai). Das Herz der Provinz ist die Große Karoo, eine über weite Strecken fast unbesiedelte Region, überdacht von einem endlosen und nachts sternenklaren Himmel.

Seit 80 Jahren werden an der Westküste Südafrikas, zwischen Port Nolloth und Alexander Bay, Diamanten gefunden und im großen Stil abgebaut. Lange Zeit hatte man angenommen, dass der mächtige Oranje die Steine aus dem Landesinnern bis an die Küste angeschwemmt hat – aber im Flussbett selbst ist man nie fündig geworden. Die Sache bleibt bis heute ungeklärt. Tatsache ist, dass im Juni 1926 der britische Offizier Jack Carstens, der seinen Vater in dem rauen Fischerhafen Port Nolloth besuchte, einen hübschen Diamanten südlich des Städtchens im Sand entdeckte. Binnen Wochen brach ein Rausch aus: Die Gegend galt bei Glücksrittern kurz darauf als »Diamantenküste«. Wie immer, wurden die meisten Neuankömmlinge bald enttäuscht.

Aber der deutsche Geologe Hans Merensky (der später auch noch riesige Platinvorkommen im Osten Südafrikas entdecken sollte; zu seinen Ehren wurde das Hans Merensky Naturreservat am Westrand des Greater Limpopo Transfrontier Park benannt) machte eine bahnbrechende Entdeckung: Die Diamanten fanden sich durchweg vermischt mit jahrtausendalten, leeren Austernschalen. Merensky erwarb die gesamte Konzession für läppische 17 000 Pfund Sterling. Binnen sechs Wochen hatte er 4 308 Karat entdeckt – und an einem besonders glücklichen Tag fand der Deutsche unter einem flachen Stein 487 Diamanten auf einen Schlag. Um dem wilden Zuzug Einhalt zu gebieten, erklärte die Regierung bereits im Februar 1927 das gesamte Gebiet für unzugänglich. Zwei Jahre danach, nach dem Börsenkrach von 1929, als der Diamantenmarkt weltweit zusammenbrach und Merensky vom Bankrott bedroht war, betrat der gebürtige Hesse Ernest Oppenheimer die Szene.

Oppenheimer kaufte Merensky alles ab und begann, zusammen mit Konzessionen in anderen Landesteilen, seinen Einfluss im De Beers Konzern auszuweiten. Heute ist De Beers das härteste Kartell der Welt: Die Firma kontrolliert zwei Drittel des Welthandels, setzt die Preise fest und verteilt die funkelnde Ware zehn Mal im Jahr an lediglich 125 ausgewählte Großhändler in London, Luzern und Johannesburg. Der Slogan »Ein Diamant ist unvergänglich« gilt mehr denn je. Die Firma betreibt 20 Diamantenminen im südlichen Afrika, vom Bergwerksabbau bis zur Meeresbodenabsaugung. In Kimberley werden alle südafrikanischen Diamanten nach ihrer Größe, Farbe und Form in eine von 14 000 vorgegebenen Gradierungen eingeordnet. Auf einem durchgehenden Tisch liegen 14 000 Rohdiamanten in einer Reihe nebeneinander, jeder repräsentiert exakt eine Kategorie. Die hoch konzentrierten Sortierer sitzen an Fenstern, die nach Süden zeigen, so dass der Lichteinfall exakt gleich ist.

Kimberley ⟶ S. 174, C 12

250 000 Einwohner
Stadtplan → S. 127

Diese Stadt leitete die entscheidende Wende in der Geschichte Südafrikas ein: Erstmals entstand in dem Agrarstaat massive Kapitalbildung. 1869 wurde der erste Diamant gefunden – binnen zehn Jahren exportierte man Edelsteine im Wert von 2,2 Mio. Pfund Sterling. Aus Kimberley, zunächst »New Rush« von den Diamantengräbern genannt, wurde die erste moderne Großstadt Südafrikas; noch vor New York schaltete man hier die Elektrizität an.

Das **Big Hole,** das Zehntausende Digger auf der Suche nach Diamanten fieberhaft mit Schaufeln und Körben aushoben, ist mit 500 m Durchmesser das größte Loch, das jemals von Menschenhand gegraben wurde; einzelne Stollen reichen bis in 800 m Tiefe. Der Krater liegt seit 1914 still, aber in Kimberley arbeiten auch heute noch drei Diamantenbergwerke – natürlich von De Beers – und fördern 4000 Karat pro Tag.

Die Schattenseite des glitzernden Reichtums: Damals wurden die Passgrenze und die Compounds (gefängnisähnliche Lager) eingeführt, spätere Säulen der Apartheid, weil weiße Konzessionsbesitzer Diamantendiebstahl seitens ihrer schwarzen Arbeiter befürchteten. Mit der Bildung von Gesellschaften, die in dem bis heute geltenden Monopol der De Beers Company gipfelte, verloren auch die wenigen schwarzen Konzessionäre nach und nach ihre ursprünglichen Ansprüche. Schwarze waren fortan nicht mehr Eigner, sondern nur noch billige und entrechtete Arbeitskräfte.

Die britischen Magnaten Cecil Rhodes und Barney Barnato, der eine Pfarrerssohn, der andere Boxer und Schauspieler, focht das natürlich nicht an. Jahrelang rangen diese beiden Männer um die Vorherrschaft in der Diamantenindustrie; jeder kaufte so viele Konzessionen auf, wie er nur irgend konnte. Barnato war schon mit 25 Jahren Millionär – aber den ganz großen Coup landete er ironischerweise mit seiner Niederlage gegen Rhodes: 1888 trat er seinem Widersacher für 5,3 Mio. Pfund Sterling alle Rechte

Das Kimberley Mine Museum vermittelt allerlei Wissenswertes über das Bergwerkswesen. Hier kann man den größten Rohdiamanten der Welt bestaunen.

Kimberley 127

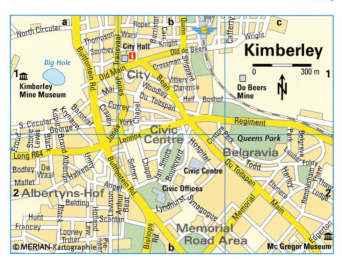

ab. Der Rekordscheck, den der seinerzeit 35 Jahre alte Rhodes in seinem Wellblechbüro ausstellte, hängt heute im feinen Vorstandsraum von De Beers. Er war der Grundstein für ein Diamantenkartell, das heute die gesamte Welt umspannt.

HOTELS/ANDERE UNTERKÜNFTE
Edgerton House ⋯> S. 127, c 2
Denkmalgeschütztes, edles Gästehaus, in dem auch Nelson Mandela mehrfach gewohnt hat (im Zimmer »Henry Sacke«). Pool und Teegarten, eigenes Restaurant.
5 Edgerton Rd.; Tel. 0 53/8 31 11 50;
12 Zimmer ●●● CREDIT

Holiday Inn Garden Court ⋯> S. 127, b 1
Sauber, sicher und nahezu immer Platz. Mit Bar und Swimmingpool.
120 Du Toitspan Rd.; Tel. 0 53/8 33 17 51;
124 Zimmer ♿ ●● CREDIT

Carrington Guest House ⋯> S. 127, südl. c 2
Gemütliches und sehr günstiges Gästehaus im besten Viertel der Stadt. Mit Swimmingpool.
32 Carrington Rd.; Tel. 0 53/8 31 61 91;
3 Zimmer ●

MUSEEN
Kimberley Mine Museum ⋯> S. 127, a 1
Ein museales Dorf, direkt neben dem »Großen Loch« gelegen, erzählt die Geschichte des Diamantenrausches von 1869 bis 1914. In der De Beers' Hall ist der »616«, der größte ungeschliffene Diamant der Welt, zu besichtigen. Sehr gut sortierter Laden!
Tucker St.; www.kimberley-bighole.museum.com; tgl. 8–18 Uhr; Eintritt 20 Rand, Kinder 12 Rand

McGregor Museum ⋯> S. 127, c 2
Das nach einem ehemaligen Bürgermeister der Stadt benannte Museum zeigt die Stadtgeschichte und den einstigen Lebensstil.
Edgerton Rd.; Mo–Fr 9–17, Sa 9–13, So 14–17 Uhr

ESSEN UND TRINKEN
Marios ⋯> S. 127, b 1
Guter und gemütlicher Italiener.
159 Du Toitspan Rd.; Tel. 0 53/8 31 17 38; So geschl. ●● CREDIT

Umbertos ⤳ S. 127, b 1
Pasta, Pizzas, Steaks.
Du Toitspan Rd., neben Halfway House;
Tel. 0 53/8 32 57 41; So geschl. ●● CREDIT

**Halfway House Hotel
Drive-In Pub** ⤳ S. 127, c 2
Die erste Kneipe Südafrikas, in der man nicht vom Pferd absteigen musste, um sich den Staub aus der Kehle zu spülen. Heute bekommen Autofahrer die vier Sorten Fassbier auch auf dem Parkplatz serviert.
Du Toitspan Rd. ● ▱

Service
Auskunft ⤳ S. 127, b 1
Diamandveld Visitors Centre
121 Bulfontein Rd.; Tel. 0 53/8 32 72 98;
Mo–Fr 8–17, Sa 8.30–11.30 Uhr

Upington ⤳ S. 173, F 7
55 000 Einwohner

Die einzige kommerzielle Stadt weit und breit bietet dem Besucher die Gelegenheit, sich mit allem zu versorgen, was er für die Weiterreise braucht – Supermärkte, Autowerkstätten, Unterkünfte und Touristeninformationen (Schröder Street, im Kalahari Oranje Museum; Tel. 0 54/3 32 60 46, geöffnet Mo–Fr 8–17, Sa 9–12 Uhr). Das ist es aber auch schon. Dank des Wassers des Oranje werden in der weiteren Umgebung Weintrauben (es gibt sogar eine Weinroute), Obst, Weizen und auch Baumwolle angepflanzt. Upington weist, nach der langen Anfahrt durch die dürre Halbwüste, ein überraschend grünes Stadtbild auf: Rosenbepflanzte Gärten und große, Schatten spendende Bäume erzeugen eine Atmosphäre der Ruhe und Gelassenheit. Aber Vorsicht: Im Sommer, besonders ab Neujahr, erreichen die Temperaturen häufig 40 Grad Celsius; sogar die Weinlese erfolgt dann nur in der Nacht, wenn es abgekühlt hat. Auf »Sakkie se Arkie« (Sakkies Arche) kann man täglich auf dem Oranje eine Sonnenuntergangsfahrt mitmachen, das Boot legt an der Palm Avenue auf der gegenüberliegenden Flussseite ab.

Hotels/ andere Unterkünfte
La Boheme Guesthouse
Ein Bungalow, überraschenderweise im asiatischen Zen-Stil eingerichtet, dazu zwei luxuriöse Zimmer mit afrikanischen und tropischen Motiven, in der Residenz der Schweizer Eigentümerin Evelyn. Entspannte Atmosphäre, Schwimmbad, großer Palmengarten. Wunderbarer Blick auf die Ausläufer der Kalahari.
172 Groenpunt Rd.; Tel. 0 54/ 33 80 660 oder 08 33/83 82 88; www.labohem.com; 3 Zimmer ●●● CREDIT

Le Must Guest Manor
Zwei charmante, hübsch eingerichtete Häuser, in einem großen Garten gelegen, direkt am Fluss. Schwimmbad. Die Zimmer, alle mit Bad, sind geschmackvoll eingerichtet. Abendessen auf Wunsch. (Nicht zu verwechseln mit der exklusiveren Le Must River Residence ●●●● nebenan in der Budler St.)
12 Murray Av.; Tel. 0 54/ 33 23 971 oder 08 23/73 38 37; www.lemustupington.com; 7 Zimmer ●●● CREDIT ♿

Essen und Trinken
Le Must
Für viele das beste Restaurant in der Stadt. Das kapmalaiische Lamm ist empfehlenswert.
11 Schröder St.; Tel. 0 54/3 32 39 71; tgl. ab 12 Uhr ●●● CREDIT

Kalahari O'Hagans
Mittags und abends klassisches Pub-Menu: gute Steaks und großzügige Fischportionen. Morgens ein strammes Frühstück (Eier und Speck). Man sitzt herrlich draußen mit Blick auf den Fluss.
20 Schröder St.; Tel. 0 54/3 31 20 05; tgl. ab 8 Uhr ●● CREDIT

DAS KÖNIGREICH DES LÄCHELNS.

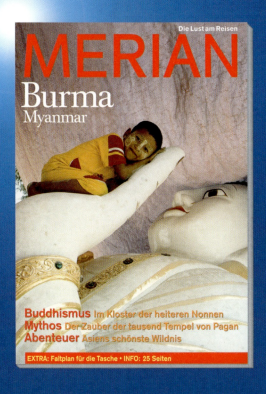

Rosa Nonnen und weiße Elefanten, Völkervielfalt und tausend Tempel, Opium und eine Welt am Wasser – Asiens unbekannte Schöne! MERIAN bietet Reportagen von exzellenten Fotografen und den besten Autoren der Welt – mit aktuellen Informationen, nützlichen Tipps und umfangreichem Kartenmaterial. Für anspruchsvolle Reisende, die das Erlebnis für alle Sinne suchen. **IM GUTEN BUCH- UND ZEITSCHRIFTENHANDEL ODER UNTER TELEFON 040/87 97 35 40 UND WWW.MERIAN.DE**

MERIAN
Die Lust am Reisen

Selten führt der Oranje genügend Wasser, um die Augrabies Falls rauschen zu lassen.

Ziele in der Umgebung

Augrabies National Park
····> S. 173, E 7

Eine Autostunde westlich von Upington auf der Nationalstraße 14 und nördlich des Dorfes Kakamas stürzt der Oranje (Orange River) – mit einer Länge von 2 000 km Südafrikas längster Fluss – in Augrabies Falls bis zu 75 m in die Tiefe. Man sollte sich jedoch keine falschen Vorstellungen von einer südafrikanischen Version der Viktoriafälle machen: Nur zwischen März und Mai, falls es im Landesinneren gute Niederschläge gab, führt der Oranje genug Wasser, um seine beeindruckende Kulisse zu entfalten. Dann stimmt auch der ursprüngliche Name für die Fälle: Aukoerebis – »Ort des lauten Rauschens«. Vorsicht gilt besonders für Familien mit kleinen Kindern: Auf den gischtnassen Felsen sind im Laufe der Zeit öfters Besucher ausgerutscht und in die Tiefe gestürzt. (Fast immer mit tödlichem Ausgang – einem glücklichen Skandinavier riss die Strömung zwar alle Kleider vom Leib, aber er konnte lebendig flussabwärts aus dem Wasser gefischt werden!)

Aber auch dann, wenn die Fälle zu einem wenig beeindruckenden Rinnsal versickern, lohnt die weite Fahrt hierher – besonders für den, der der Kälte und Enge Europas entkommen will. Denn die weitere Umgebung und die tiefe, 18 km lange Schlucht des Oranje bilden einen Nationalpark (184 qkm), dessen wilde Natur und Felsformationen oft Mondlandschaften ähneln. Zu dem Wild, das man hier antrifft, gehören neben Eland-Antilopen neuerdings auch die bedrohten Wüstenspitzmaulnashörner (Desert Black Rhino). Auf den erholsamen Wanderwegen, etwa dem dreistündigen Dassie Trail, sieht man kleine Nagetiere über heiße Felsen huschen, am späten Nachmittag geben die einheimischen Köcher-Bäume gegen die untergehende Sonne wunderbare Fotomotive ab. Wer möchte, kann auch im Kanu oder Schlauchboot unten auf dem Fluss rudern, organisiert vom Kalahari Adventure Center, www.kalahari.co.za. Abenteuerlich ist auch der dreitägige Klipspringer Hiking Trail entlang des Flusses mit Übernachtungen in einfachen Holzhütten, der aber wegen der Sommerhitze von Oktober bis März geschlossen ist. Bequeme Übernachtungsmöglichkeiten, wie in allen Nationalparks, bietet das Rest Camp mit seinen Cottages und Bungalows, inklusive Schwimmbad, Restaurant und Laden. Das Haupttor ist von 7–19 Uhr geöffnet. Aktuelle Informationen gibt es unter Tel. 0 54/ 4 51 50 00; zentrale Buchungen kann man unter www.sanparks.org vornehmen.

110 km westl. von Upington

Kgalagadi Transfrontier Park ⸺⟩ S. 173, E/F 5–6

Wer das Glück hat, einen der majestätischen, hellen Kalahari-Löwen mit seiner schwarzen Mähne unter einem schattigen Kameldornbaum anzutreffen, der hat fortan ein bleibendes Südafrika-Souvenir im Kopf. Vor der atemberaubenden Kulisse einer lautlosen Weite, den trockenen Flussbetten des Noosob und des Auob, in denen Antilopen nach Wasser graben, rot-gelben Sanddünen und einem immerblauen Himmelsdach begreift der Neuankömmling, warum Kenner diesen Park schätzen und lieben. (Vielleicht treffen Sie ja auch auf einen älteren Herrn in einem viel gefahrenen Allradwagen, hinter dessen Außenspiegel permanent ein Fotostativ eingeschraubt ist: Das ist Kalahari-Piet, ein Ersatzteilhändler aus Bloemfontein, der diesen Park öfter besucht hat als jeder andere Besucher. Der Mann pirscht sich seit Jahren an eine Löwin und ihre Nachkommen an und hat im Laufe der Zeit die wohl umfangreichste Foto-Dokumentation der Welt über eines dieser Raubtiere zusammengestellt. Und das ohne jede kommerzielle Absicht.)

Im Jahre 2000 wurde aus dem ehemaligen Kalahari Gemsbok Nationalpark (9591 qkm) das erste Wildreservat, dessen Grenze mit einem Nachbarland (Botswana) per Staats-

Nicht nur für Romantiker: Ein stimmungsvoller Sonnenuntergang in der Savanne ist nur noch von nächtlichem Löwengebrüll zu toppen.

vertrag permanent geöffnet wurde. Seitdem heißt er korrekt Kgalagadi Transfrontier Park – wie die San-Busch-leute ihre Heimatregion seit Jahrtausenden bezeichnet haben – und ist auf 38 000 qkm erweitert worden, allerdings mit äußerst wenig touristischer Infrastruktur auf der botswanischen Seite.

Neben den leicht zu findenden Antilopen (Springböcke, Gemsböcke, Eland, Gnus und Kuhantilopen) kann, wer geduldig und intelligent Ausschau hält, auch die Raubtiergattungen Löwe, Leopard, Gepard, Hyäne, Schakal, Wilder Hund und Fuchs erspähen. Am besten, man fährt zu einem Wasserloch, stellt den Motor ab und wartet – mindestens ein, besser zwei bis drei Stunden. Übrigens: Das allein ist schon ein Stück erholsamer Urlaub. Spannend wird es, wenn die Böcke plötzlich unruhig werden und die Flucht ergreifen. Außerdem sollte man immer die Kanten der spärlich bewachsenen Dünen im Auge behalten – dort verstecken sich die Katzen oft. Auf Baumästen sitzen häufig Adler; insgesamt existieren über 200 Vogelarten in der Kalahari.

Eine Bemerkung zu den **San**, den letzten Nachkommen der jahrhundertelang verfolgten und ausgenutzten Urbevölkerung des südlichen Afrika: im Jahre 2000 erhielten sie von der Regierung 50 000 ha an und im Park – einerseits, um ihre traditionelle Lebensweise aufrechterhalten, andererseits, um am Tourismus teilhaben zu können. Dieses lobenswerte Projekt war bisher leider nur teilweise erfolgreich. Alkoholismus und Drogenmissbrauch, bedingt durch Armut und Arbeitslosigkeit, prägen weiterhin ihre oft bejammernswerte Existenz. Ein noch übleres Bild bietet sich in dem kleinen Ort bei Schmidtsdrif, westlich von Kimberley, wo tausende Buschleute, die früher in der Armee als Fährtenleser gedient hatten, seit 1990 mit ihren Familien in Zelten hausen müssen.

Unterkünfte: Die modernsten Bungalows sind in Twee Rivieren (mit Restaurant), die urigsten in Mata Mata und Nossob. Oder man lebt in einem Luxuszelt (mit Küche und Bad) im Kalahari Tent Camp, auf einer Sanddüne oberhalb des Auob Flusses gelegen und mit allem ausgerüstet,

Oryx – in Südafrika Gemsbock genannt – und Strauß sind zwei typische Vertreter der Tierwelt im Kgalagadi Transfrontier Park.

Nach ausreichenden Regenfällen im August und September wird das Namaqualand von bunten Blütenteppichen überzogen.

was man für eine komfortable Übernachtung benötigt. Interessant ist auch der dreitägige Nossob 4x4 Eco Trail, mit Übernachtungen unter freiem Himmel; allerdings benötigt man dafür, ebenso wie für die beiden Dünencamps Bitterpan und Grootkolk, ein Allradgefährt.
260 km nördl. von Upington

Namaqua National Park
⸺▷ S. 178, C 17

Man muss natürlich nicht eigens in einen Nationalpark fahren, um die **Wildblumen** der Westküste zu sehen: Wer ab Mitte August, nach der Regenzeit, von Kapstadt auf der N7 in Richtung Namibia fährt, sieht links und rechts der Straße bereits dieses spektakuläre Naturschauspiel: tausende gelber, weißer, roter und violetter Kelche öffnen sich ab 10 Uhr morgens der Sonne und schließen sich wieder ab 15 Uhr. (An bedeckten, kühlen Tagen, die in dieser Gegend aber nur selten vorkommen, hat es keinen Sinn.) Überall ab dem Städtchen Garies, in Richtung Springbok, und dann auch weiter nach Westen, in Richtung der Diamantenstadt Port Nolloth stehen die Blumen.

Hier im Land der Nama – einem leicht gelbhäutigen Volk, verwandt mit den viehzüchtenden Khoikhoi – entfaltet sich die bunte Pracht der Korbblüter am beeindruckendsten. Fast viertausend verschiedene Blumenarten haben Botaniker registriert, für europäische Verhältnisse eine unglaubliche Vielfalt. Das Besondere an einem Besuch des Namaqua National Park ist das Ökosystem zwischen den Flüssen Groen und Spoeg und deren Mündungsgebieten ins Meer: riesige Granitblöcke, flache Felsen, weitläufige Sandtäler. Zwischen

Wahre Farbexplosionen erfreuen den Blumenfreund zur Zeit der Wildblumenblüte nicht nur im Namaqua National Park, sondern auch im Richtersveld National Park.

den Blumen sieht man Klippspringer, Paviane, Schakale und auch mal – allerdings sehr selten – einen scheuen Leoparden. Am besten, man lässt das Auto stehen und geht wandern: ein echter Blumenfreund, heißt es, hat immer schmutzige Knie.

Das neue Environmental Resource Centre in der Silkpad-Region des Parks bietet interessante Studienprogramme zu Flora und Fauna an. Dort befindet sich auch ein Farm Stall (Bauernladen), wo man frische Lebensmittel einkaufen kann. Im Naturschutzgebiet selbst kann man nicht übernachten, aber in den umliegenden Dörfern und natürlich in Springbok finden sich Gästehäuser und kleine Hotels.

Der Park ist über die N7 zu erreichen, kurz hinter Kamieskroon auf die Schotterstraße.

450 km südwestl. von Upington

Richtersveld National Park ⇢ S. 172, B 7–8

Dieser 185 000 ha große, 1991 entstandene Nationalpark an der Grenze zu Namibia gehört zwar komplett zu Südafrika. Aber das Richtersveld, benannt nach einem rheinländischen Missionar, ist auch Teil der grenzübergreifenden »Richtersveld/Ai-Ais Transfrontier Conservation Area«. In zerklüfteten Lavabergen, tiefen Schluchten und Mondlandschaften zeigt sich die Natur von ihrer unbändigsten Seite: Man braucht deshalb einen Allradwagen, um diese Bergwüste weitläufig zu erkunden – oder man wandert zu Fuß. Es versteht sich, dass diese Art Abenteuerurlaub nur etwas für Naturliebhaber ist, die keine Strapazen scheuen. Die raue Berglandschaft mit mächtigen Felsformationen ist nur durch eine Allradpiste erschlossen, die an manchen Stellen das ganze Können von Fahrer und Maschine erfordert. Belohnt wird der Wagemutige mit Stille und Einsamkeit und abgelegenen Picknickplätzen am Oranje. Die Tierwelt macht sich rar in dieser Einöde, die die einzig echte Wüste Südafrikas ist. Auch den Tieren ist es hier zu unwirtlich, bei bis zu 50° C im Sommer und Minustemperaturen im Winter. Außer Eidechsen, Klippspringern und Vögeln gibt es kaum Tiere. Wie überall an der Küste des Nordkaps erhalten die Pflanzen ihre Feuchtigkeit fast ausschließlich vom kalten Morgennebel, der vom Atlantik her einbricht. Das einmalige Ökosystem besteht hauptsächlich aus Aloen und den eigentümlichen Köcherbäumen, die Fauna aus Reptilien und Raubvögeln. Eine Besonderheit sind die so genannten Halfmens-Bäume, eine Sukkulentenart. Die fast blattlosen Pflanzen sind immer nach Norden ausgerichtet. Die Nama erklären das Phänomen damit, dass die Halfmens-Bäume ihre aus Namibia vertriebenen Vorfahren seien, die sich nach Norden zur alten Heimat umdrehten und erstarrten.

Wenn es mal regnet, meist zwischen Juni und Oktober, verwandelt sich auch das Richtersveld – teilweise – in ein Blumenmeer. Zu dieser Jahreszeit werden auch mehrtägige Nature Trails für Allradfahrzeuge angeboten, dazu wird für jede Gruppe ein Ranger abgestellt. Die wenigen Übernachtungsmöglichkeiten sind einfach: drei Gästehäuser und einfache Selbstverpfleger-Cottages außerhalb dse Parks. Das Nama- Volk ist an dem wirtschaftlichen Erfolg des Parks direkt beteiligt. Die Hirten leben hier immer noch so wie ihre Vorfahren.

Den Park erreicht man über die N7 (bis Steinkopf), er liegt nordwestlich von Violsdrif, muss aber über Port Nolloth und Alexander Bay angefahren werden. Buchungen unter: www.sanparks.org
720 km westl. von Upington

Im abgelegenen Richtersveld National Park gibt es malerisch gelegene einsame Camps, die man nur mühevoll mit dem Geländewagen erreicht.

Wilde Tiere und Blumenteppiche

Gemessen an seiner Größe besitzt Südafrika eine atemberaubende Vielfalt an Pflanzen und Tieren.

Sieben verschiedene Biome – fest definierte Lebensgemeinschaften von Tieren und Pflanzen – findet man zwischen der Kapspitze und den beiden Ozeanen im Südwesten und dem Grenzfluss Limpopo im Nordosten. Dazu gehört auch das kleinste und artenreichste Florenreich der Welt: Über 9 000 verschiedene Pflanzen wurden registriert, auf dem Kapstädter Tafelberg allein mehr als in ganz Großbritannien, wie einheimische Botaniker stolz unterstreichen.

DIE GRÖSSTEN SÄUGER DER WELT

Wer auf Safari geht, erspäht in den Wildparks relativ leicht die größten Säugetiere, die man auf der Erde noch findet: Elefanten, Büffel, Nilpferde, Giraffen und beide Rhinozeros-Arten: Breitmaulnashörner und die seltenen Spitzmaulnashörner, die vor knapp hundert Jahren kurz vor dem Aussterben standen, von denen heute aber, dank guter Hege, wieder fast 3 000 Exemplare existieren. In freier Wildbahn sind die herrlichen Raubtiere – Löwen, Leoparden, Geparden und Hyänen – ebenso vertreten wie zwei Dutzend Antilopen, darunter Eland, Kudu, Oryx, Nyala, Wasserbock und Impala.

In den beiden Ozeanen an Südafrikas über 3 000 km langer Küste schwimmen Wale, Haie und Delfine und eine Vielzahl von Fischen. An der Kapküste – und fast hautnah am Bouldersstrand südlich von Kapstadt! – trifft man sogar Pinguine an. Auch bei der Vogelwelt bleiben kaum Wünsche offen. Etwa die Hälfte der 900 Arten, die in Südafrika vorkommen, sieht man häufig im Greater Limpopo Transfrontier Park, darunter Adler, Geier, Falken, Sperber und Reiher. An Lagunen und Flüssen in anderen Landesteilen tummeln sich Flamingos, Pelikane und Kormorane. Und nicht zu vergessen der größte Laufvogel der Welt, der Strauß: Wegen seiner lukrativen Federn und seines weichen, aber sehr wider-

MERIAN-Spezial

standsfähigen Leders sind viele Farmer von Rindern und Schafen auf die an die Natur hervorragend angepassten Strauße umgestiegen.

Die Vegetation lässt sich grob in vier Regionen einteilen. Die dürren Halbwüsten im Nordwesten (Kalahari, **Karoo** – das »durstige Land«), das Grasland im Innern und die 1 600 m hoch gelegenen Savannen im Osten des Landes nehmen dabei den weitaus größten Teil des Landes ein; die kleinen Waldgebiete an der Südküste machen hingegen nur einen winzigen Teil aus.

EINMALIGE VIELFALT

Insgesamt wurden bisher mehr als 22 000 verschiedene Pflanzenarten registriert. Fast ein Viertel davon findet man in dem kapländischen Florenreich (»Capensis«), wo auf engem Raum eine weltweit einmalige Vielfalt herrscht. Der Fynbos, der »feine Busch«, mag für den Laien nur aus dürrem Gras und Dornenbusch bestehen – aber eine größere Vielfalt von Schilfgräsern (»Kap-Reet«), Eriken (»Kapheide«), Orchideen und Proteen gibt es nirgendwo. Die beiden bekanntesten Blumen sind die Königsprotea, Südafrikas Nationalblume, und die dreiblättrige Rote Disa, die nur drei Wochen im Januar blüht und nur von einem bestimmten Schmetterling (»Bergstolz«) befruchtet wird. Die Blätter des »Rooibos« werden schon lange zu einem gut bekömmlichen Tee verarbeitet, der in den Reformhäusern der ganzen Welt als gesundes Markenzeichen Südafrikas gilt.

Zu Beginn des Frühlings, hierzulande Ende August, erlebt man nördlich von Kapstadt bei schönem Wetter ein spektakuläres Naturschauspiel: die **Wildblumen**. Millionen gelber, weißer, roter und violetter Kelche öffnen sich der Sonne – an manchen Stellen, so weit das Auge blickt. Sogar im trockenen Norden blüht es nach seltenen Regenfällen. Nur sechs Wochen lang hält sich die bunte Pracht der Korbblüter. Viertausend verschiedene Blumenarten haben Botaniker allein in diesem Teil des Capensis gezählt.

Kurz: Wer Artenreichtum in der Natur sucht, kann es in keinem Land der Welt besser antreffen als in Südafrika.

Elefanten sind die größten Landlebewesen, sie haben keine natürlichen Feinde. Am besten kann man sie im Greater Limpopo Park und im Addo Elephant Park beobachten.

Routen und Touren

Wenn da nicht das Gefühl von Abenteuer und Freiheit aufkommt: schier unendliche, menschenleere Weite in der Kalahari an der Grenze zu Namibia und Botswana.

Mit dem Auto lernt man Land und Leute nach wie vor am besten kennen. Weinroute, Kalahari-Route, eine Tour durchs Zululand und eine Nationalpark-Safari führen zu den Höhepunkten Südafrikas.

Die Weinroute – Weinkeller und vorzügliche Restaurants

Charakteristik: Tagestour für Weinfreude und Genießer; **Dauer:** 1 Tag; **Länge:** ca. 240 km; **Einkehrmöglichkeiten:** in allen Weinorten, vor allem in Franschhoek, sehr gute Restaurants, auch Picknickmöglichkeiten; **Auskunft:** Tel. 0 21/4 26 42 60; www.tourismcapetown.co.za; **Karte:** → S. 141

Für viele Besucher ist die Weinregion zwischen Kapstadt, Paarl und Stellenbosch der wunderbarste Teil Südafrikas. Bei dieser Tagestour (etwa 240 Kilometer) lernen Sie die schönsten Weinstädte und Gebirgspässe des westlichen Kaps kennen. Wer alles besichtigen will, muss allerspätestens um 8.30 Uhr von Kapstadt abfahren, um am Abend wieder in Kapstadt zu sein.

Kapstadt ···> Paarl
Die Autobahn N1 führt zunächst nach **Paarl**, dem Hauptsitz jener Winzergenossenschaft, die fast die gesamte Weinproduktion Südafrikas kontrolliert. Im Museum Oude Pastorie kann man unter anderem alte Möbel, im Gideon Malherbe Haus die erste Druckerpresse einer afrikaansen Zeitung besichtigen. Am Südhang des Paarl Mountain (ein 700 Meter hoher Granitfelsen, der in der Sonne glänzt wie eine »Perle« und der Stadt ihren Namen gab) liegt das Monument der Afrikaans-Sprache, das 1975 eingeweiht wurde. Von dort hat man einen sehr schönen Blick über das Tal; übrigens auch vom Jan-Phillips-Drive (11 Kilometer) aus, der gegenüber der Genossenschaft von der Hauptstraße den Berg hinaufführt. Sehr sehenswert ist das große, weit über die Landesgrenzen hinaus bekannte Weingut Nederburg etwas außerhalb der Stadt. Zusätzlich zum Wein kann man hier ländliche Idylle und kapholländische Baukunst genießen. Wer spät aus Kapstadt abgefahren ist und jetzt zu Mittag essen will, ist auf der schönen Terrasse des **Grande Roche Hotels** in der Stadt bestens aufgehoben. Der deutschsprachige Manager ist sehr ortskundig und gibt Ihnen gerne Tipps (Tel. 0 21/8 63 27 27).

Paarl ···> Franschhoek
Die Landstraße R303 führt nach Franschhoek, vorbei am Victor-Vester-Gefängnis, durch dessen Tor Nelson Mandela am 11. Februar 1990 in die Freiheit schritt, dem La-Motte-Weingut und dem kleinen Safariland Wildpark. Franschhoek wurde 1688 von Hugenotten gegründet und gilt heute als Treffpunkt für Feinschmecker (mehr als 20 Restaurants). Empfehlenswert sind **Le Quartier Français**, Le Ballon Rouge, La Petite Ferme und La Maison de Chamonix. Am Ortsausgang können Sie den besten Sekt Südafrikas kosten und kaufen: die Erzeugnisse vom Clos Cabrière des deutschstämmigen Weinmachers

Südafrikas Weinindustrie boomt, die guten Tropfen sind sehr gefragt.

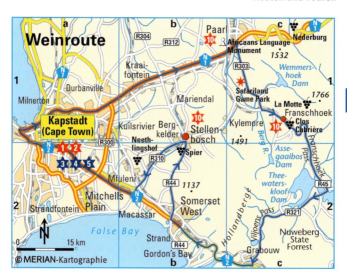

Achim von Arnim (Führungen Mo–Sa 11 Uhr). Das ausgezeichnete Restaurant Haute Cabrière ist täglich mittags geöffnet (Tel. 0 21/8 76 36 88). Man kann nach Anmeldung auch den Sektkeller besichtigen (Tel. 0 21/ 8 76 26 30).

Franschhoek Pass ···▷ Stellenbosch

Über den Franschhoek Pass, der herrliche Aussichten über das Berg River Tal bietet, fährt man die R45 hinunter zum Theewaterskloof Damm, einem der wichtigsten Wasserreservoire Kapstadts. Die R321 führt über den Viljoenspass nach Elgin und Grabouw, rechts liegen die Hollandberge. Hier werden viele der leckeren »Cape«-Früchte (Äpfel, Birnen, Pfirsiche) und frische Schnittblumen, die die Europäer im Winter erfreuen, geerntet.

Auf der Nationalstraße N2 geht es über den Sir Lowry's Pass nach **Somerset West** und Strand, einem beliebten Badeort. Der Pass bietet eine schöne Aussicht auf Farmgebiete und Berge zur Rechten und die False Bay zur Linken; an klaren Tagen kann man sogar den Tafelberg und die Kapspitze sehen. In Somerset ist das Weingut Vergelegen (Tel. 0 21/8 47 13 34) einen Besuch wert; im dortigen Teegarten kann man es gut aushalten. Hinter Somerset West geht es rechts ab auf der R44 nach **Stellenbosch**.

Die erste Universitätsstadt Südafrikas, gegründet 1679, ist die Wiege des intellektuellen Burentums: Hier haben zahlreiche Premierminister und Präsidenten studiert. Wie Paarl ist es ein Zentrum des Weinbaus. Die historische Altstadt mit ihren Eichenalleen und kapholländischen Gebäuden, Kirchen und Museen kann man einfach erlaufen, indem man die Dorp Street entlangspaziert.

Stellenbosch ···▷ Kapstadt

An der Straße in Richtung Kapstadt liegen links und rechts Weingüter. Empfehlen können wir, linker Hand, den Spier-Komplex. Hier kann man in drei Restaurants speisen (Livemusik) und im Wine Center ein Dutzend südafrikanische und internationale Weine kosten, vergleichen und kaufen. Für Kinder gibt es ferner einen Spielplatz mit Beaufsichtigung. Auch Picknick-Körbe für Ausflüge an den

MERIAN-Tipp

9 Pinotage

Weinfreunde können in Südafrika gleich mehrere Urlaube verbringen. Ein Weingut ist schöner als das andere und die Auswahl an edlen Tropfen ist groß. Pinotage gilt als die Nationaltraube des Landes. Der tief dunkelrote Wein entstand 1925, als der südafrikanische Professor Abraham Perold die Rebsorten Pinot Noir und Cinsault (Hermitage) an der Universität von Stellenbosch kreuzte. Der Wein wurde erst Anfang der Neunzigerjahre des vergangenen Jh. anerkannt und erfreut sich weltweit immer größerer Beliebtheit. Pinotage ist betont fruchtig mit Aromen von Banane, Blaubeere oder Pflaume und erreicht relativ früh seine Trinkreife. Beyers Truter zählt zu den besten Pinotageexperten Südafrikas. Seinen preisgekrönten Wein kann man auf dem Kanonkop Estate in Stellenbosch, einer der besten Rotweingegenden des Landes, probieren.

Elsenburg, R44 Richtung Paarl; Tel. 021/8 84 46 56; www.kanonkop.co.za; Mo–Fr 8.30–17.00 Uhr, Sa 8.30–12.30 Uhr

⇢ S. 179, D 20

Fluss werden angeboten. Buchungen und Informationen gratis unter Tel. 08 00/22 02 82. Etwas weiter, rechter Hand, liegt der malerische Neethlingshof mit dem Restaurant Lord Neethling (Tel. 0 21/8 83 89 66). In dieser Gegend gedeihen Weinreben besonders gut. An einige Weingüter sind Restaurants angeschlossen. Dort können Sie sich vor der Rückfahrt nach Kapstadt noch einmal stärken.

Die Landstraße R310 oder die Autobahn N2 führen zurück nach Kapstadt. Auf der N2 zwischen Somerset West und Kapstadt passiert man die Township **Khayelitsha**, die unmittelbar an die Autobahn angrenzt. Hier hielt die deutsche Fußballnationalmannschaft im Dezember 1995 ein Training für Jugendliche ab. Trotz ungebrochenen Zuzugs vom Land – bis zu 10 000 Neuankömmlinge pro Monat werden registriert – gelang es der Regierung Mandela, die Infrastruktur zu verbessern. So hat Khayelitsha nun eine Boxarena von olympischen Ausmaßen.

Die R310 führt über Muizenberg direkt am Strand entlang, über das Constantia-Tal gelangt man zurück nach Kapstadt.

Franschhoek, heute eines der Weinproduktionszentren Südafrikas, wurde von Hugenotten gegründet, die hier französische Reben pflanzten.

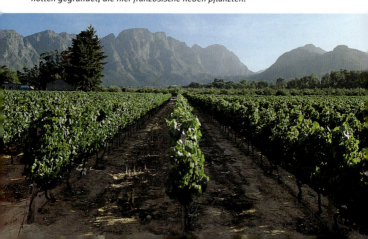

Das Zululand – Ausflüge im tropischen Tierparadies

Charakteristik: Touren in Wildparks und an die Strände des Indischen Ozeans;
Dauer: 5 Tage; **Länge:** 800 km; **Einkehrmöglichkeiten:** sehr gutes Restaurant im Wildpark Umfolozi-Hluhluwe, sonst Shakaland und St. Lucia; **Auskunft:** Tel. 0 31/3 04 49 34; www.durbanexperience.co.za; **Karte:** ···> S. 177, D14–F13

Nur hier wird Südafrika tropisch: Palmen, Korallenriffe, Nashörner und Flusspferde findet man in diesem Landstrich.

Diese Tour, die fünf Tage dauert und ungefähr 800 Kilometer umfasst, ist keine klassische Rundfahrt, da das Zululand dafür nicht genügend Unterkünfte bietet. Deshalb schlagen wir vor, Sie quartieren sich in einem der beiden zentral gelegenen Hotels oder – noch besser – im **Wildpark Umfolozi-Hluhluwe** (sprich: Schlu-schlu-e) ein und machen täglich Ausfahrten durch die drei Wildreservate Umfolozi-Hluhluwe, Mkuze oder zum **Greater St. Lucia Wetland** Park.

Im Zululand sehen Sie auf engem Raum die »Big Five« und mehr Nashörner als irgendwo sonst auf der Welt: In Umfolozi-Hluhluwe (96 000 ha) leben auf 900 qkm fast 2000 Breitmaul- und Spitzmaulnashörner – ein Viertel aller weltweit existierenden Exemplare dieser bedrohten Tierarten. In Hluhluwe findet man auch die bezaubernde, aber scheue Nyala-Antilope.

Das Wasserschutzgebiet **St. Lucia**, ein tropisches Vogelparadies, ist von Sümpfen und Dünen umgeben; hier gibt es auch unzählige Flusspferde, Krokodile, Wasserbüffel und seit dem Jahr 2001 sogar auch wieder Elefanten.

Durban ···> Hluhluwe
Der erste Tag führt nach Hluhluwe. Von Durban aus nimmt man die Autobahn N2, die später zweispurig wird, nach Norden; bis Empangeni sind es 162 Kilometer. Wer morgens zeitig abfährt, kann schon nach 115 Kilometern in Gingindlovu links in Richtung Eshowe auf die R68 abbiegen. Nach knapp 30 Kilometern kommt man zum **Shakaland**; dort wurde die auch in Deutschland ausgestrahlte Fernsehserie »Shaka Zulu« gedreht. Das Zuludorf und Shakas nachgebauten Kraal kann man besichtigen und eine Show mit traditionellen Tänzen und Stammessitten miterleben.

Danach gibt es zwei Möglichkeiten, um nach Empangeni zu gelangen: entweder zurück zur N2 oder weiter auf der R68 bis Nkawlini und von dort auf der R34 nach Empangeni. Dann weiter auf der N2 bis zu dem Dorf Hluhluwe (98 Kilometer).

Wildpark Umfolozi-Hluhluwe
Hier, mitten im Zululand, hat man, was die Unterbringung angeht, lediglich die Wahl zwischen zwei Hotels und dem Wildpark Hluhluwe (25 Kilometer vom Dorf entfernt). Die Hotels sind: das Protea Inn Hotel (Tel. 0 35/5 62 02 51) im Dorf und das Zululand Sun Lodge (Tel.0 35/5 62 02 41) auf halbem Weg zum Wildpark. Das Sun Lodge bietet sehr günstige Sonderpreise mit Halbpension ab zwei Nächten an; dazu kommen saisonbedingte Extras wie kostenlose Wildfahrten.

Der **Wildpark Umfolozi-Hluhluwe** bietet im Hilltop Camp auch 49 Chalets (mit jeweils zwei oder vier Betten, Balkon, Bad und teilweise eigener Küche) und 40 Rondavels (mit Gemeinschaftsbädern und -küchen) an, an die ein Drei-Sterne-Restaurant und eine Bar angeschlossen sind – immer mit herrlicher Aussicht über das Tal. Wir können dieses Camp vorbehaltlos empfehlen: Ein besseres Preis-Leistungs-Verhältnis wird man in

Traditionelle Kleidung und Gesichtsbemalung zieren diese geschichtsbewussten Zulus.

Südafrikas Wildparks nicht finden. Wie die (viel teureren) Privatparks offerriert auch Hilltop nächtliche Wildfahrten und morgendliche Spaziergänge mit bewaffnetem Führer. Unbedingt im Voraus buchen (alle Reservierungen zentral bei der Natal Parkbehörde, Tel. 0 33/ 8 45 10 00). Selbstverständlich können Sie auch in einem der erwähnten Hotels oder in einem der anderen Parks (Selbstverpflegung) übernachten. Unser Tipp: Bleiben Sie im Hilltop, ersparen Sie sich das tägliche Packen und Umziehen, und genießen Sie dieses herrliche Stück Afrika ohne Stress.

Mkuze Wildpark ···> St. Lucia

Am zweiten bis vierten Tag haben Sie Zeit, Ihre nähere Umgebung zu erkunden. Das meiste ist schnell erreichbar. Aber: Im Park darf man nur langsam fahren; wer durch den **Umfolozi**-Teil (Elefanten, Nashörner, Löwen, Leoparden, Büffel) und zurück will, braucht dazu einen ganzen Tag. Das Centenary Centre nicht verpassen – hier findet unter anderem jedes Jahr die größte Wildauktion der Welt statt!

Zum **Mkuze Wildpark** ist es eine Stunde auf der N2 Richtung Norden, dann rechts ab über eine Schotterstraße zum Parkeingang. Mkuze ist ein Traum für Fotografen und hat sehr komfortable Safari-Zeltunterkünfte.

Nur 25 Minuten sind es zum False Bay Park, 45 Minuten nach **St. Lucia**. Wassersportler und Strandenthusiasten brauchen bis **Sodwana Bay** (Korallenriffe, Wale, Delfine) zwei Stunden – wer nur den Tag dort verbringen will, sollte zeitig nach dem Frühstück losfahren.

Wer sich Sodwana Bay gespart hat, kann kurz vor Durban links nach **Umhlanga Rocks** abbiegen und dort die mit Netzen gesicherten Strände des warmen Indischen Ozeans genießen. Hier steht ein Hotel neben dem anderen. Auf einem Hügel oberhalb der Stadt ist das Natal Sharks Board. Wer sich für Haie interessiert, kann Zeuge einer faszinierenden Anatomiestunde werden.

Während der Demokratiegespräche, die eine neue Verfassung für Südafrika hervorbrachten, drängte keine Region so stark auf eigene föderale Machtbefugnisse wie KwaZulu-Natal. Die Zulus sind ein stolzes, geschichtsbewusstes Volk, viele ältere Zulus beanspruchen eine historische Führungsrolle für das gesamte südliche Afrika und lehnen eine Bevormundung durch andere Ethnien strikt ab.

Greater Limpopo Park und Mpumalanga – Top-Attraktion Südafrikas

Charakteristik: ausgiebige Rundfahrten im ehemaligen Kruger-Nationalpark und durch die Drakensberge; **Dauer:** ca. 7 Tage; **Länge:** Anfahrt ab Johannesburg ca. 500 km, dazu kommen ca. 800–1000 km für Rundfahrten; **Einkehrmöglichkeiten:** in den Camps im Park und in Pilgrim's Rest; **Karte:** ⤑ S. 170, B 4–S. 171, E 2

Der Greater Limpopo – vielen noch als Kruger Park bekannt – bleibt eine der Top-Attraktionen Südafrikas und eines der besten Wildreservate der Welt. Nach wie vor stellt der riesige Park die Hauptattraktion für Touristen dar. Mit nahezu 200 000 Säugetieren ist das älteste Reservat ganz Afrikas 350 Kilometer lang. Wer also den gesamten Limpopo sehen will, muss mindestens 14 Tage einplanen, zumal der Park jetzt noch die Grenzen nach Simbabwe und Mosambik durchbricht. Der Greater Limpopo Transfrontier Park wird mit etwa 38 000 qkm das größte Tierparadies der Erde. Wegen des Andrangs sollte man immer vorbuchen, wenn man in einem der 24 Camps bleiben will! Reservierungen nimmt die Nationale Parkbehörde zwischen 8 und 16 Uhr entgegen: Tel. in Pretoria 0 12/4 28 91 11. Malaria-Tabletten mitnehmen!

An der Westgrenze des Parks liegen obendrein ein Dutzend Privatparks (u. a. Thornybush, Ngala, Sabi-Sabi, Londolozi, Tshukudu), die luxuriös und teuer sind. Und schließlich bietet Mpumalanga eine Reihe von Sehenswürdigkeiten, die Sie bei Ihrem Südafrika-Urlaub nicht versäumen sollten.

Die hier beschriebene Basis-Tour für einen Zeitraum von ca. 7 Tagen ließe sich also unbegrenzt abändern oder erweitern. Die Vielfalt der Unterkunftsmöglichkeiten ist groß: Erfahrungsgemäß sucht man sich das aus, was der Reiselust (und dem Budget) angemessen ist – und wo noch Plätze frei sind.

Joahnnesburg ⤑ Skukuza

Wer am ersten Tag das Skukuza-Camp im Park erreichen will, muss zeitig aus Johannesburg abfahren; es sind fast 500 Kilometer. Aus Johannesburg nimmt man die Autobahn N22 in Richtung Daveyton. Bei Witbank stößt man auf die mehrspurige Autobahn N4, auf der man bis zum Greater Limpopo Park bleibt; allerdings wird die Straße ab Wonderfontein wieder zweispurig. Leider ist nirgends im südlichen Afrika die Luftverschmutzung schlimmer – dank der Schwerindustrie. Nach 425 Kilometern geht es dann links ab in den Limpopo, bis Skukuza sind es noch-

Rappenantilopen, auf Englisch Sable Antelopes, sind eine der vielen Antilopenarten, die in den Nationalparks zu sehen sind.

mals 60 Kilometer. Achtung: Wegen der zahlreichen Wildtiere herrscht Tempo 50 – und es wird scharf kontrolliert.

Skukuza ---> Mupane Camp

Im Greater Limpopo hat man viele Möglichkeiten, die eigentlich nur dadurch eingeschränkt werden, für welches Camp man eine Buchung bekommen konnte. Mancher hat nach zwei Tagen genug, andere lassen nicht locker, bis sie alles gesehen haben. Frühes Aufstehen (5 Uhr) lohnt sich immer, das Frühstück schmeckt nach tollen »sights« doppelt so gut. Als besonders schöne Camps gelten neben Skukuza (Museum) noch Satara (viel Wild), Olifants (schöne Aussichten) und das Mupane Camp (mit Bar). Die meisten Camps haben auch einen Campingplatz. Dies ist die billigste Art zu übernachten, allerdings benötigt man ein eigenes Zelt bzw. Wohnmobil. Einen erstklassigen Überblick über Unterbringungsmöglichkeiten und Safaris bietet www.krugerpark.co.za.

Greater Limpopo Park ---> Sabi

Am fünften Tag verlassen Sie den Park durch das Paul-Kruger-Tor in westlicher Richtung und fahren über Hazyview auf der R536 nach Sabie. Hier befinden sich die ausgedehntesten von Menschenhand gepflanzten Wälder der Welt. Sie liegen im Südabschnitt der Panoramaroute R532, die am Ostrand der über 2 000 m hohen **Drakensberge** entlangführt. Das Inlandplateau Südafrikas fällt teilweise steil ab: Überall kommt man an wild rauschenden Wasserfällen vorbei und genießt atemberaubende Aussichten, die an klaren Tagen bis zum Greater Limpopo reichen.

Bonnet-Pass ---> Pilgrim's Rest

Über den Bonnet-Pass und die R533 gelangen Sie in die Goldgräberstadt Pilgrim's Rest, die 1873 einen Boom erlebte und heute komplett unter Denkmalschutz steht. Hier kann man noch selbst Digger spielen und abends im Stil jener Zeit, allerdings mit etwas mehr Komfort, übernachten. Es gibt Hotels und Gästehäuser in der näheren Umgebung.

Wer will, kann die gesamte Gegend tagelang durchwandern, zum Beispiel auf dem Fanie Botha Trail (80 km) ab Sabie, dem Prospectors Trail (65 km) zwischen Sabie und Graskop oder dem Blyderivierspoort Hiking Trail (70 km) ab God's Window.

Im Greater Limpopo Park soll es zirka 3 000 Krokodile geben, ebenso viele leben mit Flusspferden und Wasserbüffeln im Greater St. Lucia Wetland Park.

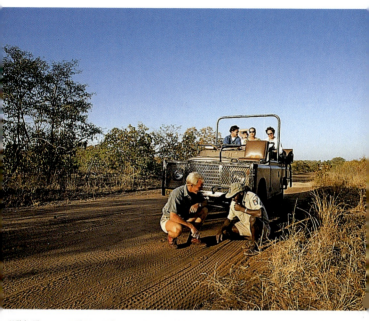

Wilde Tiere, raue Pisten, Fährtensucher und Zeltlager – so wird eine Safari zum modernen Abenteuer. Wer es bequemer mag, übernachtet in einer Lodge.

God's Window ---> Lydenburg

Der sechste Tag Ihrer Reise führt Sie nach Lydenburg über den Pass nach Graskop auf der R533 und dann nach Norden auf der R532 und R534 zum God's Window. Wie der Name schon sagt, ist der Ausblick auf das Lowveld von hier aus »göttlich«. Entlang dieser unvergesslichen Strecke kommen nun laufend Aussichtspunkte und Wasserfälle. Bei Bourke's Luck Potholes – nach einem »lucky digger« benannt – haben der Blyde-Fluss und der Treur-Fluss tiefe Löcher in das Gestein gespült, in die man von Hängebrücken aus hinunterblicken kann. Die Panoramastraße R532 führt entlang des Blyde-River-Canyon-Naturreservats, einer kilometerlangen Schlucht, durch die sich tief unten der Fluss schlängelt – dies ist der schönste Teil der nördlichen Drakensberge. In der Nähe der Echo Caves an der R36 treffen Sie auf Zufluchtsstätten afrikanischer Stämme aus dem Steinzeitalter. Weiter geht die Fahrt nach Lydenburg (»Stadt des Leidens«), wo einst eine Malaria-Epidemie wütete und das 1849 zur Hauptstadt der unabhängigen Burenrepublik ernannt wurde. Im Museum sind Tonmasken aus dem Jahre 500 v. Chr. ausgestellt. Ähnliche Tonmasken aus Lydenburg sind auch im South African Museum in Kapstadt zu bewundern.

Dullstrom ---> Johannesburg/Tshwane (Pretoria)

Die Landstraße R540 führt zunächst nach Dullstrom, berühmt für seine Forellenzucht. Angelfreunde erhalten im Dullstroom Inn Informationen. Über Belfast auf der R33 geht es dann zur Autobahn N4, die durch das fruchtbare Highveld (Mais, Gemüse) zurück nach Johannesburg oder in die Hauptstadt Tshwane (Pretoria) führt.

Die Westküste – Malerische Orte und prächtige Wildblumen

Charakteristik: Fischerdörfer an der Atlantikküste und West Coast National Park; **Dauer:** 2 Tage; **Länge:** ca. 450 km; **Einkehrmöglichkeiten:** Vor allem in den größeren Fischerorten gibt es fangfrischen Fisch in einfachen Strandlokalen; **Auskunft:** Tel. 0 21/4 26 42 60; **Karte:** ⋯⋙ S. 179, D 20–D 18

Die atlantische Westküste Südafrikas wurde lange vernachlässigt. Urlauber und Touristen zogen durchweg die Südostküste (Hermanus, Arniston, Knysna) und das warme Wasser des Indischen Ozeans vor. Das hat sich geändert. Das Wasser im Atlantik ist zwar noch immer eiskalt – aber die Strände sind herrlich, und der lokale Hummer, genannt Crayfish, ist hier beheimatet (Fangsaison: September bis Juni). Beste Jahreszeiten: Januar bis März für den, der Sonne und Strände genießen, August bis September für den, der die einmalige Pracht der Wildblumen erleben will. Im Winter (Juni bis August) unbedingt warme Kleidung mitnehmen – nachts sinken die Temperaturen oft auf 5°Celsius.

Kapstadt ⋯⋙ West Coast National Park

Am ersten Tag nehmen Sie aus Kapstadt zuerst die Stadtautobahn N1 in Richtung **Milnerton**. Von dort kommt man über die Landstraße R 27 in Richtung **Melkbosstrand** (nicht die breite Nationalstraße N7 landeinwärts nehmen, sonst hat man nichts von der Fahrt) zunächst zum **Bloubergstrand** (direkt am Wasser entlang führt auch die R 14), um zurückblickend die berühmten Postkartenfotos vom Tafelberg zu schießen. Vorbei an Afrikas einzigem Atomkraftwerk Koeberg (Besichtigungen möglich, Mo–Fr 8.30–12 und 14–16.30 Uhr) geht es weiter in Richtung Matroosbaai und Bokbaai. Der nächste Ort ist Yzerfontein, ein malerisches Fischerdorf (R 315 links ab). In dem Restaurant Die Pan kann man Fisch fangfrisch verspeisen. Von Yzerfontein aus geht es zurück zur R27 und nach Norden zum **West Coast Nationalpark** (braunes Schild, links ab).

Churchhaven ⋯⋙ Langebaan

Der 18 000 ha große Park umfasst eine Lagune, die bei Kapstädtern sehr beliebt ist (Segeln, Fischen, Wasserski fahren). Der Park selbst, der eine herrliche Wildblumenlandschaft, Flamingos und kleine Antilopen bietet, ist eines der wichtigsten Schutzgebiete der Welt für etwa 250 verschiedene Arten von Zugvögeln.

Churchhaven ist ein winziger, aber malerischer Ort; gleich dahinter kommt die herrliche Bucht Kraalbaai. Auf dem Rückweg, um die Lagune herum, erreicht man **Langebaan**, die Straße ist nun geteert. Im Standloper Restaurant, direkt am Strand, kann man leckeren Crayfish essen, ebenso in der Taverna (Stadtmitte) und am Strand bei Pearly's.

Langebaan ⋯⋙ Bird Island

Von Langebaan aus führt die R27 nach Velddrif und Laaiplek. Auf einer Schotterstraße geht es nach Eland's Bay am Atlantik (schauen Sie den Surfern zu) entlang und dann weiter zum Fischereihafen **Lambert's Bay**. Wer Wert auf Kulinarisches legt, ist im Muisboskerm, fünf Kilometer vor dem Ort, bestens aufgehoben: Dieses bekannte Fischrestaurant am Strand hat ein schönes Ambiente, abends sorgen Kupferlaternen für romantische Stimmung. In Lambert's Bay besucht man selbstverständlich Bird Island: ein Vogelparadies mit Tausenden Möwen, Kormoranen und Pinguinen und manchmal Flamingos (zu Fuß über einen Pier am Hafenende erreichbar). Ein Besucherzentrum mit Aquarium vertieft die Kenntnisse der über 200 Vogelarten, die hier einheimisch sind. Außer Wanderungen an dem endlosen Strand kann man hier auch Schiffsfahrten mitmachen: Delfine und Wale (August bis Oktober) schwimmen nicht selten direkt neben dem Boot her.

Lambert's Bay ···> Kapstadt

An diesem Küstenabschnitt kommt es im Hochsommer zu einem seltsamen Phänomen: Die Hummer krabbeln plötzlich tonnenweise an Land – und verenden jämmerlich im Sand. Experten vermuten, dass Sauerstoffmangel den Massensuizid auslöst. Jedenfalls laufen Einheimische dann, noch bevor die Polizei eintrifft, mit jedem zur Verfügung stehenden Behälter herbei und sammeln die Rocklobster ein. Ende November findet in Lambert's Bay das alljährliche, beliebte Crayfish-Festival statt – dann kann man sich an den leckeren Fischschwänzen satt essen. Man kann in Lambert's Bay auch übernachten – das Protea Hotel oder das Gästehaus Sir Lambert bieten sich an (Auskunft: Tel. 0 27/4 32 10 00).

Am zweiten Tag hat man zwei Möglichkeiten: Entweder man verbringt noch ein paar schöne Stunden in Lambert's Bay und am Strand, macht eine Schiffstour (Publicity Association gibt Auskunft), isst mittags nochmals Crayfish und fährt anschließend, via R364 und N7, direkt nach Kapstadt zurück; oder man verlässt Lambert's Bay bereits unmittelbar nach dem Frühstück.

Die Fahrt zurück nach Kapstadt führt an den **Cedarbergen** vorbei, über den Piekenierskloof-Pass, mitten durch das fruchtbarste Anbaugebiet Südafrikas: Weizen, Zitrusfrüchte, Wein. Die Gebirgskette erstreckt sich über eine Länge von rund 100 km zwischen Clanwilliam im Norden und Ceres im Süden. Benannt sind die Cedarberge nach einer Zedernart, die ursprünglich hier vertreten war; die meisten Nadelbäume wurden jedoch im Lauf der Jahre abgeholzt.

Proteen gibt es in vielen Farbabstufungen von rot über rosa, gelb, weiß, silber und sogar grünlich. Sie werden bis zu 5 Meter hoch und kommen im Süden des Landes vor.

Die Kalahari-Route – Ruhe und Weite, Gnus und Löwen

Charakteristik: lange Tour ab Johannesburg oder Kapstadt in den Kgalagadi Transfrontier Park; **Dauer:** 5–7 Tage; **Länge:** 2500 km; **Einkehrmöglichkeiten:** unterwegs in größeren Orten wie Calvinia und Upington, im Park nur im Twee Rivieren Camp; **Auskunft:** Tel. 0 21/4 26 42 60; **Karte:** ···> S. 170, B4/S. 179, D 20–S. 173, E 6

Afrika pur: Wer hier nachts den Löwen brüllen hört und den Sternenhimmel sieht, wähnt sich womöglich im Paradies.

Von Kennern des südlichen Afrika hört man oft: Der **Kgalagadi Transfrontier Park** 🐾 im Nordwesten ist einmalig. Keine Autostaus vor den Wasserlöchern, kein Massenandrang, nur Weite und Ruhe. Hier treffen sich abends am Campfeuer noch die echten Naturfreunde. Im März und April wandern Tausende von Springböcken, Gemsböcken, Streifengnus und Kuhantilopen über die grüne, offene Grenze aus dem Nachbarstaat Botswana in den Park. Wer geduldig bleibt, wird die berühmten Kalahari-Löwen, Füchse, Hyänen und Schakale und mit etwas Glück auch Leoparden und Geparden sehen. Man fährt durchwegs an den trockenen Flussbetten des Noosob und des Auob entlang und genießt eine weite Sicht. Auf den Bäumen (Weißstamm und Kameldorn) sitzen häufig Adler und Gaukler – insgesamt bevölkern über 200 Vogelarten diese Trockensavanne.

Johannesburg/Kapstadt ···> Upington

Die Fahrt ist weit: 1100 Kilometer aus Kapstadt oder Johannesburg. Aus Kapstadt kommend (N7), empfehlen wir die Übernachtung in dem kleinen Ort Calvinia (ab Vanryhnsdorp auf die R27). Dort finden Sie die preisgekrönten Hantam-Häuser, die herrlich im viktorianischen Stil restauriert wurden. Man schläft wie anno dazumal im Himmelbett und badet in frei stehenden Wannen, die noch Füße haben. Reservierungen bei Alta Coetzee (Tel. 02 73/41 16 06; E-Mail: hantamhuis@calvinia.co.za).

Aus Johannesburg kommend fährt man nach Krugersdorp, von dort auf der N14 über Vryburg und Kuruman bis Upington. Übernachtungsmöglichkeiten bieten sich in **Vryburg** und **Kuruman** an. In Kuruman, einem Zentrum der Rinderzucht und des Bergbaus, sprudelt eine berühmte Quelle, das »Eye of Kuruman«: Tag für Tag spendet sie 18 Millionen Liter klares Wasser – ein unerschöpfliches Reservoir inmitten einer trockenen Landschaft. Bekannt ist der freundliche Ort zudem wegen seiner Missionskirche.

Neugierig und wachsam zugleich: Erdhörnchen in typischer Haltung im Kgagadi Transfrontier Park.

Routen und Touren

Meist sind auch die wenigen Erdstraßen in Südafrika gut ausgebaut, so dass man nicht unbedingt einen teuren Geländewagen benötigt.

Twee Rivieren ---> Botswana

Von Upington kommt man auf der R360 nach Twee Rivieren, dem ersten und größten Camp im Park. Bis auf die letzten Kilometer (Schotter) ist die Straße bereits geteert. In Twee Rivieren kostet ein Bungalow mit vier Betten und Bad ab 480 Rand pro Nacht (Nov.–Feb.), in Mata Mata und Nossob bezahlen zwei Personen 365 Rand pro Nacht in einem Chalet. Außer Benzin ist alles, auch das Essen im Restaurant (nur in Twee Rivieren), mit Kreditkarte zahlbar. Eine große Kühlbox mit Getränken ist unentbehrlich! In jedem Camp – die beiden anderen heißen Mata Mata und Nossob – gibt es einen kleinen Laden und eine Tankstelle. Eine echte Safari im Busch – mit allem Komfort – bietet das neue Kalahari Tent Camp, von Kennern auf Anhieb geschätzt. Von den stillen Tagen und den roten Sanddünen werden Sie lange schwärmen.

Wer den 1999 eröffneten Botswana-Teil des Parks erkunden will (keine Grenzformalitäten), braucht einen Allradwagen und muss alles selbst mitbringen: volle Campingausrüstung mit Zelt, Treibstoff, sogar Brennholz. Dann aber erlebt man eine völlig unberührte Natur, das Wild schnuppert nachts auch mal am Zelt. Dieser lohnenswerte Ausflug bedarf allerdings einer langfristigen Planung, denn die wenigen Camps sind schnell ausgebucht und müssen unbedingt vorgebucht werden.

Buchen kann man unter E-Mail: dwnpbots@global.bw. Infos zu Touren (man trifft sich in Upington oder Twee Rivieren) unter www.kalahari-tours.co.za oder www.kalahari.co.za.

Wissenswertes über Südafrika

Höhlenmalereien der Buschmänner wie diese im so genannten »Stadtsaal« haben die Cedarberge im Westkap bekannt gemacht.

Von Anreisemöglichkeiten über Essdolmetscher und Feiertagskalender bis zu Internetadressen, Trinkgeld-Tipps und Zollmodalitäten ist alles Wissenswerte hier übersichtlich aufgeführt.

Jahreszahlen und Fakten im Überblick

Ab 100 000 v. Chr.
Der Homo sapiens lebt bereits in Südafrika, z. B. an der Kapküste.

Ab 8000 v. Chr.
Buschmänner (San), die sich etwa seit Christi Geburt mit schwarzen Stämmen (Bantu) vermengen, leben im südlichen Afrika.

Ab 1300 n. Chr.
Schwarze Stämme betreiben im Osten Ackerbau und Viehzucht.

1488
Der Portugiese Bartolomeu Diaz umsegelt die Kapspitze.

1652
Der Holländer Jan van Riebeeck landet in der Bucht vor dem Tafelberg und errichtet hier eine Versorgungsstation.

1688
225 Hugenotten treffen ein und begründen die Weinindustrie.

1779
Der erste von neun Grenzkriegen findet im Osten der Kapprovinz statt. Xhosa-Bauern bekämpfen das Vordringen weißer Siedler (»Trekburen«).

1795
Die Niederlande treten das Kap an Großbritannien ab. Südafrika ist aber weiterhin kein großer Anziehungspunkt für Europäer.

1814
Das Kap wird endgültig britische Kronkolonie. Das 20-jährige Ringen zwischen Niederländern und Briten um die Vorherrschaft im südlichen Afrika hat damit ein Ende.

1820
5000 britische Kolonisten werden angesiedelt. Die weißen Afrikaner, ein Gemisch aus Holländern und Deutschen, rebellieren. Gleichzeitig kommt es zu Kriegen mit den Xhosa, während der Zulu-König Shaka im Osten einen Militärstaat aufbaut.

1835–1840
Der Große Treck findet statt. 6 000 Buren (10 % der weißen Koloniebevölkerung) ziehen in Planwagen nach Norden, unter anderem deshalb, weil die Briten 1834 die Sklaverei aufheben.

1838
Ein paar hundert Voortrekker besiegen tausende Zulus am Blutfluss. Shakas Königreich bricht vollends auseinander. Die Buren gründen im Transvaal und im Oranje-Freistaat eigene Republiken.

1843
Natal wird britische Kolonie. In Indien werben die Briten tausende von Arbeitern an, die zunächst unter sklavenähnlichen Bedingungen auf den Zuckerrohrfeldern Natals schuften müssen, später jedoch ein Stück Land erhalten und sich als freie Händler betätigen dürfen.

1856/57
Die Xhosa töten 400 000 Stück Vieh, weil das Mädchen Nongqawuse die Vision hatte, dass ihre Ahnen dann die Weißen ins Meer treiben würden. 20 000 Xhosa verhungern.

1867
Nördlich des Oranje-Flusses wird der erste Diamant gefunden. Die Briten holen binnen zehn Jahren Diamanten im Wert von fünf Millionen Pfund heraus. Es kommt zum ersten Krieg zwischen Briten und Buren.

1886
Bei Johannesburg werden riesige Goldfelder entdeckt.

Geschichte

1899
Der zweite Burenkrieg bricht aus; die Buren sind zunächst erfolgreich, müssen aber 1902 gegen die überlegene britische Armee kapitulieren.

1910
Briten und Buren gründen die Union von Südafrika und regieren gemeinsam. Den Schwarzen werden Reservate zugeteilt, die 13 % des Landes ausmachen.

1912
Als erste schwarze Partei Afrikas wird der African National Congress gegründet. Der ANC widersetzt sich der weißen Herrschaft, allerdings nur mit friedlichen Mitteln.

1915
Südafrika besetzt, vor dem Hintergrund des Ersten Weltkriegs und auf Drängen der britischen Regierung, Deutsch-Südwestafrika, das 21 Jahre lang eine Kolonie des Deutschen Kaiserreichs gewesen war.

1948
Mit der Nationalen Partei kommt erstmals eine Burenregierung an die Macht, die dann 46 Jahre lang ununterbrochen regiert. Die Apartheid wird zur offiziellen Regierungspolitik erklärt.

1952
Der ANC beschließt eine Ungehorsamskampagne gegen die Apartheid und proklamiert 1955 eine Freiheitscharta.

1960
Die Polizei erschießt in Sharpeville 67 schwarze Demonstranten. Der ANC wird verboten und beschließt, angeführt von Nelson Mandela, den bewaffneten Widerstand.

1962
Mandela wird verhaftet und später verurteilt.

1976
Die Schülerunruhen in Soweto werden blutig niedergeschlagen. Der ANC verschärft seine Bombenkampagne gegen das Apartheidregime.

1977
Am 12. September stirbt der charismatische Schwarzenführer Steve Biko im Polizeigewahrsam an Gehirnverletzungen. 20 Jahre später geben vier Polizisten vor der Wahrheitskommission zu, Biko totgeprügelt zu haben.

1984
Erste Apartheidreformen werden eingeführt. Dennoch brechen landesweite Unruhen aus, 1986 wird der Ausnahmezustand verhängt. Erzbischof Desmond Tutu wird mit dem Friedensnobelpreis ausgezeichnet.

1990
Präsident Frederik de Klerk entlässt Mandela aus jahrzehntelanger Haft, beginnt einen Dialog und leitet die Abschaffung aller diskriminierenden Rassengesetze ein.

1994
Erstmals finden allgemeine Wahlen zu einer schwarz-weißen Regierung der Nationalen Einheit statt. Nelson Mandela wird erster demokratischer Präsident, de Klerk Vizepräsident.

1999
Mandela tritt ab. Der 57-jährige Thabo Mbeki (ANC) gewinnt die Wahlen mit 66 % der Stimmen.

2004
Der ANC baut seine Mehrheit bei den Wahlen erneut aus. Mbeki geht mit 70 % Zustimmung in seine zweite Amtszeit. Südafrika wird Austragungsland für die Fußball-WM 2010. Mandela teilt kurz vor seinem 86. Geburtstag mit, er ziehe sich nun weitgehend aus dem öffentlichen Leben zurück.

Nie wieder sprachlos

Wichtige Wörter und Ausdrücke

ja	yes
nein	no
bitte	my pleasure, you're welcome
danke	thank you
Wie bitte?	Pardon?
Ich verstehe nicht	I didn't understand you
Entschuldigung	Sorry, I beg your pardon, excuse me
Guten Morgen	Good morning
Guten Tag	Hello
Guten Abend	Good evening
Ich heiße ...	My name is ...
Ich komme aus ...	I come from ...
Wie geht's?	How are you?
Danke, gut	Thanks, fine
wer, was, welcher	who, what, which
wie viel	how many, how much
Wo ist ...	Where is ...
wann	when
wie lange	how long
Sprechen Sie Deutsch?	Do you speak German?
Auf Wiedersehen	Good bye
Bis bald	See you soon
heute	today
morgen	tomorrow

Zahlen

null	zero
eins	one
zwei	two
drei	three
vier	four
fünf	five
sechs	six
sieben	seven
acht	eight
neun	nine
zehn	ten
zwanzig	twenty
fünfzig	fifty
einhundert	one hundred
eintausend	one thousand

Wochentage

Montag	Monday
Dienstag	Tuesday
Mittwoch	Wednesday
Donnerstag	Thursday
Freitag	Friday
Samstag	Saturday
Sonntag	Sunday

Mit und ohne Auto

Wie weit ist es nach ...?	How far is it to ...?
Wie kommt man nach ...?	How do I get to ...?
Wo ist ...?	Where is ...?
– die nächste Werkstatt	– the next garage
– der Bahnhof/ Busbahnhof	– the station/ bus terminal
– die nächste U-Bahn-/ Bus-Station/ der Flugplatz	– the nearest subway station/ bus stop/ the airport
– die Touristen-information	– the tourist information
– die nächste Bank	– the next bank
– die nächste Tankstelle	– the next gas station
Wo finde ich einen Arzt/eine Apotheke?	Where do I find a doctor/ a pharmacy?
Bitte voll tanken	Fill up please
Normalbenzin	Regular gas
Super	Super
Diesel	Gasoil
rechts	right
links	left
geradeaus	straight ahead
um die Ecke	round the corner
Ich möchte ein Auto/ein Fahrrad mieten	I would like to rent a car/bike
Wir hatten einen Unfall	We had an accident
Eine Fahrkarte nach ... bitte	A ticket to ... please
Ich möchte ... Euro in ... wechseln	I would like to change foreign currency

Hotel

Ich suche ein Hotel	I'm looking for a hotel
– eine Pension	a guesthouse
Ich suche ein Zimmer für ... Personen	I'm looking for a room for ... people
Haben Sie noch Zimmer frei?	Do you have any vacancies?
– für eine Nacht	– for one night
– für zwei Tage	– for two days
– für eine Woche	– for one week
Ich habe ein Zimmer reserviert	I made a reservation for a room
Haben Sie zum Wochenende einen Sonderpreis?	Do you offer a special weekend rate?
Wie viel kostet das Zimmer?	How much is the room?
– mit Frühstück	– including breakfast
– mit Halbpension	– half board
Kann ich das Zimmer sehen?	Can I have a look at the room?
Ich nehme das Zimmer	I'd like to have this room
Kann ich mit Kreditkarte zahlen?	Do you accept credit cards?

Restaurant

Wir haben einen Tisch reserviert	We have booked a table
Die Speisekarte bitte	Could I see the menu please?
Die Rechnung bitte	Could I have the check please?
Akzeptieren Sie Kreditkarten?	Do you accept credit cards?
Ich hätte gern einen Kaffee	I would like to have a cup of coffee
Auf Ihr Wohl	cheers
Wo finde ich die Toiletten (Damen/Herren)?	Where are the washrooms (ladies/gents)?
Kellner	waiter
Frühstück	breakfast
Mittagessen	lunch
Abendessen	dinner

Einkaufen

Wo gibt es ...?	Where do I find ...?
Haben Sie ...?	Do you have ...?
Was ist das/wie heißt das?	What is that/how do you call this?
Wie viel kostet das?	How much is this?
Das gefällt mir (nicht)	I like it/I don't like it
Das ist zu teuer	That's too expensive
Ich nehme es	I'll take it
Geben Sie mir bitte 100 Gramm/ ein Pfund/ ein Kilo	I would like to have one hundred grams/one pound/ one kilo
Danke, das ist alles	Thank you, that's it
geöffnet/ geschlossen	open/closed
Bäckerei	bakery
Einkaufszentrum	shopping mall
Kaufhaus	department store
Markt	market
Metzgerei	butcher's
Haushaltswaren	household supplies
Lebensmittelgeschäft	grocery
Briefmarken für einen Brief/ eine Postkarte nach Deutschland/Österreich/in die Schweiz	stamps for a letter/postcard to Germany/Austria/ Switzerland

Ämter, Banken, Zoll

Haben Sie etwas zu verzollen?	Do you have anything to declare?
Ich möchte einen Reisescheck einlösen	I would like to cash a travellers check
Ich habe meinen Pass/meine Brieftasche verloren	I have lost my passport/ my wallet
Ich suche einen Geldautomaten	I am looking for an ATM
Ich möchte nach Deutschland telefonieren	I would like to place a call to Germany

Sprachführer 157

Die wichtigsten kulinarischen Begriffe

A
abalone: Seeohrmuschel
alcoholic beverages: alkoholische Getränke
appetizer: Vorspeise
apple: Apfel
– *juice:* Apfelsaft
asparsje: Spargel
atjar: Früchte mit Zwiebeln, in Currysoße konserviert

B
babotie: Lammhackfleisch mit Reis oder Kartoffeln
baby marrows: Zucchini
bacon: Speck
barbecue: Grill
beans: Bohnen
beef: Rind
beskuit: Zwieback
biefstuk: Rindersteak
bier: Bier – meist mit Handelsnamen: Castle, Lion, Amstel, Ohlsons, Windhoek Lager
biltong: Trockenfleisch
blatjang: gewürzte Soße in Flaschen, wie Chutney
boerewors: gewürzte Mettbratwurst der »Boere« (Buren)
bread: Brot
bredies: Gemüseeintopf
biriyani: Reisgericht, ähnlich wie Nasi Goreng
broccoli: Gemüsekohl
butternut: Kürbisgemüse

C
calamari: in Öl gebratener Tintenfisch, in Ringe geschnitten
catch-of-the-day: fangfrischer Fisch
cauliflower: Blumenkohl
chips/french fries: Pommes frites
cinnamon: Zimt
clams: Venusmuscheln
codfish: Kabeljau
coleslaw: Krautsalat
cookies: Plätzchen
crayfish: Krustentier, ähnlich dem Hummer
cup: Tasse

D
dates: Datteln
dessert: Nachtisch
dinner: Abendessen
dish of the day: Tagesgericht
drank: Getränk
draught beer: Bier vom Fass
drinking water: Trinkwasser
droge vrugte: Trockenfrüchte
dry wine: trockener Wein
duck: Ente
dumplings: Klöße

E
eent: Ente
egg: Ei
eiers: Eier
– *gekookte:* gekocht
– *gebakte:* gebraten
eierfrug, eggplant: Auberginen
ertappel: Kartoffel

F
fish: Fisch
– *soup:* Fischsuppe
fried: in der Pfanne gebraten
fruit: Obst

G
garlic: Knoblauch
grape: Weintraube
– *juice:* Traubensaft
groenboontjies: grüne Bohnen
guinea fowl: Perlhuhn (afrikaans: *tarentaal*)

H
ham: Schinken
hoender: Huhn
house wine: Hauswein

K
kablejou: Kabeljau
kalfvleis: Kalb
kingklip: feiner Weißfisch
konfyt: in Zucker konserviertes Obst
koeksisters: sehr süßes, geflochtenes Gebäck
kreef: Krustentier (wie *crayfish*)

L

lam: Lamm
lamb chop: Lammkotelett
lamsboud: Lammknochen
leek: Lauch
lemon: Zitrone
– *squash:* ausgepresster Zitronensaft
lentiles: Linsen
liver: Leber

M

maalvleis: Hackbraten
mash: Brei
meat: Fleisch
– *cattle:* Rind
– *chicken:* Huhn
– *duck:* Ente
– *lamb:* Lamm
– *pork:* Schwein
– *veal:* Kalb
melktert: Milchtorte
melon: Melone
middagete: Mittagessen
mielies: Maiskolben
mineral water: Mineralwasser
mosbolletjies: Teigbrötchen aus gegorenem Wein
mullet: Seefisch
murgbeen: Knochenmark
mussels: preiswerte Schwarzmuscheln
mustard: senf

O

orange: Orange
– *juice:* Orangensaft
– *squash:* ausgepresster Orangensaft
oysters: lokale Austern
ostrich: Strauß

P

pampoen: Kürbis
pancake: Pfannkuchen
pap: trockener Maisbrei
peach: Pfirsich
pepper: Pfeffer
perlemoen: handgroße Muschel, auch Abalone genannt
pineapple: Ananas
plant: Gemüse
prawns: Garnelen
prunes: Backpflaumen

R

rabbit: Kaninchen
raisins: Rosinen
rijstafel: indonesische Reistafel
roll: Brötchen
rye bread: Roggenbrot

S

salt: Salz
samoosas: dreieckige Teigtaschen, mit Gemüse oder Curry
shrimps: Garnelen, Krabben
snoek: salziger Fisch
snoeksmoor: Snoek-Fisch mit Pilzen und Kartoffeln
sosaties: gegrillte Fleischstückchen am Spieß mit Früchten
sparkling wine: Schaumwein
springbok: schmackhafte Kleinantilope
spare ribs: Rippen
squash: Turbankürbis
sultanas: Rosinen

T

table wine: Tischwein
tart: Törtchen
trout: Forelle
tuna: Tunfisch
turbot: Steinbutt
turkey: Truthahn

V

vegetables: Gemüse
vinegar: Essig
vleis: Fleisch
– *eend:* Ente
– *hoender:* Huhn
– *kalf:* Kalb
– *lam:* Lamm
– *varkuleis:* Schwein
– *bees:* Rind
vrugte: Früchte

W

waterblommetjies: Gemüse aus den Blüten einer Wasserpflanze
wheat: Weizen

Y

yellowtail: Weißfisch mit leicht gelber Haut

Nützliche Adressen und Reiseservice

> **Auf einen Blick**
> **Fläche:** 1,22 Millionen km^2
> **Sprache:** Englisch und Afrikaans sowie 9 Stammessprachen
> **Einwohnerzahl:** 45 Mio.
> **Bevölkerung:** 79 % Schwarze, 9,6 % Weiße, 8,9 % Coloureds, 2,5 % Asiaten. 30 % sind unter 14 Jahren, 64 % zwischen 15 und 64, 6 % über 64
> **Verwaltung:** 9 Provinzen
> **Religion:** 78 % Christen, 2 % Hindus, 1,8 % Muslime, 0,2 % Juden, 18 % Sonstige (religionslos)
> **Staatsform:** Republik
> **Arbeitslosigkeit:** 40 %
> **Inflation:** 4,5 %

Anreise

Mit dem Flugzeug

Alle Airlines fliegen abends bzw. spät nachts ab und treffen morgens in Johannesburg ein; Tagesflüge sind selten. Die Lufthansa fliegt täglich nonstop von Frankfurt/Main nach Johannesburg und dreimal die Woche nonstop nach Kapstadt. LH bietet zudem kostenlose Zubringerflüge nach Frankfurt aus Hamburg, Düsseldorf, Stuttgart und München an. Der Flug dauert 12 Stunden. LTU fliegt zwischen November und April dreimal pro Woche nonstop Düsseldorf – München – Kapstadt. Mit South African Airways fliegt man ebenfalls täglich nonstop ab Frankfurt/Main. Mit British Airways kann man ab London siebenmal pro Woche nonstop nach Kapstadt fliegen; mit Virgin Airlines fünfmal pro Woche. LH und BA starten spät abends in Frankfurt/Main und London und treffen vormittags in Kapstadt ein; Virgin und LTU bieten Tagesflüge. Die Preise fangen generell bei 800 € an, bei LTU bei 500 €. Großveranstalter bieten Sondertarife an. Air Namibia fliegt aus Frankfurt/Main via Windhuk nach Johannesburg. Weitere europäische Airlines, die Südafrika anfliegen: Swiss (tgl. aus Zürich), KLM (tgl. aus Amsterdam), Air France (tgl. aus Paris), Olympic (Athen), Iberia (Madrid).

Telefonnummern wichtiger Fluggesellschaften

– Lufthansa
 Tel. 08 61 84 25 38 (Callcenter),
 www.lufthansa.com

– SAA
 Tel. 0 21/9 36 11 11 (24 Std., Kapstadt)
 www.flysaa.com

– Swiss
 Tel. 08 60/99 94 44

– LTU
 Tel. 0 21/9 36 11 90 (Kapstadt)
 www.ltu.com

Auskunft in Deutschland
Satour
An der Hauptwache 11, Postfach 10 19 40, 60313 Frankfurt/M.;
Tel. 0 69/9 29 12 90, Fax 28 09 50

Vom Flughafen zum Urlaubsort oder zum Hotel

Viele Hotels und Privathäuser holen ihre Gäste ab. Sonst nimmt man entweder ein Taxi oder einen Bus zum Hauptbahnhof in der Innenstadt. Für viele Touristen steht gleich am Flughafen ein bereits in der Heimat vorbestellter Mietwagen bereit. Zwischen den Großstädten verkehren Buslinien. Busse am Flughafen in Kapstadt kosten etwa 11 € pro Person zum Hauptbahnhof, oder man lässt sich direkt zum Hotel in der City bringen, was mit ca. 15 € zu Buche schlägt.

Mit dem Zug

Wer in Johannesburg aussteigt, kann mit dem Blue Train (Mo, Mi, Fr) oder mit Rovos Rail (→ MERIAN-Tipp S. 162) einmal pro Woche von Pretoria (Tshwane)/Johannesburg nach Kapstadt fahren. Beide Zugfahrten sind ein luxuriöses Erlebnis – und entsprechend teuer. Billiger und ungemütlicher wird es mit Transnet, der staatlichen Eisenbahn: Die Fahrzeit beträgt 25 Stunden für die 1500 km lange Strecke ans Kap, man zahlt etwa 45 € (1. Klasse).

APARTHEID
Die gesetzlich verankerte Rassentrennung, die Südafrika bis 1994 weltweite Ächtung einbrachte, wurde nicht von den Buren, sondern bereits von britischen Kolonialisten eingeführt. Eine zentrale Rolle spielten dabei die Diamantminen und Goldbergwerke. Man benötigte billige schwarze Wanderarbeiter, denen man aber keine politischen Rechte zugestehen wollte. Bereits 1885 entstanden die »compounds«, gefängnisähnliche Lager für schwarze Arbeiter. Ihre Familien blieben auf dem Land. Die formelle Trennung zwischen weißem und schwarzem Grundbesitz wurde 1913 per Gesetz vollzogen – 35 Jahre bevor die Buren die Macht erlangten. Die Schwarzen, die schon damals 67 % der Gesamtbevölkerung ausmachten, erhielten zunächst 7,3 % der ländlichen Gebiete (Reservate), später waren es 13,8 %. 1923 wurden auch die städtischen Gebiete in schwarze und weiße Wohngebiete eingeteilt. »Dem Eingeborenen«, so eine britische Kommission, »sollte der Zutritt in städtische Gebiete nur dann gestattet werden, wenn er bereit ist, die Bedürfnisse des weißen Mannes zu befriedigen, und er sollte von dort verschwinden, wenn er aufhört, diese Bedürfnisse zu befriedigen.« 1927 wurde der außereheliche Geschlechtsverkehr zwischen Weißen und Schwarzen verboten.

Damit war der Rahmen der Apartheid vorgegeben. Als im Mai des Jahres 1948 die National Party (NP) der Buren die Macht errang, die sie 46 Jahre lang ununterbrochen behalten sollte, wurde nach und nach jede soziale Vermischung der Rassen untersagt: Mischehen (1949), Geschlechtsverkehr auch mit Mischlingen, Rassenklassifizierung jedes Neugeborenen (1950), Aufenthaltserlaubnis für Schwarze und die Pflicht, einen Pass mit sich zu führen (1952), getrennte öffentliche Einrichtungen (1953).

1960 wurden schwarze Parteien wie ANC und PAC verboten; schwarze Gewerkschaften kamen gar nicht erst zustande. Für Schwarze bestand keine Schulpflicht, der Zugang zu Staatsschulen war ihnen sogar verboten. 1959 verloren die Schwarzen, 1968 auch die Mischlinge ihr ohnehin stark reduziertes Wahlrecht.

Ziel der »großen« Apartheid war es, nach und nach alle Nichtweißen zu Ausländern in Südafrika und zu Bürgern der zehn Homelands zu machen. Noch Mitte der Siebzigerjahre des 20. Jh. erklärte ein weißer Parlamentarier: »Der Tag naht, an dem es keine schwarzen Südafrikaner mehr gibt.«

Ab Ende der Siebzigerjahre begann die allmähliche Abkehr von dieser Ideologie. 1984 fielen das Liebes- und Mischehengesetz, 1986 die Passgesetze. Aber erst 1991 wurde die Apartheid zumindest auf dem Papier abgeschafft. 1994 fanden erstmals allgemeine Wahlen statt; anschließend versuchte die Regierung, die jahrelangen Rückstände aufzuholen.

AUSKUNFT
South African Tourism
www.southafrica.net

In Deutschland
Alemannia-Haus
An der Hauptwache 1, 60313 Frankfurt/M; Tel. 0 69/9 29 12 90,
Fax 0 69/28 09 50
www.satour.de

In Österreich
Stefan-Zweig-Platz, 11 1170 Wien;
Tel. 01/47 04 51 10, Fax 01/47 04 51 14

In Südafrika
Satour-Büros gibt es am internationalen Flughafen (Johannesburg) und in

neun Städten. Bei Anruf meldet sich eine Telefonistin. Nicht sofort das Anliegen vorbringen, sondern einfach nach dem »Information Office« fragen. Die Person, die sich dann meldet, kann Auskunft geben. Außerdem findet man überall Reisebüros, die kostenlose Ratschläge erteilen.

In Kapstadt
Cape Town Tourism
Tel. 0 21/4 26 42 60
www.tourismcapetown.com

In Durban
KZN Tourism
Tel. 0 31/3 04 49 34

In Johannesburg
Satourism
Tel. 0 11/8 95 30 00
(Auskünfte für ganz Südafrika)

BEVÖLKERUNG
Die Gesamtbevölkerung betrug 2005 gut 45 Mio. Menschen und wächst um 2,1 % pro Jahr. ca. 80 % der Bevölkerung sind schwarz (35 Mio.), ca. 9 % weiß (4 Mio.) und ca. 10 % farbig (4 Mio. Mischlinge, 1 Mio. Asiaten). Etwa 9 Mio. Schwarze lebten in den zehn ehemaligen Homelands, von denen vier – Transkei, Ciskei, Venda und Bophuthatswana – nominell unabhängig waren.

Die größten Volksgruppen bilden die Zulus (10 Mio.) und die Xhosa (9 Mio.), gefolgt von den Weißen, deren Ahnen etwa zu einem Drittel Deutsche waren. Die eigentliche Urbevölkerung, die Buschmänner (Khoisan), sind fast ausgestorben. Christen bilden 78 % der Bevölkerung (Protestanten, Katholiken, Anglikaner). In Durban und Kapstadt gibt es bedeutende Hindu- und Moslemgemeinden, was sich auch im Stadtbild spiegelt.

BUCHTIPPS
Für wissenschaftlich orientierte Leser stellt die **Geschichte Südafrikas** von Jörg Fisch (dtv, 1990) eine flott geschriebene Historie dar. Nelson Mandelas Autobiografie **Der lange Weg zur Freiheit** (S. Fischer, 1994) bietet spannende Lektüre. Rian Malans Taschenbuch **Mein Verräterherz** (rororo, 1994) gewährt tiefe Einblicke in die Seele Südafrikas.

CAMPING
Südafrikaner campen mindestens genauso gerne wie Deutsche. Selbst in kleinen Orten wird man einen bestens ausgerüsteten Campingplatz für seinen Wohnwagen oder sein Zelt finden. Die braunen Hinweisschilder zeigen einen Wohnwagen. Man kann auch die Stadtverwaltung »Municipality« ansteuern und dort nach der Nummer des örtlichen Campingplatzes fragen. Dort frönen die Einheimischen abends ihrem Volkssport, dem »braai« (Grillfeuer), und man lernt sich dabei leicht kennen.

In entlegenen Gegenden kann man jederzeit einen Hof ansteuern und den Farmer um einen Platz zum Cam-

---

MERIAN-Tipp
10 Rovos Rail

Wer sich das Besondere leisten möchte, der sollte sich diesen Dampflokgenuss nicht entgehen lassen, um von Pretoria (Tshwane) nach Kapstadt zu reisen. Dieser Luxuszug stellt selbst den legendären Nostalgie-Express Blue Train, der die gleiche Strecke befährt, in den Schatten. 48 Stunden lang rollen die authentisch restaurierten Mahagoni-Waggons langsam in Süden. Auch im Programm: Flüge zu den Viktoriafällen in Simbabwe. Der Gast wird rundum verwöhnt, zwei Köche zaubern Gerichte der Spitzenklasse auf den Tisch.

Kosten pro Person: etwa 850 €, alles inklusive, darüber hinaus Transfer vom Flughafen; zwei Fahrten pro Monat; Tel. 0 12/3 23 60 52, Fax 0 12/3 23 08 43; www.rovos.com

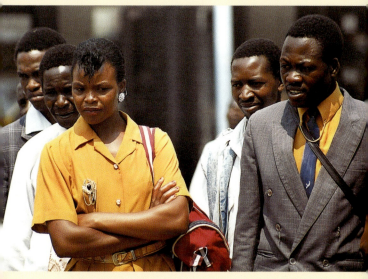

Ein gewohntes Bild im täglichen Geschäftsleben im Johannesburger Central Business District: 90 Prozent der Südafrikaner sind Nicht-Weiße.

pen für die Nacht bitten. Südafrikaner sind generell sehr gastfreundlich, besonders auf dem Land. Auskunft gibt der SA Camping Club; Tel. 0 11/8 37 11 42.

COMPUTICKET
Dies ist ein überaus nützliches zentrales Reservierungssystem für Kino, Theater, Konzerte und andere Veranstaltungen. Kassen findet man meist in Einkaufszentren, die jeweiligen Adressen unter »Computicket« im Telefonbuch.

DIPLOMATISCHE VERTRETUNGEN
In Südafrika
Botschaft der Bundesrepublik Deutschland
180 Blackwood St., Stadtteil Arcadia, Tshwane (Pretoria); Tel. 0 12/4 27 89 00

Deutsches Konsulat
Kapstadt
19. Stock, Safmarine House, 22 Riebeck St.; Tel. 0 12/4 05 30 00

Botschaft der Republik Österreich
1109 Duncan St., Brooklyn, Tshwane (Pretoria); Tel. 0 12/4 52 91 55

Österreichisches Konsulat
Kapstadt
1 Thibault Square, 3. Stock, Stadtmitte; Tel. 0 21/4 21 14 40,

Schweizer Botschaft
225 Veal St., Park Nouveau Muckleneuk; Tel. 0 12/4 52 06 60

Schweizer Konsulat
Kapstadt
1 Thibault Sq.; Tel. 0 21/4 18 36 65

In Deutschland
Botschaft der Republik Südafrika
Friedrichstr. 60, 10117 Berlin;
Tel. 0 30/22 07 30

In Österreich
Botschaft der Republik Südafrika
Sandgasse 33, 1190 Wien;
Tel. 01/32 06 49 30

Südafrika von A–Z

In der Schweiz
Botschaft der Republik Südafrika
Jungfraustr. 1, 3005 Bern;
Tel. 0 31/3 52 20 11

Feiertage

Feiertage wie Ostern, Weihnachten und Neujahr werden wie in Mitteleuropa gefeiert. Außerdem sind an folgenden Tagen Behörden und Geschäfte geschlossen (fällt der Feiertag auf einen Sonntag, ist der Montag frei):

21. März	Human Rights Day (Tag der Menschenrechte)
27. April	Freedom Day (Tag der ersten demokratischen Wahlen)
1. Mai	Workers Day (Tag der Arbeit)
16. Juni	Youth Day (Gedenktag der Schülerunruhen)
9. Aug.	National Women's Day (Tag der Frauen)
24. Sep.	Heritage Day (Kulturtag)
16. Dez.	Day of Reconciliation (Tag der Versöhnung)

Fotografieren

Fotografieren darf man alles außer: Polizeistationen, Gefängnissen und Militäranlagen. Einheimische auf dem Land erst fragen!

Geld

Die Landeswährung Rand gibt es in Noten zu 10, 20, 50, 100 und 200, in Münzen zu 1, 2, 5, 10, 20, 50 Cents sowie 1, 2 und 5 Randstücken.

Devisen dürfen von Ausländern in unbegrenzter Höhe ein- bzw. ausgeführt werden; die Landeswährung nur bis zu 5000 Rand. Am besten tauscht man in Banken (Mo–Fr 9–15.30, Sa 8.30–11 Uhr), weniger gut ist der **Wechselkurs** in Reisebüros, noch schlechter in Hotels. Alle international anerkannten **Kreditkarten** werden allgemein akzeptiert.

Fremdschecks werden generell nicht ausgestellt, nur in Notfällen machen einige Banken Ausnahmen.

Hunde

Hotels und Gasthäuser erlauben durchweg keine Haustiere; ebenso Südafrikas Natur- und Wildparks. Wer seinen Hund dennoch mitbringen möchte, sollte sich das Büchlein *The South African Pet-Friendly Directory* von Sharyn Spicer besorgen. Dort sind 100 Unterkünfte (landesweit) aufgelistet, wo Haustiere willkommen sind. Postalisch: Pets Welcome! SA, 116 Main Rd., Diep River 7850; E-Mail: sspicer@intekom.co.za

Impfungen

An sich nicht nötig. Wer zur Regenzeit (Nov.–Apr.) in den Greater Limpopo Park oder in den Norden Natals fährt, sollte Malaria-Tabletten einnehmen und Anti-Moskito-Spray benutzen.

Internet

Wie in Europa, hat sich auch in Südafrika das Internet mit enormem Tempo verbreitet. Hotels, Geschäfte und Firmen sind nahezu durchweg im »Net« vertreten. Gute Suchadressen sind:
– www.Kapstadt.com
– www.sanparks.org
– www.tourism.org.za
– www.tourismcapetown.com

Kleidung

Trotz des sonnigen Klimas sollte man auch im Hochsommer warme Sachen dabei haben. Auch ein Regenschirm kann nützlich sein, überwiegend aber liegt man mit Sommerkleidung richtig. Wer abends ausgehen will, sollte mindestens ein Jackett mitnehmen; man nennt das »smart casual«.

Medizinische Versorgung

Die Krankenhäuser Südafrikas sind erstklassig, in den Apotheken (chemist, pharmacy) gibt es alles. Rechnungen müssen allerdings an Ort und Stelle bezahlt werden, es sei denn, man ist mittellos. Deutsche Kassen werden nicht anerkannt, eine Reiseversicherung ist empfehlenswert.

Ärzte findet man in jedem Telefonbuch unter medical. Die Botschaften vermitteln meist einen deutschsprachigen Vertrauensarzt.

NOTRUF

Der polizeiliche Notruf lautet in allen Großstädten Tel. 1 01 11. Weitere Auskunft erhält man landesweit unter der Nummer 10 23 – nach der »local emergency police number« fragen! Autounfälle und Verbrechen müssen Sie in jedem Fall sofort bei der Polizei melden.

POLITIK

Der Normalisierungsprozess in der Politik begann am 11. Februar 1990 in Form der Freilassung von **Nelson Rolihlahla Mandela** und hundert weiteren schwarzen Politikern sowie der Entbannung aller politischen Parteien. Mandela, der 27 Jahre im Gefängnis verbrachte, wurde am 10. Mai 1994 als Präsident vereidigt. Er war gleichzeitig Präsident des **African National Congress (ANC)**, der von 1960 bis 1990 verboten war.

Mandela und sein Vorgänger, Frederik Willem de Klerk, der Südafrika mit seiner Apartheidwende wieder international salonfähig gemacht hatte, erhielten 1993 gemeinsam den Friedensnobelpreis. De Klerk zog sich 1997 aus der Politik zurück. Bereits im Jahr zuvor hatte seine Partei, die National Party, die Regierung der Nationalen Einheit verlassen, weil sie sich vom ANC übergangen fühlte.

Nach zehnjähriger Koalition verließ die Zulu-Partei **Inkatha Freedom Party** im Mai 2004 die Regierung; Parteichef Buthelezi ist nun ein einfacher Oppositionsabgeordneter. Die Democratic Party (DP) von Oppositionsführer Tony Leon wird nach wie vor vor allem von Weißen getragen. Ihre Rolle als demokratischer Wachhund ist angesichts der absoluten Dominanz des regierenden ANC fast chancenlos. Präsident Thabo Mbeki erhält gute politische und wirtschaftliche Noten; seine umstrittenen Ideen zur Aids-Bekämpfung und die geringen Erfolge im Kampf gegen die Kriminalität werden aber häufig kritisiert.

Nebenkosten (umgerechnet in €)

1 Tasse Kaffee	0,50
1 Bier	0,80
1 Cola	0,50
1 Brot (ca. 500 g)	0,40
1 Schachtel Zigaretten	1,65
1 Liter Benzin	0,65
Fahrt mit öffentl. Verkehrsmitteln (Einzelfahrt)	0,50
Mietwagen/Tag	ab 35,00

Stand: August 2005

Wechselkurse

Rand	Euro	Franken
1	0,13	0,19
5	0,64	0,97
10	1,27	1,94
20	2,54	3,87
30	3,81	5,81
50	6,35	9,68
100	12,70	19,35
200	25,40	38,70
500	63,50	96,75
750	95,25	145,10
1000	127,00	193,50
1500	190,50	290,00
2500	317,50	483,50

Post

Luftpostbriefe und Karten nach Europa dauern 5 bis 7 Tage. Das Porto beträgt 4,25 Rand für Briefe (10 g) und 3,65 Rand für Postkarten.

Reisedokumente

Deutsche, Österreicher und Schweizer brauchen einen gültigen **Reisepass**, aber kein Visum. Man darf bis zu drei Monaten im Land bleiben. Aufpassen: Der Pass muss noch drei Monate gültig sein und es müssen noch zwei Seiten ganz frei sein!

Reisewetter

Südafrika liegt zwischen 22° und 35° südlicher Breite, vergleichbar mit dem Gebiet vom Mittelmeerraum bis Nordafrika auf der nördlichen Halbkugel. Es hat wegen seiner Hochebenen und seines breiten Küstenstreifens ein generell gemäßigtes Klima. Auch im südlichen Winter (Juni bis Aug.), wenn die Temperaturen nachts unter den Gefrierpunkt sinken können, ist es tagsüber meist heiter und warm. Nur an der Kapküste im Südwesten regnet es dann häufig. Im Sommer (Dez. bis März) schwanken die durchschnittlichen Höchsttemperaturen zwischen 25 °C (Kapstadt) und 35 °C (Inland).

Wer viel im Meer baden will, der sollte die Orte entlang der Küste am Indischen Ozean aufsuchen; erst östlich von Hermanus wird das Wasser warm genug, um eine längere Zeit schwimmen zu können. An der Westküste wird der Atlantische Ozean dagegen auch im Hochsommer fast nie wärmer als 15 °C.

Rundfunk

Die Deutsche Welle aus Köln ist ab 20 Uhr auf 9735 kHz im 31-Meter-Band klar zu hören, allerdings braucht man einen Kurzwellenempfänger.

Sprachen

Offizielle Landessprachen sind Englisch und Afrikaans (das für Deutschsprachige teilweise gut verständlich ist) sowie alle neun schwarzen Sprachen. Englisch setzt sich als lingua franca durch.

Stromspannung

Wie in Deutschland: 220 Volt Wechselstrom bei 50 Hertz. Die Stecker sind allerdings dreipolig, Adapter kann man im Fachhandel erwerben oder an der Hotelrezeption verlangen.

Telefon

Völlig problemlos: Man kann über 100 Länder direkt anwählen, bei bester Qualität. Die 0 bei der Vorwahl der jeweiligen Stadt daheim entfällt.

Es gibt drei **Mobilfunknetze**, die nahezu das ganze Land abdecken: Vodacom, MTN und CellC. Deutsche Handys sind kompatibel, wenn man eine Roaming Facility hat.

Vorwahlen

D, A, CH → Südafrika: Tel. 00 27
Südafrika → D: Tel. 09 49

Eselskarren sind vor allem auf dem Land ein beliebtes und effizientes, vom Benzinpreis unabhängiges Fortbewegungsmittel.

Südafrika → A: Tel. 09 43
Südafrika → CH: Tel. 09 41

TRINKGELD
Üblich sind 10 % der Rechnung, es darf aber auch weniger sein.

VERKEHRSVERBINDUNGEN
In diesem riesigen Land gilt generell: Entweder man fliegt zum nächsten Urlaubsort, oder man mietet sich einen Wagen, um auf diese Weise Land und Leute näher zu erleben.

Flugzeuge
Es gibt preiswerte SAA-Flüge, die man aber 14 Tage oder einen Monat im Voraus buchen muss. SAA und Comair fliegen mehrmals täglich in praktisch alle Großstädte. SAA bietet ferner günstige Africa Explorer Tickets mit vier bis acht Coupons für das gesamte südliche Afrika, die nur im Ausland gebucht werden können.

Leihwagen
In allen größeren Städten findet man mehrere Agenturen wie Avis, Budget, Imperial und Economy Car Hire. Die Preise sind bei den meisten weitgehend gleich – beispielsweise 30 € pro Tag für einen viertürigen Toyota mit Klimaanlage plus 20 Cent pro Kilometer. Economy Car Hire allerdings ist deutlich billiger. Man stellt sich besser, wenn man einen Wagen für eine Woche mietet: Dann kostet ein Tag etwa 35 € mit 250 Freikilometern. Dazu kommen dann noch unterschiedlich hohe Versicherungsgebühren für Unfälle, Diebstahl und Personenhaftung. Achtung: Bei einem Unfall kommt auf den Mieter trotz Versicherung ein Eigenanteil von mindestens 300 € zu! Von kleineren Spezialvermietern sind auch Allradwagen zu haben, die allerdings viel teurer sind. Allgemein sind die Autos nur ein oder zwei Jahre alt und in gutem Zustand, aber eine Kontrolle ist immer empfehlenswert.

Es herrscht Linksverkehr. Als Legitimation benötigen Sie Ihren nationalen sowie einen internationalen Führerschein. Das Straßennetz Südafrikas ist in der Regel sehr gut ausgebaut, Tankstellen finden Sie reichlich. Parken in Städten wie Johannes-

Entfernungen (in km) zwischen wichtigen Orten in Südafrika

	Bloemfontein	Durban	Johannesburg	Kapstadt	Kimberley	Knysna	Nelspruit	Port Elizabeth	Tshwane	Upington
Bloemfontein	–	634	398	1004	177	834	757	677	456	588
Durban	634	–	578	1753	811	1231	707	984	636	1222
Johannesburg	398	578	–	1402	472	1232	355	1075	58	796
Kapstadt	1004	1753	1402	–	962	459	1762	769	1460	894
Kimberley	177	811	472	962	–	823	827	743	530	411
Knysna	834	1231	1232	459	823	–	1587	247	1290	855
Nelspruit	757	707	355	1762	827	1587	–	1434	322	1176
Port Elizabeth	677	984	1075	769	743	247	1434	–	1133	945
Tshwane	456	636	58	1460	530	1290	322	1133	–	854
Upington	588	1222	796	894	411	855	1176	945	854	–

burg und Kapstadt wird zunehmend schwieriger und teurer.

Öffentliche Verkehrsmittel

In den Innenstädten kann man die Nahverkehrsmittel nehmen, allerdings sollte man nachts sehr vorsichtig sein. Hinzu kommt, dass das Nahverkehrsnetz in die Vororte nicht annähernd europäischen Standards entspricht, obwohl viele Städte weit auseinander gezogen sind.

Taxi

Taxis können entweder über die Hotelrezeption oder telefonisch bestellt werden. Wagemutige können auch ein schwarzes **Sammeltaxi** anhalten und mit bis zu 18 Personen in einem rasenden Mini-Bus sitzen. Auf eigene Gefahr! Die Fahrt im Sammeltaxi ist allerdings sehr preisgünstig.

Fahrrad

Ein Fahrradverleih existiert nicht, sich ein Rad zu leihen, wäre auch nicht anzuraten.

Zug

Abgesehen von einigen Luxuszügen (→ MERIAN-Spezial, S. 40) ist Zugfahren keine populäre Form der Fortbewegung. Die Ablehnung geht auch auf die früher praktizierte Apartheidregelung zurück: Bis Mitte der Achtzigerjahre waren die Abteile und sogar Bahnhöfe streng nach Hautfarbe getrennt. Touristen findet man also seltener als in Reisebussen. Passagierzüge verkehren dennoch regelmäßig und pünktlich und sind in der Ersten Klasse auch sehr bequem.

Bus

Greyhound-Busse verkehren zwischen Johannesburg, Durban, Port Elizabeth, Kapstadt, Kimberley und Nelspruit. Die privaten Greyhounds sind teurer als die halbstaatlichen Translux und Transcity Busse, die aber ebenfalls als Luxusbusse gelten dürfen (klimatisiert, WC, Schlafsessel, Erfrischungen). Junge Touristen nehmen gerne den preiswerten BAZ-Bus (Tel. 0 21/4 39 23 23). Bei Intercape in Kapstadt (Tel. 0 21/9 34 08 02) kann man einen Kleinbus mit Fahrer-Guide anmieten; bis zu sieben Personen bezahlen für einen vollen Tag etwa 110 € – ideal für kleine Gruppen.

WIRTSCHAFT

Der südafrikanische Etat belief sich im Jahr 2005 auf umgerechnet knapp 60 Mrd. €, das Bruttosozialprodukt auf etwa 155 Mrd. €. Damit ist Südafrika zwar das wirtschaftlich stärkste Land des Kontinents, aber verglichen mit Europa und Nordamerika eher ein Entwicklungsland. Mit knapp 8 Mio. Menschen hat Österreich ein höheres Bruttosozialprodukt, Bayern erwirtschaftet dreimal so viel. Die landläufige Meinung, Südafrika sei wegen seiner Bodenschätze ein reiches Land, ist daher falsch. Immerhin: Die Wirtschaft wächst stetig, die Verschuldung nimmt ab.

ZEIT

Im europäischen Sommer herrscht Zeitgleichheit. Im Winter ist Südafrika eine Stunde voraus (MEZ Frankfurt: 12 Uhr – Johannesburg: 13 Uhr).

ZEITUNGEN

In jeder Großstadt können Sie zwei bis vier Tageszeitungen und mehrere Wochenzeitungen und Magazine kaufen. Internationale Zeitungen und Magazine erhalten Sie im Zeitschriftenhandel, z. B. CNA. Wer nach deutschen Zeitungen hungert, mag unter »Deutscher Buchhandel« oder Ähnlichem im Telefonbuch nachsehen (z. B. Ulrich Naumann, 17 Burg St., Kapstadt).

ZOLL

Zollfrei sind: 1 l Spirituosen, 2 l Wein, 50 ml Parfüm, 250 g Tabak, 50 Zigarren, 400 Zigaretten. Waren dürfen lediglich bis zu einem Gegenwert von 200 Rand eingeführt werden.

Kartenatlas

Orientierung leicht gemacht: mit Planquadraten und allen Orten und Sehenswürdigkeiten.

Legende

Routen und Touren
- Die Garden Route (S. 72)
- Die Weinroute (S. 140)
- Das Zululand (S. 143)
- Greater Limpopo Park und Mpumalanga (S. 145)
- Die Westküste (S. 148)
- Die Kalahari-Route (S. 150)

Sehenswürdigkeiten
- MERIAN-TopTen
- MERIAN-Tipp
- Sehenswürdigkeit, öffentl. Gebäude
- Sehenswürdigkeit Kultur
- Sehenswürdigkeit Natur
- Kirche; Moschee

Sehenswürdigkeiten ff.
- Synagoge; Hinduistischer Tempel
- Museum
- Denkmal
- Archäologische Stätte
- Höhle
- Leuchtturm

Verkehr
- Autobahn
- Autobahnähnliche Str.
- Fernverkehrsstraße
- Hauptstraße
- Nebenstraße
- Fußgängerzone
- Parkmöglichkeit
- Busbahnhof

Verkehr ff.
- Bahnhof
- Schiffsanleger
- Flughafen; Flugplatz

Sonstiges
- Information
- Theater
- Markt
- Zoo
- Golfplatz; Camping
- Aussichtspunkt
- Strand
- Weingut
- Friedhof
- Nationalparkgrenze
- Nationalpark

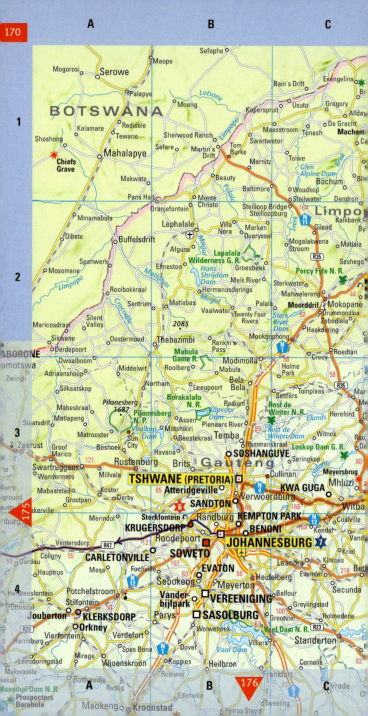

172

A | B | C

5
- Tsauchab
- Sossus Vlei
- Nomtsas
- Fish
- Hardap
- Hardap
- Mariental
- Lewer 116
- Ebenerde
- Maltahöhe
- Hutup
- Die Kalk
- Namib-
- Steinfeld
- Gibeon
- Gibeon Station
- Dubiwish Castle
- Grundorner
- NAMIBIA
- Asab
- Nauklüft
- Huams
- Brukkaros 235
- Fish
- Mountain Brukkaros 1586
- Tses
- Sinclair Mine
- Helmeringhausen
- Berseba
- Wasser
- Park
- Great Tiras 1867
- Mooifontein
- Tsawisis
- Gariganus

6
- Townlands
- Bethanie
- Keetmanshoop
- Tsaukaib 233
- Asbospan
- B4 118
- Gobas
- Kolmanskop
- Haalenberg
- Aus
- Ausnek
- Guibes
- Goageb
- Seeheim
- Grasplatz
- Sandverhaar
- Noute
- 1700
- Gawachub
- Konkiep
- 1525
- Holoog
- Klein Karas
- Gorges
- Black Rock
- Plum Pudding Island
- Witpütz
- Fish River Canyon Park

7
- Cape Dernburg
- Jakkals Mountains
- Chamais Bay
- Chamais
- Panther Huk
- Lüderitz
- Rosh Pinah
- Ai-Ais
- Richtersveld National Park
- 138
- Atlantischer Ozean
- Oranjemund
- Khubus
- Alexander Bay
- Richtersveld
- Alexander Bay
- Vioolsdrif
- Orang
- Eksteenfontein
- Goo

8
- Wreck Point
- Lekkersing
- Cliff Point
- Steinkopf
- Port Nolloth
- 60
- John Owen Bay
- 84
- 52
- Okiep
- Concordia
- Grootmis
- Nababeep
- Van der S
- Kleinse
- Springbok
- Copper M
- 178
- Namaqua National Park
- Buffels

A | B | C

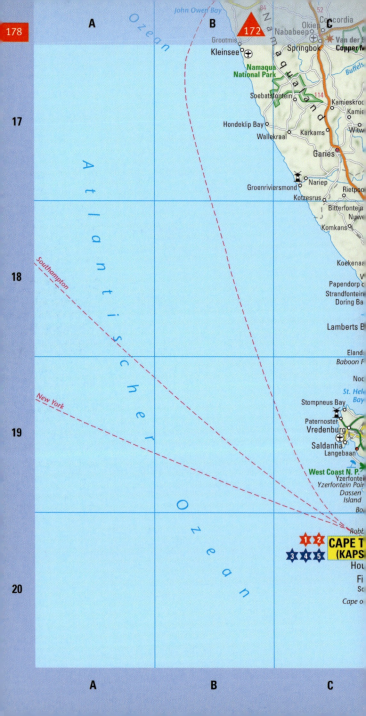

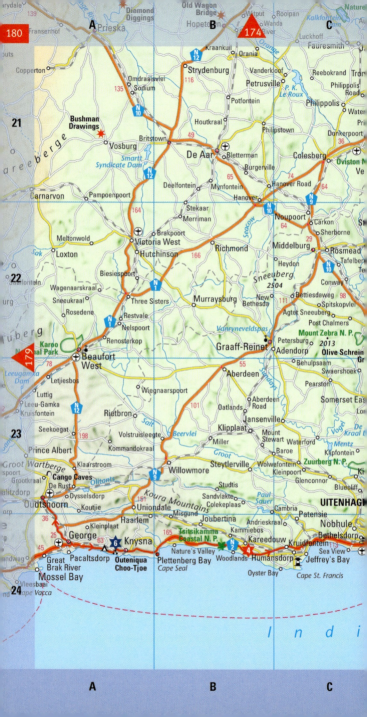

Kartenregister

A

Aalwynstontein 179,D17
Aansluit 174, A10
Aberdeen 180, B23
Aberdeen Road 180, B23
Addo 180, C23
Adelaide 181, D23
Adendorp 180, B22
Adriaanshoop 170, A3
Afguns 170, B2
Aggeneys 173, D8
Agter Sneeuberg 180, C22
Agulhas 179, E20
Albertinia 179, F20
Albertshoek 174, C10
Alexander Bay 172, B8
Alexandria 181, D23
Alheit 173, E8
Alice 181, D23
Alicedale 181, D23
Aliwal North 176, A15
Allandale 175, E12
Allanridge 175, D11
Alldays 170, C1
Alpha 177, E13
Amabele 181, D23
Amalia 174, C11
Amanzimtoti 177, D15
Amersfoort 171, D4
Amsterdam 171, D4
Andrieskraal 180, C24
Andriesvale 173, E6
Anysberg 179, E19
Anysspruit 171, D4
Arlington 175, E11
Ashton 179, E20
Askeaton 176, A16
Askraal 179, F20
Assen 170, B3
Atteridgeville 170, B3
Augrabies 173, E8
Aurora 179, D19
Austin's Post 175, D12

B

Babanango 177, E13
Badplaas 171, D4
Bakerville 175, D10
Balfour 170, C4
Ballito 177, E14
Baltimore 170, B1
Balule 171, E2
Bandur 170, C1
Banyan 170, C1
Barberton 171, E3
Barkly East 176, B15
Barkly Pass 176, B15
Barkly West 174, B12
Baroda 180, B23
Baroe 180, C23
Barrydale 179, E20
Bashee Bridge 176, B16
Bateleur 171, E1
Bathurst 181, D23
Beacon Bay 181, E23
Beaufort West 180, A22
Beauty 170, B1
Bedford 181, D23
Beestekraal 170, B3
Behulpsaam 180, C22
Beithbridge 171, D1
Beker 170, C1
Bela Bela 170, B3
Belfast 171, D4
Bell 181, E23
Bellville 179, D20
Benoni 170, B4

Berbice 177, E13
Berg En Dal 171, E3
Berg River 178, C19
Bergen 171, D4
Bergville 176, C14
Berlin 181, E23
Bermolli 174, A11
Bethal 170, C4
Bethelsdorp 180, C23
Bethlehem 175, F11
Bethulie 181, D21
Bettiesdaweg 180, C22
Bewley 175, D9
Biesiespoort 180, A22
Biesiesvlei 175, D10
Bisho 181, E23
Bisi 176, C15
Bitterfontein 178, C18
Bityi 176, B16
Bizana 176, C15
Bladgrond 173, E8
Blesmanspos 174, B11
Bletterman 180, B21
Blikfontein 174, B11
Blinkwater 170, C1
Bloemfontein 175, D12
Bloemhoek 173, D8
Bloemhof 174, C11
Blood River 177, D13
Blouhaak 170, C1
Bluecliff 180, C23
Bluegums 176, A15
Blythdale Beach 177, E14
Bo Wadrif 179, E19
Bochum 170, C1
Bohlakong 175, F11
Bokfontein 170, B3
Bokspits 173, E6
Bolo Reserve 176, B16
Bonekraal 179, E18
Bonny Ridge 176, C15
Bontrand 176, C15
Borchers 171, D1
Bosbokrand 171, E3
Boshoek 170, A3
Boshof 174, C12
Boskuil 175, D11
Bossiekom 173, E8
Bothaville 175, D11
Botrivier 179, D20
Boyne 171, D2
Brakpoort 180, A22
Branddraai 171, D3
Brandfort 175, D12
Brandkop 179, D18
Brandvlei 178, E17
Brandwag 179, F20
Bray 174, B9
Bredasdorp 179, E20
Breipaal 181, D21
Breyten 171, D4
Bridgewater 170, C1
Brits 170, B3
Britstown 180, B21
Britten 174, C11
Broederspruit 174, C10
Brombeek 170, C1
Brondal 171, E3
Brooks Nek 176, C15
Bucklands 174, B12
Buffelsdrift 170, A2
Bultfontein 175, D11
Buntingville 176, C16
Burgersdorp 176, A15
Burgerville 180, B21
Burke 170, B1
Butterworth 176, B16
Bylsteel 170, C2

C

Cala 176, B16
Caledon 179, D20
Calitzdorp 179, F19
Calvinia 179, E18
Cambria 180, B23
Campbell 174, B12
Camperdown 177, D14
Cape Town (Kapstadt) 179, D20
Carkon 180, C22
Carletonville 170, B4
Carlisle Bridge 181, D23
Carlow 170, C1
Carnarvon 179, F17
Carolina 171, D4
Cathcart 176, A16
Cathedral Peak 175, F12
Cathkin Park 176, C14
Cedarberg 179, D19
Cedarville 176, C15
Ceres 179, D19
Chalumna 181, E23
Charlestown 177, D13
Chrissiesmeer 171, D4
Christiana 174, C11
Chuniespoort 170, C2
Citrusdal 179, D19
Clanville 176, A15
Clanwilliam 179, D18
Clarens 175, F12
Clarkebury 176, B16
Clocolane 175, E12
Coalville 170, C4
Coetzersdam 174, B10
Coffee Bay 176, C16
Cofimvaba 176, B16
Coghlan 176, B16
Colekeplaas 180, B23
Colenso 177, D14
Colesberg 180, C21
Coligny 170, A4
Commondale 171, D4
Concordia 172, C8
Content 174, C11
Conway 180, C22
Cookhouse 181, D23
Copperton 180, A21
Cornelia 170, C4
Cottondale 171, E3
Cowle 171, D3
Cradock 180, C22
Crafthole 174, B10
Cramond 173, F6
Crecy 170, C2
Crocodile Bridge 171, E3
Cullinan 170, B3

D

Dabenoris 173, D8
Dagbreek 173, F8
Dalmanutha 171, D3
Dalton 177, D14
Damwal 170, C3
Danielskuil 174, B11
Dannhauser 177, D13
Darling 178, C19
Davel 170, C4
De Aar 180, B21
De Brug 175, D12
De Doorns 179, E19
De Gracht 170, C1
De Rust 180, C22
Dealesville 175, D12
Dedeben 174, A11
Deelfontein 180, B21
Delareyville 174, C10
Delportshoop 174, B11
Dendron 170, C2

Derby 170, A3
Derdepoort 170, A2
Dewetsdorp 175, D12
Dfcolaco 171, D2
Dibeng 174, A11
Die Bos 179, E18
Diemansputs 179, F17
Dirkiesdorp 171, D4
Dlolwana 171, D4
Donkerpoort 180, C21
Donnybrook 177, D15
Dordrecht 176, A16
Doring Bay 178, C18
Doringbos 179, D18
Douglas 174, B12
Dover 170, B4
Draghoender 173, F8
Drakensberg 176, C14
Driefontein 176, C13
Drummondlea 170, C2
Duiwelskloof 171, D2
Dullstroom 171, D3
Dundee 177, D13
Dupleston 181, D21
Durban 177, D15
Dwaalboom 170, A3
Dwyka 179, F19
Dysselsdorp 180, A23

E

East London 181, E23
Eastpoort 181, D23
Edenburg 175, D12
Edendale 177, D14
Edenville 175, E11
Eendekuil 179, D19
Eensge-Vondes 175,D12
Eileen Orpen 171, E3
Eksteenfontein 172, B8
Elands Bay 178, C18
Elandsdrif 181, D22
Elandskraal 177, D13
Elandslaagte 177, D13
Elandsputte 175, D10
Elim 171, D1
Elim 179, E20
Elliot 176, B16
Elmeston 170, B2
Emangusi 171, F4
Embotyi 176, C16
Empangeni 177, E14
Ermelo 171, D4
Erts 171, D3
Eshowe 177, E14
Espagsdrif 174, C11
Estcourt 177, D14
Evander 170, C4
Evangelina 170, C1
Evaton 170, B4
Ewbank 174, B10
Excelsior 175, E12
Ezikhawini 177, E14

F

Fauresmith 174, C12
Ferreira 175, D12
Ficksburg 175, E12
Fish Hoek 179, D20
Flagstaff 176, C15
Florisbad 175, D12
Fochville 170, B4
Fort Beaufort 181, D23
Fort Donald 176, C15
Fouriesburg 175, F12
Frankfort 170, B4
Franklin 176, C15
Franschhoek 179, D20
Fransenhof 174, A12
Fraserburg 179, F18
Frere 176, C14

Kartenregister 183

G
Gamoep 178, C17
Ga-Mopedi 174, A11
Gans Ba Y 179, D20
Ganspan 174, C11
Ganyesa 174, B10
Garden 176, C14
Garies 178, C17
Garner's Drift 176, B16
Gelukspruit 173, E7
Gemvale 176, C16
George 180, A24
Gerdau 175, D10
Gilead 170, C2
Gingindlovu 177, E14
Giyani 171, D2
Glen 175, D12
Glen 171, D3
Glencoe 177, D13
Glenconnor 180, C23
Glennock 175, E12
Goedemoed 176, A15
Gompies 170, C2
Gonubie Mouth 181, E23
Goodhouse 172, C8
Gouritsmond 179, F20
Graaff-Reinet 180, B22
Graafwater 179, D18
Grabouw 179, D20
Grahamstown 181, D23
Granaatboskolk 179, E17
Graskop 171, E3
Graspan 174, B12
Gravelotte 171, D2
Great Brak River 180, A24
Gregory 170, C1
Greylingstad 170, C4
Greyton 179, E20
Greytown 177, D14
Griek- 174, B12
Groblersdal 170, C3
Groblershoop 173, F8
Groenriviersmond 178, C17
Groesbeek 170, B2
Groof Marico 170, A3
Groot Jongensfontein 179, F20
Grootdrif 179, D18
Grootdrink 173, F8
Grootkraal 180, A23
Grootmis 172, B8
Grootpan 170, A3
Grootvlei 170, B4

H
Haakdoring 170, C2
Haarlem 180, A24
Haenertsburg 171, D2
Haga-Haga 181, E23
Halcyon Driff 176, B15
Halfweg 179, E17
Hamburg 181, E23
Hammanskraal 170, B3
Hammarsdale 177, D14
Hanover 180, B21
Hanover Road 180, B21
Harding 176, C15
Harrisburg 170, A4
Harrismith 175, F11
Hartbeesfontein 170, A4
Hartswater 174, C11
Hattingspruit 177, D13
Hauptrus 170, A4
Havana 170, B3
Hawston 179, D20
Heidelberg 170, B4

Heidelberg 179, F20
Heilbron 175, E11
Hendriksdal 171, D3
Hennenman 175, E11
Herbertsdale 179, F20
Hereford 170, C3
Hermanus 179, D20
Hermansdorings 170, B2
Herschel 176, A15
Hertzogville 174, C11
Het Kruis 179, D19
Heuningneskloof 174, B12
Heydon 180, C22
Hibberdene 177, D15
Higg's Hope 174, A12
Hildreth Ridge 171, D2
Hluhluwe 177, F13
Hobhouse 175, E14
Hoedspruit 171, E2
Hofmeyr 181, D22
Holbank 171, D4
Holme Park 170, C3
Holmedene 170, C4
Holy Cross 176, C15
Hondefontein 179, F18
Hondeklip Bay 178, B17
Hoopstad 175, D11
Hopefield 178, C19
Hopetown 174, B12
Hospital 171, D1
Hotazel 174, A10
Hottentotskloof 179, D19
Hout Bay 178, C20
Houtkraal 180, B21
Howick 177, D14
Humansdorp 180, C24
Huntleigh 171, D1
Hutchinson 180, A22

I
Idutywa 176, B16
Indwe 176, A16
Ingogo 177, D13
Ingwavuma 171, F4
Isipingo 177, D15
Isithebe 177, E14
Iswepe 171, D4
Ixopo 177, D15

J
Jacobsdal 174, C12
Jagersfontein 174, C12
Jaght Drift 173, F8
Jamestown 176, A15
Jammersdrif 175, D12
Jan Kempdorp 174, C11
Jane Furse Hospital 171, D3
Jansenville 180, C23
Jeffrey's Bay 180, C24
Jock of the Bushveld 171, E3
Johannesburg 170, B4
Joubertina 180, B24
Jouberton 170, A4
Jozini 177, E13

K
Kaalrug 171, E3
Kaapmuiden 171, E3
Kaapsehoop 171, D3
Kaffir River 175, D12
Kakamas 173, E8
Kalkbank 170, C2
Kalkwerf 173, F8
Kamaqhekeza 171, E3
Kamiesberg 178, C17
Kamieskroon 178, C17

Kammiebos 180, B24
Kampersrus 171, E2
Karee 175, D12
Kareeboschkolk 179, E17
Kareedouw 180, B24
Karkams 178, C17
Kathu 174, A11
Keate's Drift 177, D14
Kei Mouth 181, F23
Kei Road 181, E23
Keimoes 173, E8
Kemp's Cottage 171, E3
Kempton Park 170, B4
Kendal 170, C4
Kenhardt 173, F8
Kenton On Sea 181, D23
Kestell 175, F11
Khubus 172, B8
Kidd's Beach 181, E23
Kimberley 174, C12
Kingsburgh 177, D15
Kingscote 176, C15
Kingsley 177, D13
Kingswood 175, D11
Kinross 170, C4
Kirkwood 180, C23
Klaarstroom 180, A23
Klawer 179, D18
Klein Letaba 171, D1
Kleinbegin 173, F8
Kleinmond 179, D20
Kleinplaat 180, A24
Kleinpoort 180, C23
Kleinsee 178, B17
Klerksdorp 170, A4
Klipdale 179, E20
Klipfontein 180, C23
Klipplaat 180, B23
Kliprand 179, D17
Klipskool 171, D3
Knysna 180, A24
Koegrabie 173, E8
Koekenaap 178, C18
Koffiefontein 174, C12
Kokstad 176, C15
Komatipoort 171, E3
Komkans 178, C18
Kommandokraal 180, A23
Koopan-Suid 173, E7
Koosfontein 174, C11
Kootjieskolk 179, E18
Koperspruit 170, C1
Koppies 170, B4
Koringplaas 179, F19
Koster 170, A3
Kotzesrus 178, C17
Koukraal 176, A15
Koup 179, F19
Koutjie 180, A23
Kraankuil 180, B21
Kransfontein 175, F11
Kranskop 177, D14
Kriel 170, C4
Kroonstad 175, E11
Krugers 181, D21
Krugersdorp 170, B4
Kruidfontein 180, C24
Kruisfontein 179, F19
Ku Mayima 176, B16
Kuruman 174, B11
Kwa Guga 170, C3
Kwa Mashu 177, D14
Kwa Mbonambi 177, E14

L
La Cotte 171, D2
Ladismith 179, F19

Lady Frere 176, A16
Lady Grey 176, A15
Ladybrand 175, E12
Ladysmith 176, C14
Laersdrif 171, D3
Lahlangubo 176, B15
Laingsburg 179, E19
Lamberts Bay 178, C18
Langberg 179, F20
Langdon 176, B16
Langebaan 178, C19
Langehorn 174, B10
Langklip 173, E7
Leandra 170, C4
Lebowakgomo 170, C2
Leeudoringstad 170, A4
Leeu-Gamka 179, F19
Leeupoort 170, B3
Legkraal 171, D1
Lekfontein 181, D23
Lekkersing 172, B8
Lephalale 170, B2
Letaba 171, E2
Letjiesbos 180, A23
Letsopa 175, D10
Libode 176, C16
Lichtenburg 175, D10
Lime Acres 174, B11
Lindley 175, E11
Lochiel 171, D4
Loeriesfontein 179, D17
Lofter 180, C21
Lohatlha 174, A11
Lolwane 174, B10
Long Hope 180, C23
Loskop 176, C14
Lothair 171, D4
Louisvale 173, F8
Louwsburg 177, E13
Lower Loteni 176, C14
Lower Pitseng 176, B15
Lower Sabie 171, E3
Loxton 180, A22
Luckhoff 174, C12
Lundean's Nek 176, B15
Lusikisiki 176, C16
Luttig 179, F19
Lutzville 178, C18
Lydenburg 171, D3
Lykso 174, B11

M
Maartenshoop 171, D3
Maasstroom 170, C1
Mabaalstad 170, A3
Mabeskraal 170, A3
Mabula 170, B3
Machadodorp 171, D3
Macleantown 181, E23
Maclear 176, B15
Madadeni 177, D13
Madibogo 174, C10
Madipelesa 174, B11
Mafikeng 174, C9
Mafube 176, C15
Magudu 177, E13
Mahlabatini 177, E13
Mahlangasi 177, E13
Mahwelereng 170, C2
Makhado 171, D1
Makwassle 175, D11
Maleoskop 170, C3
Malgas 179, E20
Malmesbury 179, D19
Mamre 179, D19
Mangaung 175, D12
Mangweni 171, E3
Manubi 176, B16
Maokeng 175, E11
Mapumulo 177, E14

Kartenregister

Mara 171, D1
Marble Hall 170, C3
Marburg 177, D15
Margate 177, D15
Maricosdraai 170, A2
Marken 170, B2
Markramsdraai 174, A11
Marnitz 170, B1
Marquard 175, E12
Marydale 173, F8
Mata Mata 173, E5
Matatiele 176, C15
Matjies-Fontein 179, E19
Matlabas 170, B2
Matlala 170, C2
Matlapeng 170, A3
Matroosberg 179, E19
Matrooster 170, A3
Matsap 174, A12
Mazeppa Bay 176, B16
Mbaswana 177, F13
Mc Carthy'Srus 174, A10
Mdantsane 181, E23
Meadows 175, D12
Melk River 170, B2
Melmoth 177, E14
Meltonwold 180, A22
Memel 176, C13
Merindol 170, A4
Merriman 180, B22
Merweville 179, F19
Mesa 170, A4
Meyerton 170, B4
Mhluzi 170, C3
Mica 171, E2
Mica 171, E2
Middelburg 180, C22
Middelburg 170, C3
Middelpos 179, E18
Middelwit 170, A3
Middleton 181, D23
Migdol 174, C10
Miller 180, B23
Millvale 170, A3
Mirage 170, A4
Misgund 180, B24
Mkambati 177, D16
Mkuze 177, E13
Mmabatho 174, C9
Modimolla 170, B3
Moeswal 174, A11
Mogalakwena Stroom 170, C2
Mokopane 170, C2
Molopo River 174, B9
Molteno 176, A16
Monstertus 171, D3
Montagu 179, E20
Monte Christo 170, A3
Mooder River 174, C12
Mooi River 177, D14
Mooifontein 174, C10
Mooketsi 171, D2
Mookgophong 170, C2
Moolwni 177, D14
Moorreesburg 179, D19
Mopane 171, D1
Mopani 171, E2
Morgenzon 170, C4
Morokweng 174, B10
Morone 171, D3
Moshesh's Ford 176, B15
Mosita 174, C10
Motshikiri 170, B3
Mount Ayliff 176, C15
Mount Fletcher 176, B15
Mount Frere 176, C15
Mount Rupert 174, B11

Mount Stewart 180, B23
Mtonjaneni 177, E13
Mtubatuba 177, F14
Mtwalume 177, D15
Mulati 171, E2
Munnik 171, D2
Munya 176, B16
Murraysburg 180, B22
Musina 171, D1
Mynfontein 180, B21

N

Nababeep 172, C8
Nabies 173, E8
Namakgale 171, E2
Namies 173, D8
Napier 179, E20
Nariep 178, C17
Nature's Valley 180, B24
Ncora 176, B16
Ndumo 171, F4
Nebo 171, D3
Neilersdrif 173, E8
Nelspoort 180, A22
Nelspruit 171, E3
New Bethesda 180, B22
New England 176, A15
New Hanover 177, D14
Newcastle 177, D13
Newington 171, E3
Ngobeni 177, E14
Ngodini 171, E3
Ngome 177, E13
Ngqeleni 176, C16
Ngqungqu 176, C16
Nhlazatshe 177, E13
Niekerkshoop 174, A12
Nieuwoudtville 179, D18
Nkwalini 177, E14
Nobhule 180, C24
Noenieput 173, E7
Nondweni 177, D13
Nongoma 177, E13
Noordkuil 178, C19
Normandien 176, C13
Northam 170, A3
Nossob Camp 173, E5
Notintsila 176, C16
Noupoort 180, C22
Nqabara 176, C16
Nqamakwe 176, B16
Nqutu 177, D13
Ntibane 176, B16
Ntywenka 176, B15
Numbi Gate 171, E3
Nuwe Smitsdrop 170, C2
Nuwerus 178, C18
Nwanetsi 171, F2
Nyoni 177, E14

O

Oatlands 180, B23
Obobogorap 173, E7
Odendaalsrus 175, D11
Okiep 172, C8
Old Morley 176, C16
Olifants 171, E2
Olifantshoek 174, A11
Omdraaisvlei 180, A21
Onderstedorings 179, E17
Onseepkans 173, D8
Ont Pelaan 176, C13
Oostermoed 170, B2
Orange River 174, B12
Orania 180, B21
Oranjefontein 170, B2

Orkney 170, A4
Orpen 171, E2
Ottosdal 175, D10
Oudtshoorn 180, A23
Overyssel 170, B2
Oviston 180, C21
Owendale 174, B11
Oyster Bay 180, C24
Oziweni 177, D13

P

Paarl 179, D20
Pacaltsdorp 180, A24
Pafuri 171, E1
Palala 170, C2
Palmerton 176, C16
Palmietfontein 176, B15
Pampoenpoort 180, A21
Panbult 171, D4
Pans Halt 170, B2
Papendorp 178, C18
Papkuil 174, B11
Parys 170, B4
Patensie 180, C24
Paterson 181, D23
Paul Kruger Gate 171, E3
Paul Roux 175, E11
Paulpietersburg 177, D13
Pearston 180, C23
Peddie 181, E23
Pella 173, D8
Penge 171, D2
Perdekop 170, C4
Petersburg 180, C22
Petrus Steyn 175, F11
Petrusburg 174, C12
Petrusville 180, C21
Phalaborwa 171, E2
Philippolis 180, C21
Philippolis 180, C21
Philipstown 180, B21
Phuthaditjhaba 175, F12
Pienaars River 170, B3
Piet Plessis 174, B10
Piet Retief 171, D4
Pietermaritzburg 177, D14
Piketberg 179, D19
Pilgrim's Rest 171, D3
Pinetown 177, D15
Platbakkies 178, C17
Plathuis 179, F19
Platrand 170, C4
Plettenberg Bay 180, B24
Plooysburg 174, B12
Pofadder 173, D8
Polokwane 170, C2
Pomeroy 177, D14
Pomfret 174, B9
Pongola 177, E13
Port Alfred 181, D23
Port Edward 177, D15
Port Elizabeth 180, C24
Port Grosvenor 176, C16
Port Nolloth 172, B8
Port St. Johns 176, C16
Porterville 179, D19
Post Chalmers 180, C22
Postmasburg 174, A11
Potchefstroom 170, A4
Potfontein 180, B21
Pretoria (Tshwane) 170, B3
Prieska 174, A12
Prince Albert 179, F19
Prince Albert Road 179, F19
Prince Alfred Hamlet 179, D19
Priors 180, C21
Pudimoe 174, C11
Punda Maria 171, E1
Putsonderwater 173, F8

Q

Qacha's Nek 176, B15
Qamata 176, A16
Qoboqobo 176, B16
Qolora Mouth 181, F23
Qoqodala 176, A16
Queensburgh 177, D15
Queenstown 176, A16
Quiba 176, B16
Quko 181, E23
Qumbu 176, C16

R

Radium 170, B3
Ramatlabama 174, C9
Ramsgate 177, D15
Randalhurst 177, E14
Randburg 170, B4
Rankin's Pass 170, B2
Ratelfontein 179, D18
Reddersburg 175, D12
Reebokrand 180, C21
Reitz 175, F11
Reivilo 174, B11
Renosterkop 180, A22
Restvale 180, A22
Richards Bay 177, F14
Richmond 180, B22
Richmond 177, D15
Riebeecksrtd 175, D11
Riebeek Eest 181, D23
Riebeek West 179, D19
Riebeek-Kasteel 179, D19
Rietbron 180, A23
Rietfontein 173, E6
Riethuiskraal 179, F20
Rietkuil 175, F11
Rietpoort 178, C17
Rietvlei 177, D14
Ritchie 174, B12
River View 177, F14
Riviersonderend 179, E20
Road 180, C21
Robertson 179, E20
Rode 176, C15
Roedtan 170, C2
Roodepoort 170, B4
Roodewal 171, E2
Rooiberg 170, B3
Rooibokkraal 170, A2
Rooiground 175, D10
Rooikraal 170, C3
Rooipan 174, C12
Rooiwal 175, E11
Roosboom 176, C14
Roossenekal 171, D3
Rosedene 180, A22
Rosendal 175, E12
Rosetta 177, D14
Rosmead 180, C22
Rossouw 176, A15
Rothmere 176, C16
Rouxville 176, A15
Rustenburg 170, A3
Rustig 175, E11

S

Saaifontein 179, F18
Sabie 171, D3
Sada 176, A16
St. Faith's 177, D15
St. Lucia 177, F13

Kartenregister 185

Sak River 179, E17
Saldanha 178, C19
Salem 181, D23
Salt Lake 174, B12
Sandberg 179, D18
Sandton 170, B3
Sandvlakte 180, B23
Sannieshof 175, D10
Sasolburg 170, B4
Satara 171, E2
Scarborough 179, D20
Schmidtsdrif 174, B12
Schoombee 180, C22
Schweizer-Reneke 174, C10
Scottburgh 177, D15
Sea View 180, C24
Sebokeng 170, B4
Secunda 170, C4
Seekoegat 180, A23
Senekal 175, E11
Senlac 174, B9
Sentrum 170, B2
Seringkop 170, C3
Seshego 170, C2
Setlagole 174, C10
Settlers 170, C3
Setuat 174, C10
Severn 174, A10
Seweweekspoort 179, F19
Seymour 176, A16
Sezela 177, D15
Shannon 175, D12
Sheepmoor 171, D4
Sherborne 180, C22
Shimuwini 171, E2
Shingwedzi 171, E1
Sibasa 171, D1
Sidney On-Vaal 174, B11
Sidwadweni 176, C16
Silent Valley 170, A2
Silkaatskop 170, A3
Silutshana 177, D13
Silver Streams 174, B11
Simon's Town 179, D20
Sirheni 171, E1
Sishen 174, A11
Skerpioenpunf 173, F8
Skipskop 179, E20
Skoenmakerskop 180, C24
Skukuza 171, E3
Slurry 175, D9
Smithfield 176, A15
Sneeukraal 180, A22
Sodium 180, A21
Soebatsfontein 178, C17
Soekmekaar 171, D2
Solomondale 171, D2
Somerset East 180, C23
Somerset West 179, D20
Somkele 177, E13
Sonstraal 174, A10
Soshanguve 170, B3
Soutpan 175, D12
Soweto 170, B4
Spanwerk 170, A2
Spes Bona 170, A4
Spitskopvlei 180, C22
Spring Valley 181, D22
Springbok 172, C8
Springfontein 180, C21
Spytfontein 174, C12
Staansaam 173, E6
Staatsdrif 170, A3
Standerton 170, C4
Stanford 179, D20

Stanger 177, E14
Steekdorings 174, B11
Steilloop Bridge Steilloopburg C2, 170
Steilwater 170, C1
Steinkopf 172, C8
Stekaar 180, B22
Stella 174, C10
Stellenbosch 179, D20
Sterkstroom 176, A16
Sterkwater 170, C2
Sterling 179, F18
Steynsburg 181, D22
Steynsrus 175, E11
Steytlerville 180, B23
Stilfontein 170, A4
Stoffberg 171, D3
Stofvlei 179, D17
Stompneus Bay 178, C19
Stormberg 181, D22
Strand 179, D20
Strandfontein 178, C18
Struis Bay 179, E20
Strydenburg 180, B21
Strydpoort 175, D10
Studtis 180, B23
Summerstrand 180, C24
Sun City 170, A3
Sutherland 179, E19
Sutton 174, A11
Suurbraak 179, E20
Swaershoek 180, C23
Swartberg 176, C15
Swartkops 180, C24
Swartmodder 173, E7
Swartputs 174, B11
Swartruggens 170, A3
Swartwater 170, B1
Swellendam 179, E20
Swempoort 176, A15
Swinburne 175, F11

T

Tabankulu 176, C15
Tafelberg 180, C22
Taleni 176, B16
Tarkastad 181, D22
Taung 174, C11
Temba 170, B3
Terra Firma 174, B9
Teviot 180, C22
Teza 177, E14
Thaba Chitja 176, B15
Thabazimbi 170, B2
Thabong 175, D11
The Downs 171, D2
The Haven 176, C16
Theron 175, D11
Theunissen 175, D11
Thohoyandou 171, D1
Thorndale 171, D2
Three Sisters 180, A22
Thulamahashe 171, E3
Tinabrug 176, C15
Tlhakgameng 174, B10
Tolwe 170, C1
Tom 170, B1
Tombo 176, C16
Tompi Seleka 170, C3
Tonash 170, C1
Tongaat 177, E14
Tontelbos 179, E17
Tosca 174, B9
Touws River 179, E19
Trawal 179, D18
Trichardt 171, D4
Trichardtsdal 171, D2
Trompsburg 181, D21

Tsazo 176, B16
Tshani 176, C16
Tshidilamolomo 174, C9
Tshipise 171, D1
Tshokwane 171, E3
Tshwane (Pretoria) 170, B3
Tsineng 174, A10
Tsolo 176, C16
Tsomo 176, B16
Tugela Ferry 177, D14
Tuinplaas 170, C3
Twee Rivieren 173, E6
Tweefontein 179, D18
Tweeling 175, F11
Twenty Four Rivers 170, B2
Tyira 176, C15
Tzaneen 171, D2

U

Ugie 176, B15
Uitenhage 180, C23
Uitkyk 179, D17
Uitspankraal 179, D18
Ulco 174, B11
Ulundi 177, E13
Umhlanga Rocks 177, D14
Umkomaas 177, D15
Umtata 176, C16
Umtentu 177, D16
Umtentweni 177, D15
Umzimkulu 177, D15
Umzinto 177, D15
Underberg 176, C14
Uniondale 180, A23
Upington 173, F7
Usutu 170, C1
Utrecht 177, D13
Uvongo 177, D15

V

Vaalhoek 171, D3
Vaalwater 170, B2
Van Reenen 176, C13
Van Wyksdorp 179, E20
Van Wyksvlei 179, F17
Van Zylsrus 173, F6
Vander- Bijlpark 170, B4
Vanderkloof 180, C21
Vandyksdrif 170, C4
Vanrhynsdorp 179, D18
Vanstadensrus 176, A15
Vant's Drift 177, D13
Velddrif 178, C19
Ventersburg 175, E11
Ventersdorp 170, A4
Venterstad 181, D21
Verdefort 170, A4
Vereeniging 170, B4
Vergelee 174, B9
Verkeerdevlei 175, D12
Vermaaklikheid 179, F20
Verulam 177, D14
Verwoerdburg 170, B3
Victoria West 180, A22
Vierfontein 170, A4
Viljoenskroon 170, A4
Villa Nora 170, B2
Villiers 170, B4
Vineyad 176, A15
Vioolsdrif 172, C8
Virginia 175, D11
Vivo 170, C1
Vleesbaai 179, F20
Vleiland 179, F19
Volksrust 177, D13
Volop 174, A12
Volstruisleegte 180, B23

Vorstershoop 174, A9
Vosburg 180, A21
Vrede 175, F11
Vredenburg 178, C19
Vredendal 178, C18
Vroeggedeel 174, A11
Vrouenspan 173, E7
Vryburg 174, C10
Vryheid 177, D13

W

Waenhuiskrans 179, E20
Wagenaarskraal 180, A22
Wakkerstroom 177, D13
Wallekraal 178, C17
Wanda 174, B12
Warburton 171, D4
Warden 175, F11
Warrenton 174, C11
Wasbank 177, D13
Wastad 174, B12
Waterford 180, C23
Waterkloof 180, C21
Waterpoort 171, D1
Waterval-Boven 171, D3
Weenen 177, D14
Wegdraaj 173, F8
Welgelee 175, D11
Welkom 175, D11
Wellington 179, D19
Wendermere 170, A3
Wepener 175, E12
Wesselsbron 175, D11
Wesselsvlei 174, B11
Westminster 175, E12
White River 171, E3
Whittlesea 176, A16
Wiegnaarspoort 180, A23
Williston 179, E18
Willowmore 180, B23
Willowvale 176, B16
Winburg 175, E12
Wincanton 174, A11
Windsortion Road 174, C11
Windsorton 174, C11
Winterton 176, C14
Witbank 170, C3
Witmos 180, C23
Witnek 170, C3
Witput 174, B12
Witsand 179, E20
Witwater 178, C17
Wolmaransstad 175, D10
Wolseley 179, D19
Wolvepoort 176, A14
Wolwefontein 180, C23
Wolwehoek 170, B4
Woodlands 180, B24
Worcester 179, D19
Woudkop 170, C1
Wuppertal 179, D18
Wyllie's Poort 171, D1

Y

Yzerfontein 178, C19

Z

Zastrol 176, A15
Zebediela 170, C2
Zeerust 175, D9
Zinkwazi Beach 177, E14
Zoar 179, F19
Zungwini 177, D13
Zwartkop 179, F17
Zwingli 175, D9

Orts- und Sachregister

Hier finden Sie alphabetisch aufgeführt alle in diesem Band beschriebenen Orte und Ziele, Routen und Touren. Bei einzelnen Sehenswürdigkeiten steht jeweils der dazugehörige Ort in Klammern zusätzlich stehen die Abkürzung H für Hotel und R für Restaurant. Außerdem enthält das Register wichtige Stichworte sowie alle MERIAN-Tipps, -TopTen und -Favoriten dieses Reiseführers. Wird ein Begriff mehrfach aufgeführt, verweist die **fett** gedruckte Zahl auf die Hauptnennung.

A

A Room with a View, Johannesburg (H) 88
Aan de Oever, Swellendam (H) 75
Addo Elephant National Park 85, **105**
Adler Museum of Medicine, Johannesburg 91
African Art Centre, Durban (E, MERIAN-Favorit) 115
African Oceans, Mossel Bay (H) 75
Afrikanischer Nationalkongress (ANC) 6, 61, 109, **165**
Alphen Hotel, Kapstadt (H) 47
Anchorage, Knysna (R) 81
Anreise 160
Antiquitäten 29
Apartheid 6, 60, **161**
Apartheid Museum, Johannesburg 91
Atlantic Art Gallery, Kapstadt (E, MERIAN-Favorit) 56
Atlanticview Capetown, Kapstadt (H) 46
Augrabies National Park 130
Auskunft 161
Aventura Resorts (H) 39

B

Bahia Formosa Guest House, Plettenberg Bay (H) 82
Bean Bag Bohemia, Durban (R) 115
Bed & Breakfast 15
Beluga Restaurant, Kapstadt (R, MERIAN-Tipp) 54
Bevölkerung 162
Bier 23
Big Hole 126
Biltong (MERIAN-Tipp) **23**, 28
Bloubergstrand **67**, 148
Blue Train 40
Blue Waters Café, Port Elizabeth (R) 84
Blues, Kapstadt (R) 55
Bo-Kaap Museum, Kapstadt 50
Bo-Kaap, Kapstadt 50
Bontebok National Park 74
Bosavern Guest House, Plettenberg Bay (H) 82
Bosman's, Paarl (R, MERIAN-Favorit) 69
Botanischer Garten, Durban 112
Botlierskop Private Game Reserve, Mossel Bay (H) 75
Bredasdorp 73
Bruni's B & B, Wilderness (H) 78
Buchtipps 162
Buitenverwachting, Kapstadt (R) 53
Bukhara, Kapstadt (R, MERIAN-Favorit) 55
Burgerspark Hotel, Tshwane (H) 98
Bus 168

C

Café Brazilia, Port Elizabeth (R) 84
Café Fish, Durban (R) 115
Café Machiato, Kapstadt (R) 55
Caffé Balducci, Kapstadt (R) 56
Camping 162
Cango-Höhlen 77
Cape Colony, Kapstadt (R, MERIAN-Favorit) 54
Cape Grace, Kapstadt (H, MERIAN-Favorit) 45
Cape Town Tourism 45
Cape Vidal 36
Carlton Centre, Johannesburg 89, **90**, 122, 123
Carrington Guest House, Kimberley (H) 127
Castle of Good Hope, Kapstadt 51
Cavendish Square, Kapstadt 56
Cedarberge 149
Centurion Lake Hotel, Tshwane (H) 98
Century City, Kapstadt 56
Champagner Valley 123
Chapman's Peak Drive 65
Chef Pon's Asian Kitchen, Kapstadt (R) 54
City Hall, Durban 114
City Lodge Durban, Durban (H) 110
City Lodge Sandton, Johannesburg (H) 88
Coffee Bay 37
Col'Caccio, Kapstadt (R) 56
Company's Gardens, Kapstadt 47, **50**
Computicket 163
Constantia Uitsig, Kapstadt (R) 54
Court Classique Hotel, Tshwane (H) 98
Cullinan Mine 103
Curio-Läden 28
Cynthia's, Tshwane (R) 101

D

Darling 66
De Hoop Nature Reserve 73
De Kloof Luxury Estate, Swellendam (H) 74
De Kuilen Country House, Johannesburg (H) 88
De Oude Meul Country Lodge, Oudtshoorn 77
De Zeekoe Guest Farm, Oudtshoorn 77
Devisen 164
Diamond Cutting Works, Johannesburg 90
Diaz, Bartholomeu 7
Dingans Kraal 119
Diplomatische Vertretungen 163
District Six Museum, Kapstadt 52
Dizzy Jazz Café, Kapstadt (R) 55
Drachenfliegen 35
Drakensberge 109, **121**, 122, 146
Durban 36, **109**, 143

Orts- und Sachregister 187

E
Edgerton House, Kimberley (H) 127
Einkaufen 26
Entfernungen 167
Essen und Trinken 20
Essenwood House, Durban (H) 111
Exclusive Books, Kapstadt (E, MERIAN-Favorit) 52

F
Fahrrad **35**, 168
Familientipps 38
Fancourt, George (H, MERIAN-Favorit) 76
Feiertage 164
Feste 30
Flohmarkt, Johannesburg (E, MERIAN-Favorit) 92
Flohmärkte 28
Flugzeug **160**, 167
Fotografieren 164
Franschhoek **68**, 140
Früchte 22
Fußball 35

G
Game Lodges (MERIAN-Spezial) 18
Gandhi, Mahatma 110
Garden Route (MERIAN-TopTen) 6, **72**
Gästehäuser 10, **15**
Gauteng 86
Geld 164
George 76
Gerard Moerdyk Restaurant, Tshwane (R) 101
Giovanni's, Tshwane (R) 102
Gold Reef City, Johannesburg 39, **91**
Goldene Meile 110
Goldrausch 87
Golf 35
Grace, Johannesburg (H, MERIAN-Favorit) 87
Grande Roche, Paarl (H, MERIAN-Favorit) **69**, 140
Greater Limpopo Park (MERIAN-TopTen) 87, **104**, 145
Greater St. Lucia Wetland Park 109, **118**, 143
Green Dolphin, Kapstadt (R) 54
Green Market Square, Kapstadt (E, MERIAN-Favorit) 56

Groot Constantia, Kapstadt 51
Grootbos Private Nature Reserve (H, MERIAN-Tipp) 16
Guadeloupe Apartments & Cottages, Knysna (H) 80
Guesthouses s. Gästehäuser

H
Hai-Museum 119
Halfway House Hotel Drive-In Pub, Kimberley (R) 128
Hartbeespoort-Staudamm 103
Heart Transplant Museum, Kapstadt 52
Heia Safari Ranch 95
Hermanus 70
Highview Lodge, Mossel Bay (H) 75
Hilltop Country Lodge, Wilderness (H) 78
Hluhluwe-Wildpark (MERIAN-TopTen) **105**, 119, 143
Hohenort Hotel, Kapstadt (H) 46
Holiday Inn Durban Elangeni, Durban (H) 110
Holiday Inn Garden Court King's Beach, Port Elizabeth (H) 84
Holiday Inn Garden Court Marine Parade, Durban (H) 111
Holiday Inn Garden Court, Kimberley (H) 127
Holiday Inn Hotel and Suites, Johannesburg (H) 88
Holiday Inn Waterfront, Kapstadt (H) 47
Hotels 8, **15**
Hout Bay 64
Howick 120
Hunde 164
Hypermarket 39

I
Illyria House, Tshwane (H) 98
Impfungen 164
Inkatha 165
Internet 164
Inverdoorn 71

Irma Stern Museum, Kapstadt 52
Isiphiwo Guest House, Tshwane (H) 98

J
Jakaranda 97
Jewel of India, Durban (R, MERIAN-Favorit) 114
Johannesburg **87**, 145, 150
Johannesburg Art Gallery, Johannesburg 91
Jumah Moschee, Durban 112

K
Kalahari O'Hagans, Upington (R) 128
Kalahari-Route 150
Kap der Guten Hoffnung 7, **64**, 66
Kap der Stürme 7
Kapspitze (MERIAN-TopTen) 64
Kapstadt 8, 37, **44**, 73, 140, 148, 149, 150
Kapweinland (MERIAN-TopTen) 140
Karma, Johannesburg (R) 92
Karoo 45, **71**, 137
Kgalagadi Transfrontier Park **107**, 131, 150
Khaya-Nyama, Kapstadt (R) 54
Khayelitsha, Kapstadt **50**, 142
Kimberley 125, **126**
Kimberley Mine Museum, Kimberley 127
Kirstenbosch Botanischer Garten, Kapstadt 8, **51**
Kleidung 164
Knysna **79**, 90
Koopmanns de Wet House, Kapstadt 53
Kreditkarten 164
Kruger House Museum, Tshwane 99, **101**
Kruger Park s. Greater Limpopo Park
Kuruman 151
Kwa Muhle Museum, Durban 114
KwaZulu-Natal 8, **108**

L
La Boheme Guesthouse, Upington (H) 128

Orts- und Sachregister

La Colombe, Kapstadt (R, MERIAN-Favorit) 54
La Maison, Tshwane (H) 98
La Perla, Tshwane (R) 101
Lambert's Bay 148, 149
Langebaan **67**, 148
Le Canard, Johannesburg (R) 92
Le Must Guest Manor, Upington (H) 128
Le Must, Upington (R) 128
Le Quartier Francais, Franschhoek (R, MERIAN-Favorit) **69**, 140
Leihwagen 167
Leipoldt's, Johannesburg (R) 92
Lesotho 121
Linger Longer, Johannesburg (R, MERIAN-Favorit) 91
Lion Park 95
Lion's Head, Kapstadt 49, **51**
L'Irene Guest House, Kapstadt (H) 46
Lost City 87

M

Magaliesberge 103
Mandela, Nelson 6, 52, 60, 61, 120, **165**
Marine Protea Hotel, Port Elizabeth (H) 84
Marios, Kimberley (R) 127
Market Theatre, Johannesburg (MERIAN-TIPP) 90, **92**
Mbeki, Thabo 6, **61**
McGregor Museum, Kimberley 127
Medizinische Versorgung 164
Mehrwertsteuer 29
Melkbosstrand 148
Melrose House, Tshwane 100
Midlands 120
Midlands Meander (E, MERIAN-Favorit) 109, **120**
Milnerton **67**, 148
Milwood House, Knysna 80
Minenbesichtigung 95
Mkuze Wildpark **119**, 144
Mobilfunk 166
Monkeyland 73, **82**
Mossel Bay 75

Moyo, Johannesburg (R, MERIAN-Favorit) 92
Mpumalanga 9, 145
Muizenberg 37, 47, **66**
Museen 8
Museum Africa, Johannesburg 91
Muti Shop, Johannesburg (E, MERIAN-Favorit) 90, **92**

N

Namaqua National Park 133
Namaqualand 9, **125**
Nationalparks (MERIAN-Spezial) 104
Nature's Valley 82
Ndebele 28
Nebenkosten 165
Nine Flowers Guest House, Kapstadt (H) 47
No 7 Castle Hill Museum, Port Elizabeth 84
Noon Gun Tea Room & Restaurant, Kapstadt (R, MERIAN-Tipp) 46
Noon Gun, Kapstadt 46
Notruf 165
Nottingham Road 120

O

Ocean Basket, Kapstadt (R) 39, **55**
Öffentliche Verkehrsmittel 167
Old Fort, Durban 112
one.waterfront, Kapstadt (R, MERIAN-Favorit) 54
Oudtshoorn 77
Ozeanarium, Port Elizabeth 84

P

Paarl **69**, 140
Palace of the Lost City, Sun City, (H, MERIAN-Favorit) 103
Pan African Market, Kapstadt (E, MERIAN-Favorit) 28
Patel's Vegetarian House, Durban (R) 115
Pieternmaritzburg 120
Pilanesberg National Park **103**, 106
Pinotage (E, MERIAN-Favorit) 70, **142**
Plettenberg Bay 73, **81**
Politik 165

Port Elizabeth 84
Portland Manor, Knysna (H) 80
Post 166
Pretoria Art Museum, Tshwane 101
Pretoria s. Tshwane
Pretoria Zoo, Tshwane 100
Pride of India, Tshwane (R) 101

R

Radium Beer Hall, Johannesburg (R) 92
Rainbow Terrace, Durban (R) 114
Randburg Waterfront 95
Reisedokumente 166
Reisewetter 166
Reiten 35
Restaurant 34° South, Knysna (R) 81
Restaurants 8
Richtersveld National Park 134
Robben Island, Kapstadt 52
Roma Revolving Restaurant, Durban (R) 115
Routen 137
Rovos Rail (MERIAN-Tipp) 40, **162**
Royal Natal National Park 109, **122**
Rundfunk 166

S

Sabatino's Restaurant, Port Elizabeth (R) 84
Safariland Wildpark 140
Sammeltaxi 168
San 132
Sanbona 71
Sandton Sun & Towers, Johannesburg (H, MERIAN-Favorit) 88
Santa Cruz, Port Elizabeth 84
Saxon Hotel, Johannesburg (H, MERIAN-Favorit) 88
Schlangenpark, Port Elizabeth 84
Schnorcheln 36
Scratch Patch, Kapstadt/Simonstown 39
Segeln 36
Shaka 109
Shakaland **119**, 143
Shebeens 57

QUALITÄT HAT IHREN PREIS.

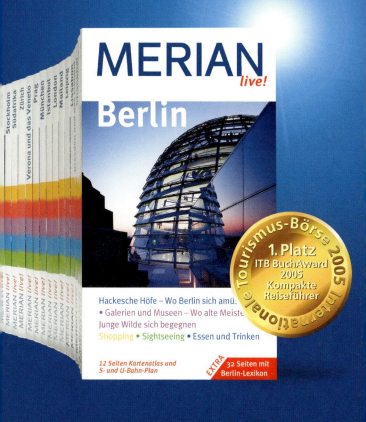

Beim ITB BuchAward hat MERIAN *live!* erneut den 1. Platz in der Klasse der Kompakt-Reiseführer belegt. Aktuelle Informationen, kompetente Autoren, präzises Kartenmaterial und das kompakte Format haben wie schon im Vorjahr die Experten-Jury überzeugt. Setzen auch Sie auf die Sieger! Mehr Informationen unter **WWW.MERIAN.DE**

MERIAN
live!
Die Lust am Reisen

Orts- und Sachregister

Shongololo Express 41
Shopping Malls, Kapstadt (E, MERIAN-Favorit) 56
Shosholoza Meyl 40
Sica's Guest House, Durban (H) 111
Signal Hill, Kapstadt 51
Simonstown 66
Sodwana Bay **37**, 144
Sodwana Bay Hotel, Sodwana Bay (H) 37
Somerset West 141
South African Lippizaners, Johannesburg 91
South African Museum, Kapstadt 53
South African National Gallery, Kapstadt 53
Soweto 95
Sport 34
Sprachen 166
Spur Steakrestaurants (R) 39
St. Francis Bay 83
St. Lucia 143, **144**
St. Lucia Wetland Park (MERIAN-TopTen) 109, **119**
Stellenbosch 24, **69**, 141
Sterkfontein 6, 87, **97**
Storms River 73
Strände 34, **36**
Strauße 76
Stromspannung 166
Südafrika heute (MERIAN-Spezial) 60
Südliche Drakensberge (MERIAN-TopTen) 123
Sugar Terminal, Durban 112
Sun City 39, 87, **103**
Sun-Hotels (H) 39
Swellendam 73, **74**

T
Tafelberg, Kapstadt (MERIAN-TopTen) 47, **51**
Tala Private Game Reserve (H, MERIAN-Tipp) 117
Tarn Country House, Plettenberg Bay (H) 82
Tauchen 36
Taxi 168
Telefon 166
Temple of Understanding, Durban 112
The Bay Hotel, Kapstadt (H) 46
The Beach Hotel, Port Elizabeth (H) 84
The Cape Colony, Kapstadt (R) 54
The Cape Heritage Hotel, Kapstadt (H) 47
The Edward, Durban (H) 110
The Elephant Hide of Knysna Guest Lodge (H, MERIAN-Tipp) 77
The Famous Fish Company, Durban (R) 114
The Fritz Hotel, Kapstadt (H) 47
The Humewood, Port Elizabeth (H) 84
The Knysna Log Inn, Knysna (H) 80
The Mount Nelson Hotel, Kapstadt (H, MERIAN-Favorit) 46
The Radisson Hotel, Kapstadt (H) 46
The Royal Hotel, Durban (H, MERIAN-Favorit) 110
Tiefseefischen 36
Toni's Restaurant, Kapstadt (R, MERIAN-Favorit) 55
Tourismus 10
Township Art 27
Townships 11, 52, **101**
Townships, Thswane 100
Transkei 37
Transvaal 87
Transvaal Snake Park 97
Trinkgeld 167
Tshwane 8, 87, **97**, 147
Tsitsikamma National Park 73, 79, **83**
Two Oceans Aquarium, Kapstadt 52

U
Übernachten 14
Umbertos, Kimberley (R) 128
Umfolozi-Hluhluwe **105**, 109, 119, 143, 144
Umhlanga Rocks **119**, 144
Union Buildings, Tshwane 100
Upington 125, **128**, 150
Upstairs Restaurant, Knysna (R) 81
uShaka Marine World, Durban 113

V
V & A Waterfront, Kapstadt (MERIAN-TopTen) 48, **52**, 56, 57
van Riebeck, Jan 7
Vereeniging 87
Verkehrsverbindungen 167
Victoria Street Market, Durban 114
Vilamoura, Johannesburg (R) 91
Voortrekker Monument, Tshwane 100
Vorwahlen 166
Vryburg 150

W
Wandern 35
Warriors Gate, Durban 112
Wasserski 36
Waterfront s. V & A Waterfront
Wechselkurse 164, **165**
Wein 21, **23**
Weingüter (MERIAN-Spezial) **24**, 140
Weinroute 25, **140**
West Coast National Park 67
Westcliff, Johannesburg (H, MERIAN-Favorit) 88
Westküste 66, **148**
Whales Way B & B, Wilderness (H) 79
Wiege der Menschheit (MERIAN-TopTen) 97
Wildblumen 133
Wildblumensaison 32, 137
Wilde Tiere und Blumenteppiche (MERIAN-Spezial) 140
Wilderness 78
Wilderness National Park 78
Windsurfen 36
Wirtschaft 168
Woolworths 39

X
Xhosas 7, **28**

Z
Zeit 168
Zeitungen 168
Zentrale Drakensberge 123
Zoll 168
Züge (MERIAN-Spezial) **40**, 160, 168
Zulu-Kunst 27
Zululand 143
Zululand Show, Natal 32
Zulus 7, **28**

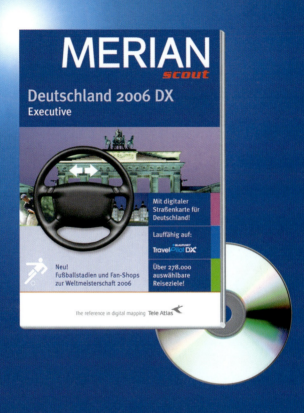

Impressum

Liebe Leserinnen und Leser,
wir freuen uns, Ihre Meinung zu diesem Reiseführer zu erfahren. Bitte schreiben Sie uns, wenn Sie Berichtigungen und Ergänzungsvorschläge haben oder wenn Ihnen etwas besonders gut gefällt:

TRAVEL HOUSE MEDIA GmbH, Postfach 86 03 66, 81630 München
E-Mail: merian-live@travel-house-media.de Internet: www.merian.de

DIE AUTOREN
Diesen Reiseführer schrieben **Thomas Knemeyer** und **Sandra Claassen**. Thomas Knemeyer lebt seit über 20 Jahren in Südafrika. Er ist Afrika-Korrespondent der Tageszeitung *DIE WELT*. Zu seinen Reisebüchern gehört auch der MERIAN-*live!*-Führer »Kapstadt«. Sandra Claassen, Diplomökonomin und Kulturmanagerin, ist als Redaktionsleiterin des Online-Reiseführers *Kapstadt.com* und des Reisemagazins *Kapstadt auf gut Deutsch* täglich auf der Suche nach Insidertipps für Urlauber in Südafrika.

Alle Angaben in diesem Reiseführer sind gewissenhaft geprüft. Preise, Öffnungszeiten usw. können sich aber schnell ändern. Für eventuelle Fehler übernimmt der Verlag keine Haftung.

Bei Interesse an Karten aus MERIAN-Reiseführern schreiben Sie bitte an:
iPUBLISH GmbH, geomatics
Berg-am-Laim-Straße 47
81673 München
E-Mail: geomatics@ipublish.de

FOTOS
Titelbild: Twelve Apostels/Camps Bay (B. Jonkmanns/Bilderberg)
Alle übrigen Fotos F. M. Frei außer: Bildagentur Huber 63; Bildagentur Huber/Orient 30; C. Emmler 29, 42/43, 47, 56, 59, 65, 66; P. Hinze/edition vasco 147; G. Huber 7, 11, 20, 85, 151; R. Irek 12/13, 24, 138/139; laif/Hub 33; look/P. A. Hofmann 115; look/M. Martin 17, 44; H. Mielke 8, 71, 118, 124, 130, 131, 133, 136/137, 146, 163; E. Pansegrau 4/5, 40, 68, 78, 101, 104, 119, 122, 142, 144, 152/153; M. Peukert 22, 38, 53, 55, 140, ; W. Ries 9, 94, 107, 132, 135, 145, 150; Silvestris/A. Sycholt 110; T. Stankiewicz 60/61, 62, 72, 74, 90, 108, 113, 116, 121

© **2006 TRAVEL HOUSE MEDIA GmbH, München**
MERIAN ist eine eingetragene Marke der GANSKE VERLAGSGRUPPE.

Alle Rechte vorbehalten. Nachdruck, auch auszugsweise, sowie die Verbreitung durch Film, Funk, Fernsehen und Internet, durch fotomechanische Wiedergabe, Tonträger und Datenverarbeitungssysteme jeglicher Art nur mit schriftlicher Genehmigung des Verlages.

PROGRAMMLEITUNG
Susanne Böttcher
REDAKTION
Susanne Kronester
LEKTORAT
Waltraud Ries
SATZ
Eva Morgenstern für bookwise, München
GESTALTUNG
wieschendorf.design, Berlin
KARTEN
MERIAN-Kartographie
PRODUKTION
Martina Müller
DRUCK
Appl, Wemding
BINDUNG
Auer, Donauwörth
GEDRUCKT AUF
Nopacoat Edition von der
Papier Union

1. Auflage
ISBN 3-8342-0038-7

Ein Unternehmen der
GANSKE VERLAGSGRUPPE